JN439337

당신에게 나는
사철 푸른 나무이고 싶습니다.
봄에는 푸른 잎을 피워 향기로운 나무
여름엔 그늘이되어 휴식을 주는 나무
가을이 되면 당신을 향해 노래하는
새들의 집을 품는 나무가 되겠습니다
겨울이 되어 가지 앙상 하게 남아 하나 둘 떠나갈 때
나는 푸른잎보다 더 풍성하고 깊은 뿌리를
나보다 소중한 사람, 당신에게 내리겠 습니 다.

–'당신에게 나는' 시 일부

동그란 코, 도톰한 입술,
길고 까만 속눈썹 너무도 고운 두 뺨,
한 송이 단아한 목련꽃 같은 너는
너무나 총명하고 지혜로운 너는
이 세상에 둘도 없는 내 영혼의 보석
나는 너를 언제나 나만의 보석공주라고 부른다.

–'난, 다만 보석공주' 시 일부

아들아, 내 사랑하는 아들아.
이 세상에 너보다 귀한 것은 없어
네가 지금 서 있는 그 자리는
내 가슴 깊은 곳에 자리 잡은 어미의 심장이라는 곳이란다
네가 홀로 있어 외로울 때에도
네가 친구들에게 둘러싸여 행복한 웃음을 지을 때에도
아들아, 한번만 가만히 귀를 기울여보렴
그러면 어디선가 너를 향해 쉬지 않고 뛰고 있는
심장 소리가 들릴 게야,
그렇게 나의 심장이 뛰고 있는 한 너를 사랑한다는 말이란다

—예빵이와 주댕이 본문 중 일부

사랑은 오래참고
사랑은 온유하며
투기하는 자가 되지 아니하며
사랑은 자랑하지 아니하며
교만하지 아니하며
무례히 행치 아니하며
자기의 유익을 구하지 아니하며
성내지 아니하며
악한 것을 생각하지 아니하며
믿음, 소망, 사랑
이 세가지는 항상 있을 것인데
그 중에 제일은 사랑이라

-고린도전서 13:4-13

-2013년 9월 제주도에서

김혜숙(수인) 단편집

그리고

현대시문학

1부

수인의 뜨락

2부

예빵이와 주댕 이야기

3부

하늘 울리는 그리움에 대하여

1부

수인의 뜨락

1. 남편은 언제나 나를 식충이라 부른다
2. 동행
3. M 컨설팅의 하루?
4. 부러켓어요(거짓말했어요)?
5. 세상속으로
6. 서른 세 살 임 봉숙
7. 우츄프라카치아

오이도에서 2008년 8월

예빵이와 주댕이 어릴 때(맨 오른쪽)

예빵이와 엄마

CHAPTER
1

남편은 언제나 나를 식충이라 부른다

남편은 언제나 나를 부를 때 '야, 식충이' 또는 '야, 돌대가리'라고 부릅니다. 나는 37살이고 두 아이를 둔 엄마이기도 하지요. 우리 아이들에게는 분명히 강희. 강준이라는 이름이 있는데도 남편은 한번도 나를 '강희 엄마' 또는 '강준 엄마'라고 부르지 않습니다.

나는 태어날 때부터 한쪽 다리가 약간 짧아서 절름거리지만 사실 신경 써서 걸으면 별로 표시가 나지 않습니다. 그런데도 남편은 화가 나면 "병신 육갑하네"라는 말을 나에게 서슴지 않습니다. 생각해 보세요 멀쩡한 사람 보고도 '병신'이라면 열을 받을 텐데 정말 다리를 살짝 저는 저에게 '병신이 육갑을 한다'고 하면 그 기분 어떻겠습니까. 그 기분은 엿 같습니다. 그리고 저는 '육갑'이 뭐하는 건지도 잘 모르지만, 남편이 그렇다 하면 그런가 보다 합니다.

– 야, 이 병신아 허구헌날 집구석에서 밥만 축내지 말고 너도 다른 여편네들처럼 돈이라는 거 좀 벌어와 봐라,

우리 집 아이들은 남들 다 다니는 학원 한 번 못 가보고 큰 딸아이 강희는 이제 중3이 되고 작은 아이 아들 강준은 이제 중1입니다. 그래도 작은 아들 강준이는 나라 법이 좋아져서 중학교도 '의무교육' 되는 바람에 수업료 걱정은 안 하고 다닙니다. 근데 요즘은 애들이 학교 수업 말고도 거의 다 학원들을 가는가 보더라고요.

– 중3인데도 학원도 안 다니는 애는 우리 반에서 나 밖에 없어. 능력도 없으면서 자식은 뭐 하러 낳았데,

학원 문턱에도 못 가보고도 반에서 중간은 가는 똑똑한 우리 집 큰딸 강희가 3학년이 되더니 아침부터 짜증을 냅니다.

– 야, 이 노무 기집애야 다른 집 애들은 아르바이튼가 뭔가도 잘 한다더라 학원 가고 싶으면 니가 벌어서 가! 공부도 못하는 년이 학원타령은 에이, 집구석이라고 들어올 맛이 나야지

남편이 밥알이 튀어나오게 소리 지르고 눈을 부라리면 강희는 더 이상 찍' 소리 안 합니다. 오늘도 남편은 숟가락에 웬수라도 졌는지 숟가락을 던지듯이 놓고는 현관문이 부서져라 닫으며 나갑니다. 그 다음에 우리 집 큰 딸이 또 한 번 현관문을 부서져라 닫습니다,

나는 이런 날은 아무래도 아래층에 사시는 주인아주머니께서 기한되면 방을 빼 달랄까 봐 걱정이 앞섭니다 그래도 우리 작은 아들 녀석은 이 눈치 저 눈치 보다가 이미 '애어른' 이 다 되었는지 언제 나간 새도 없이 사라지고 없습니다.

한바탕 소란을 떨고들 가고 나면 그때부터는 내 세상입니다. 처음에 나는 컴퓨터를 켤 줄도 몰랐었습니다. 이상하게 컴퓨터라는 것이 겁

이나더라고요. 그런데 우리 작은 아들 녀석이 조금씩 가르쳐주기에 열심히 배웠지요. 그래도 고등학교를 상업계를 나온 터라 자판은 그런 대로 두들 릴만 하더라고요. 첨엔 누름 쇠가 틀려서 혼동이 많았지만은 습관이 되니까 지금 컴퓨터가 자판 찍기가 더 쉽다는 것도 알았지요

늦게 배운 도둑질 날 새는 줄 모른다고, 저도 한동안은 '채팅'에 재미를 붙였댔어요 '채팅' 속에서는 저는 절름발이도 아니고 '식충이'도 아닌 어엿한 '주부' 였거든요

– 주부' 얼마나 근사한 이름입니까.

나중엔 컴퓨터라는 세상이 얼마나 넓고 신기한가를 알았죠. 돈만 있으면 가만히 앉아서 뭐든지 살 수 있다는 것도 알았고. 하지만 그건 제겐 그림에 떡 입니다. 남편은 생활비라곤 제게 일주일에 '만원'을 던져 줍니다. 그리고 어디에다 썼는지 가계부를 꼭 적으랍니다. 돈 '만원' 가지고 일주일 쪼개면 하루에 1,500원이 좀 못됩니다. 지금이 2003년도인데 1500원 가지고 동네슈퍼 아무리 돌아 댕겨봐야 살 거 뭐있나요.

– 두부 반모 250원, 콩나물 500원, 파 반단350원(이거는 우겨야 팝니다. 한 단씩 묶여 있거든요.)그래도 남편은 가끔 '지랄' 을 떱니다.

– 야, 너는 콩나물국하고 된장국 말고는 할 줄 아는 음식이 없냐! 미련 곰탱이 같은 게 음식 만드는 거 보면 대갈통이 나쁘니 음식 맛 도 낼줄 을 아나,

대한민국 주부 여러분, 이거는 대갈통 문제가 아닙니다. 음식에 양념 많이 넣어 보세요. 왜 맛이 없습니까. 돈 '만 원' 가지고 일주일 살라는데 마늘쪽 한 알인들 제대로 살 수 있나요. 언젠가 제가 컴퓨터로 이곳저곳을 기웃거리는데 남편이 어쩐 일로 일찍 들어오더니 컴퓨터 앞에 앉아 있는 나를 보고는 아주 웃긴다는 듯이 그러더라고요.

– 야, 너 뭐하냐? 어~쭈 병신이 갑을 떠네, 지난달 전기세가 왜 그렇게 많이 나왔나 했더니 이게 집구석에서 아주 살림을 들어먹고 앉았네. 하면서 컴퓨터 코드를 확, 뽑더라고요. 그리고,

– 너~ 컴퓨터 하는 거 한 번만 내 눈에 띄면 집에서 쫓겨 날 줄 알아, 알았어? 다른 여편네들은 집도 잘도 나간다던데 저 웬수는 누가 잡아가지도 않나 어휴

이렇게 하구서도 어떻게 사냐구요? 그럼 어떡해요 나도 돈 벌고 싶지요. 하지만 청소나 식당일이라도 해볼 라고 교차로 같은 거 보고 가보면 주인아줌마들이 왜소해 보이는 저를 위 아래 쳐어보고는 안되겠다는 듯이

– 몸도 약해 보이고...

하면서 말꼬리를 흐립니다. 머 나머지 말씀은 '다리도 좀 전다' 이거겠죠. 저도 안 해 본거 없습니다. 동네 부업이라고 '인형 눈알 끼는 거' 도 해 봤구요. 쇄타 실밥 타는 거, 상자 본드로 붙이는 거, 그런데 그런 것들도 제가 좀 할라치면 망하거나 이사를 가곤 하데요. 그래서 쓰레기 줍기도 해 봤거든요. 주로 할 일 없는 노인네들이 쓰레기통을 뒤져서 종이를 모아다가 동네 입구 고물상에 갖다 주면 1키로에 몇 백원 받는 건데요. 그래도 그게 어디냐 싶어서 애들 학교만 가고 나면 온 동네 쓰레기란 쓰레기는 모두 다 뒤지며 정말 열심히 했습니다. 그런데..

– 나 정말 엄마 땜에 창피해서 이 동네서 못 살겠어 우리가 거지야? 왜 쓰레기통은 뒤지고 다니냔 말이야, 정말 어디 가서 확, 죽어 버릴까봐!

어느날 우리 집 똑똑한 큰 딸 강희가 학교 갔다 오는 길에 쓰레기 줍는 나를 보고는 집에 와서 가방을 내던지며 울고불고 하더라고요 저는 강희가 어디 가서 확 죽어 버릴까봐 하는 말에 가슴이 '철렁'해서 말했습니다.

– 강희야 미안하다. 정말 미안하다. 다시는 안그럴게 내가 맹세할게 ~ 하면서 싹싹 빌었습니다.

나는 우리 강희 강준이 중학생이 되도록 담임선생님 얼굴도 모릅니다. 그래도 여짓것 이렇다하게 말썽 한 번 안 피우고 자라준 강희가 항상 고마웠습니다. 집안 환경이 이렇다 보니까 우리 강희 성질이 사나워져서 그렇지 원래는 착한 아이 였거든요. 우리 강희 싹싹 비는 나를 눈물 젖은 눈으로 보면서 이렇게 말하데요.

– 엄마 미안해요 내가 화내서 그렇다고 머 그케 빌고 그래~ 엄마가 멀 잘못 했다고..

가난이 죄라고 생각 해 본적은 별로 없었습니다 그러나 그때 저는 가난도 자식에게는 죄를 짖는 것일 수도 있구나 하고 생각 들더라고요.

봄이라 그런지 몸이 더 나른하고 땅으로 꺼지는 것 같아서 하루종일 누워서 비몽사몽간을 왔다 갔다 하고 있었는데 위층 은혜 엄마가 다급하게 들어왔어요.

– 강희 엄마 머해, 자~?

– 응, 아니 들어와~

은혜 엄마는 얼굴이 사색이 되어 들어오더라고요. 나는 무슨 일인가 싶어 부시시 일어났지요.

– 강희 엄마, 우리 집에 도둑이 들었나봐, 어쩜 좋아~ 나 잠깐 요 밑에 미용실에 갔다가 오니까 지갑이 없어졌어 누구 우리 집 올라가는 거 못 봤어?

– 어머나 세상에 지갑을 어데다 뒀었는데~?

– 응, 난 그냥 이따가 슈퍼 갈려고 싱크대위에 그냥 나뒀거든. 나 어떻게, 누구 위층 올라가는 소리 안 들렸어? 신문 대금 받으려도 안 왔

어?

은혜 엄마는 울상이 되어 안절 부절 하더라고요.

– 어떻하냐, 나는 깜박 잠들어서 ... 다른데 뒀나 한 번 더 찾아보지 그래,

– 다~ 찾아봤어, 카드값 낼 돈이랑 카드랑 면허증이랑 다 들어 있었거든. 아이고 나 어떡해 이럴게 아니라 카드 정지부터 해야겠네. 아이고, 어떡하지.

은혜 엄마는 제정신이 아닌 듯이 서둘러 다시 위층으로 올라갔어요. 그런 은혜 엄말 보면서 생각 했어요. 우리 남편 같았으면 이럴 경우 기회다 하고 나를 개 패듯이 두들겨 팬 다음 쫓아낼 것이다. 아마 누가 나랑 쌀 한 말하고 바꾸자고 하면 남편은 덤으로 콩 한 자루 더 줄 테니까 나를 데려가라고 할 사람 일 테니깐, 말이죠.

나는 혹시나 하여 지갑을 열어 보았어요. 3,500원 오늘이 목요일 일요일까지 써야 할 돈이었거든요. 이 돈 잃어버리면 저는 그냥 '죽음' 입니다. 나는 남편이 오기 전에 된장찌개라도 끓여놔야겠다고 생각하고 깔았던 이불을 개고 일어났어요. 여편네가 방구들 메고 엎어져 밥도 안 해 놨다고 해 보세요. 최소한 뭐 하난 날라 옵니다. 그때 이불 속에서 뭐가 툭' 하고 걸리더라고요

– 이게 뭐야~?

나는 순간 머리가 쭈뼛' 하고 서는 걸 느꼈죠. 두툼한 지갑이 거기 있었어요. 나는 갑자기 손을 덜덜 떨면서 지갑을 열어보았더니 은혜 엄마의 자동차 면허증이 한눈에 들어왔어요. 나는 놀래서 지갑을 탁. 닫고는 문 쪽을 보았어요. 가슴이 진정되질 않고 막 뛰더라구여 그래도 머릿속에는 좀 전에 보았던 지갑 속의 푸른 지폐들이 막 날아다니고 있었어요.

– 도대체 이게 무슨 일이냐! 은혜 엄마 지갑이 왜 여기에 와있는 걸

까? 오늘 은혜 엄마는 지금 말고는 우리 집에 온 적이 없는데...

나는 머릿속이 뒤죽박죽이 되는 것 같았지만 그래도 어떡해요. 지갑을 들고 일어섰어요 은혜 엄마한테 지갑이 여기 있다고 말해야 할 것 같아서였죠. 그러다가 멈췄어요. 오해를 받을 게 분명했기 때문이죠. 그렇지 않아도 은혜 엄마는 은근히 나를 무시하거든요.

– 강희네는 도대체 멀 먹고살아? 생전 시장 가는 것도 못 보겠어~

– 이거 나 입다가 작아서 못 입겠는데 강희 엄마 입을래?

– 파마 좀 해라 머리가 그게 머냐

나는 현관문을 잠그고 지갑을 열어 보았어요. 파란 지폐가 그 속에 꽉 차 있었어요. 지폐는 만 원짜리로 30만 원이나 되는 거 있죠. 그때 현관문을 두드리는 소리가 났어요. 나는 너무 놀라서 지갑을 얼른 싱크대 서랍 속에 넣고는 문을 열었죠. 막내아들 강준이었어요.

– 학교 다녀왔습니다~

우리 강준이는 볼이 홀쭉했어요. 중1이면 지금 한창 잘 먹어야 하는 나이잖아요. 근데 그 흔한 소시지 한번 못 먹이고 맨날 김치랑 된장국만 먹이고 있으니 볼이 통통하면 더 이상하죠. 못 먹어서 부은 게 아니라면요~

– 강준아 엄마가 통닭 시켜 줄까?

느닷없는 내 말에 강준은 눈이 이따만 해졌어요. 그리고 대뜸,

– 엄마 돈 있어? 하더라구여.

나는 고개를 크게 끄덕였죠.

– 그 대신 아빠한테는 비밀이다~

내가 말했고. 아들 강준은 신이 나서 "오~케이~" 하데요.

나는 통닭 한 마리를 순식간에 먹어 치우는 아들 강준을 보면서 마음이 뿌듯했어요 저녁에 큰 딸 강희가 들어오면 그 동안 강희가 사달라던 '수학 정석 문제집도 하나 사줘야 할 것 같았어요. 은혜 엄마에게는 미안했지만, 그 사람은 이 돈 없어도 잘 산다라는 이상한 마음이 생기더 라고요. 그리고 이 지갑이 어떻게 해서 내 이불 밑에 들어와 있었는지 궁금했지만, 그건 잠깐 잊어버리기로 했죠.

돈이라는 거 참 좋은 거예요. 강희한테도 문제집 사라고 3만 원을 턱' 주자 강희가 좋아서 입을 못 다물데요

– 엄마가 부업 해서 번 돈이야 아빠한테는 비밀이다

나는 수중에 돈이 들어와 있자 갑자기 씩씩해지고 있었어요. 저녁엔 돼지고기를 만 원어치나 샀더니 아들 강준이 또 물어요.

– 엄마, 돈 많이 벌었어? "

나는 돼지고기를 씩씩하게 뒤적거리면서 또 고개를 크게 끄덕였어요. 기분이 좋더라고요. 저녁에 돌아온 남편은 집안에서 풍기는 고기 냄새에 어리둥절했는데

– 아빠~ 엄마가 부업해서 번 돈 오늘 탔데요

강준이 말하자 남편은 나를 한번 흘깃 보고는 ..

– 얼마나 탔는데? 그렇다고 그걸 한 번에 먹어 없애냐, 미련하긴.

말은 그렇게 하면서도 남편은 돼지고기를 수북하게 한 접시나 비웠어요. 그리고는 밥을 다 먹고는 설거지를 하고 있는 나에게 넌지시 말하데요. 표정이 좀 부드러웠어요.

– 남은 돈 있으면 이리 줘 봐. 니가 가지고 있어봐야 엄한데다 다 쓸 거 아냐?

– 남은 돈이 어딨어, 그게 다지.

내가 뒤도 안 돌아보고 말하자 남편은

– 그러믄 그렇지 니가 무슨 돈을 벌어~ 난 또 얼마나 벌었다구.

하면서 남편은 실망한 듯 담배에 불을 붙였어요. 저는 싱크대 유리에 비치는 남편의 모습을 보았어요. 남편은 언제나 피곤에 지친 모습이에요. 날마다 새벽이면 우리 동네에서 제일 일찍 집을 나가서 저녁 10시가 다 되어 들어오는데요. 일요일도 없이 뛰어다녀도 돈이라고는 한 달 내내 100만 원 내외거든요. 그 돈은, 월세 20만 원 내고, 4식구가 살기엔 언제나 턱없이 부족한 돈이었죠. 그렇다고 남편 말대로 다른 여편네들처럼 내가 몸이라도 건강해서 돈벌이라도 같이 해주는 것도 아니고 남편 말대로 나는 쌀만 축내는 '식충이'에 불가했으니까요. 그러고 보면 남편도 불쌍한 남자인 셈이죠. 남편의 축 늘어진 어깨 위에 3식구가 매달려 있으니 남편인들 왜 지치지 않겠어요. 나는 그런 남편의 모습을 보면서, 내가 건강하고 돈을 잘 버는 마누라였다면 그래도 남편이 나를 지금처럼 대했을까 생각해 보았죠. 남편은 어느새 누워서 드르렁' 거리며 코를 골았어요. 그래서 나는 설거지를 하면서 내일은 남은 돈으로 영양제를 좀 사서 남편과 아이들을 먹여야겠다고 생각했어요.

나는 정말 오랜만에 시장이라는 델 갔습니다. 시장은 봄이라 그런지 여러 가지 봄나물이 많이 나와 있더라고요. 날씨도 따뜻했고 돌아다니기엔 안성맞춤이었어요. 나는 주머니에 돈이 있으니까 그런지 피곤한 줄도 모르고 신이 나서 씩씩하게 시장을 돌아댕겼지요. 젤 먼저 약국에 가서 볼이 홀쭉한 우리 강준이와 키만 삐쩍 큰 우리 집 큰딸 강희 그리고 남편이 먹을 영양제를 하나씩 3통을 큰맘먹고 사고, 시장엘 들러 강희가 입고 싶다고 하던 청바지와 우리 막내 강준이 메이커 운동화도 한 켤레 샀어요. 또 일 년 가야 와이셔츠 한 벌 못 사 입는 남편을 위해서 와이셔츠도 한 벌 사고 김칫거리도 좀 샀는데도 돈이 25,000이나 남았습니다. 나는 행복했습니다. 그래서 이 돈으로 무얼 할까 궁리하다가 아까 약국 거울에 비친 내 모습이 너무 초라했다는 걸 생각하곤 파마를 하기로 했어요. 얼굴도 누렇게 뜬 데다가 나이에 맞지 않게 긴 생머리를 하고 있는 내 모습은 정말 두 번 보기 민망했거든요

그러나 문득 남의 돈으로 이렇게 행복하게 쓰고 다닌 다는 것이 맘에 안 걸린 것은 아니지만 오늘 아침 내려오다 보니까 은혜 엄마는 세탁소 집 아줌마랑 수다를 떨고 있더라고요. 어제 도둑맞은 이야기를 하는 것 같았는데 다행히 표정은 아무렇지도 않았어요.

그래서 나는 이런 생각을 했지요 나한테는 30만 원이 이렇게 크지만, 은혜 엄마한테는 푼돈일지도 모른다구요. [참 이상한 자기합리화를 정당한 듯하는 내가 이상했지만 내 속마음은 자꾸만 나를 변명했어요] 사실 돈이라는 게 얼만큼 요긴하게 쓰이는냐가 더 중요하냐고 하면서요. 나는 시장을 봐 오는 길에 동네 미용실을 들렸어요. 미용실에서도 은혜 엄마는 어제 도둑이 든 이야기로 수다를 떨고 있었어요. 나는 '움찔' 했지만 아무렇지도 않은 듯이 웃으며 들어갔죠.

– 어머나, 강희 엄마 웬일이야~ 머리 할려그~

은혜 엄마가 의외라는 듯이 말하더라고요. 나는 민망하기도 하고 멋쩍기도 하고 해서 얼버무리듯 대답했어요.

– 응, 봄이고 해서 머리 한 번 자르고 파마 좀 해 볼라그 근데 요새 파마 값이 얼만가?" 했더니 미용실 여자는 반색을 하면서 제게 다가와 의자를 권하데요.

– 아~유 얼마믄? 내가 강희 엄마한테 바가지 씌울까 봐서? 이리와 앉아 내가 한 인물 나게 해줄게~

엉겁결에 내가 의자에 앉자 미용실 여자가 한 손으로 내 머리를 흔

들며 스프레이로 물을 칙 '칙 ' 뿌리데요 나는 오전 내내 시장을 돌아다녀서 피곤하기도 했지만 머리를 만지니까 시원하기도 해서 스르르 잠이 들고 말았어요. 내가 잠이 깬 것은 미용실 여자 목소리 때문이었어요.

– 어머, 정말 이상하네~ 분명히 여그다 뒀는데 어디 갔을까?

미용실 안에서 장부책 같은 걸 들고 웬 남자가 서 있었고 은혜 엄마는 어느새 갔는지 보이질 않았어요. 그리고 나는 문방구 집 여자하고 나란히 않아서 머리를 말은 채 잠이 들었던 것 같았어요. 문방구 집 여자도 미용실 여자의 소리에 잠이 깨는지 부스스 눈을 뜨며 말하데요

– 왜~ 그래 머 잊어버렸어? 머 찾아?

– 아~니 그게 정말 이상하네, 내가 아침에 파마약 값 줄려그 분명히 이 서랍에다 오만 원 넣 놓았는데 없네~

미용실 여자는 서랍이란 서랍은 다 열었다 닫았다 하며 말했어요.

– 딴 데 둔거 아냐 잘 생각해봐, 여기 우리가 계속 있었는데~

문방구 집 여자의 말에 미용실 여자는 우리에게 좀 미안한지 얼버무렸어요.

– 그러게, 나도 화장실 한 번 같다온 거 말고는 계속 있었는데 내가 다른데 두고 착각을 했나? 하면서 다른 지갑에서 돈을 꺼내서 그 남자에게 주더라고요. 그러자 문방구 여자는 나를 보며 말 하데여

– 나도 요새는 나이를 먹는지 정신이 깜박 깜박 한다니까~ 강희 엄마는 안 그래?

나는 웃으면서 그렇다고 했죠. 그런데 나는, 파마 값을 내려고 내 지갑을 연 순간 심장이 멋는 줄 알았어요 왜냐하면 글쎄 내 지갑 안에 아까 미용실 여자가 잃어버렸다는 돈이 반으로 접힌 채 있질 않겠어요. 나는 순간 정신이 아득했죠. 그런 내 모습이 이상했는지 미용실

여자가 물었어요.

– 왜 강희 엄마 돈을 안 가져왔어?

– 아, 아니 그게 아니고 좀 어지러워서..

나는 미용실 여자에게 서둘러 파마 값을 주고 정신없이 집으로 올라와서는 누가 쫓아오는 것도 아닌데 현관문을 잠갔어요. 가슴이 쉴 새 없이 쿵덕거리고 숨을 쉴 수가 없었어요. 머리도 지끈거리고 도대체 뭐가 어떻게 된 건지 짐작이 되질 않는 거예요. 나는 지갑에서 돈을 꺼내서 세어보았어요. "딱 오만 원" 미용실에서 없어졌다는 돈이 분명했어요. 그렇다고 이 돈을 미용실 여자한테 돌려 줄 수는 더더욱 없었어요. 이 돈이 어떤 경로로 해서 내 지갑에 들어있는지를 무어라고 설명 할 수가 없는 거잖아요.

/나는 머리를 싸쥐고 그 자리에 앉았어요. 생각이 정리되질 않고 뒤죽박죽이었어요. 정말 아무 기억이 없었어요. 몽유병도 아니고 멀쩡한 대낮에.. 그러면 어제 은혜 엄마의 지갑도 내가 훔쳤다는 게 되는가? 아니 그렇다면 언제 어떻게 훔쳤을까? 그럼 왜 기억이 안 나는 걸까?/

나는 머리가 깨질 듯이 아프고 온몸에 기운이 빠지는 느낌이 와서 방으로 들어와 누었어요. 얼마를 잤는지.. 밖은 이미 깜깜해져 있었고 방안에는 남편이 장대처럼 서서 누워있는 나에게 소리쳤어요.

– 이게, 이젠 아주 죽으려고 용을 쓰네, 봄날 개새끼처럼 팔자가 아~주 늘어졌구나,

나는 눈꺼풀이 이렇게 무거울 수도 있나 싶으면서 간신히 눈을 떠서 방안 시계를 보았어요. 7시를 조금 넘긴 시간인데 남편이 올 시간도 아닌데 싫어 내가 또 꿈을꾸나 하는데 갑자기 남편의 냄새나는 발이

내 대갈통 아니 내 머리통을 툭, 치는 거예요. 꿈은 아니더라고요.

– 이 여편네가 미쳤나, 왜이래, 지금이 몇 신데 퍼질러 잠이나 자고 있어? 하다가 남편은.

– 어? 이게 다 뭐야,

그제야 남편은 방 한 쪽에 내가 오전 내내 사다놓은 운동화랑, 청바지, 영양제 와이셔츠 등이 눈에 들어왔는지...

– 이게 다 뭐야 너, 이거 다 돈 주고 산거야 응? 너 이 돈이 다 어디서 났어?

남편은 말하면서 정신이 나간 사람처럼 내가 사온 물건들을 끌어 모으더니 가격표를 봤어요. 나는 일그러지는 남편의 얼굴 표정을 보면서 기가 질려서 모기소리만 하게 대답했죠

– 내.. 내가 번 돈으로 산거야.

남편은 내 말이 끝나기도 전에 주먹을 뻗어 내 머리통을 갈겼어요. 그리고 다른 한 손으로 내 멱살을 움켜지고는 죽일 듯이 눈을 부라리며 말 했지요

– 너 한번 죽어볼래 너 돈 없다고 했잖아, 그리고 니 돈이면 이렇게 써도 되냐, 너 이거 당장 돈으로 바꿔와 당장!

나는 두 눈을 꼭 감고 죽으면 죽었지 절대로 못 바꿔온다는 의사 표시를 했습니다. 그런 내 모습에 남편은 더 열을 받았는지 또 한 번 내 머리통을 갈기며 소리치데요

– 이게, 정말 너 죽어볼래, 당장 안 일어나! 그리고 이 머리 꼴은 또 뭐야, 아이구 내가 미치겠네 하면서 남편은 또 한 번 나를 치려고 하는데 그때 방문이 확하고 열렸어요 언제부터 와 있었는지 똑똑한 우리 딸 강희가 눈에 독기를 품고 우릴 노려보더라고요 그리고 눈물을 뚝' 떨어트리면서 소리쳤어요

– 아빠, 아빠는 엄마가 멀 그렇게 잘못했다고 맨날 때리고 그래, 내

가 나중에 아빠같은 사람 만나서 살면 아빠 좋겠어? 물건 사온 거 함봐봐, 엄마 거 있어? 다 아빠랑 우리 거 잖아, 영양제도 3통 밖에 없잖아,

강희는 울면서 악쓰듯이 말했어요. 남편은 그런 강희를 보더니 슬그머니 내 멱살을 놓더라고요. 그리고는

– 니 년이 멀 안다고 부모일에 껴들어 껴들긴 에이, 말하면서 문 앞에 서 있는 강희를 휙 길치며 밖으로 나가데요. 똑똑한 우리 딸 강희는 말도 참 잘 합니다. 그래서 그런지 우리 집 식구 중에서 남편이 강희한테 만큼은 조금 약한 편이거든요. 남편은 화장실로 가서 냄새나는 발을 찬물로 빡빡 소리가 나게 닦으면서 말 했어요

– 배고파 밥이나 줘,

그러나 강희는 여전히 문턱에 선채 눈물 젖은 얼굴로 나를 노려보더니

– 글게 누가 내 청바지 사 오래! 울먹이면서 한 마디 더하곤 자기 방으로 쌩~하고 들어가서는 꽝' 소리가 나게 문을 닫더라고요. 그리고 강희는 저녁도 안 먹었어요. 저녁식사가 끝난 후에 나는 남편에게 슬그머니 '오만 원'을 주었어요. 남편은 나를 한번 힐끔 보더니 말없이 그 돈을 받아서 주머니에 넣더라고요. 남편은 '자린고비' 거든요. 술도 절대로 밖에서 먹고 들어오는 법이 없어요. 정말 술이 먹고 싶을 때는 남편은 퇴근길에 슈퍼에서 소주 한 병을 사와서 집에서 김치 한 쪽 하고 먹어요. 담배도 한 번에 한 대를 다 피우지 않고 반만 피웠다가 다시 또 피우곤 하거든요 그런데 남편은 그것도 아까워서 허구헌 날

– 에이, 이눔의 담배를 끊어야 하는데. 하고 입버릇처럼 말 합니다.

오늘은 다른 날보다 일감이 없었는지 일찍 온 것 같았어요. 남편은 아침 6시나 7시쯤 남편의 전 재산인 오토바이 한 대를 가지고 남대문

인력시장에 나가는데요. 거기서 기다리다가 어느 때는 두 번 세 번 배달이 있을 때도 있는데 배달이 없는 날도 있고 더러는 공치는 날도 있곤 해요. 오늘은 아마도 배달이 별로 없는 날이었나 봐요. 남편은 성질이 좀 더럽기는 해도 착한 사람이라는 걸 나는 알아요. 강희 말대로 속상하면 나를 가끔 때리기는 해도 오죽하면 그럴까 싶어서 나는 남편에게 원망 같은 건 안해요. 그리고 사실 나같은 마누라 내쫓지 않고 데리고 살아주는 것만도 고맙지 멀 그래요.

설거지를 하면서 보니까 남편은 안방에서 혼자 내가 사온 와이셔츠를 거울 앞에서 입어보고 이리보고 저리보고 하다가 곱게 옷걸이에 걸더니 장농안에 넣어 두더라고요 그리고 내가 준 돈도 얼만가 싶어서 몰래 세어 보는 것 같았어요. 오늘은 우리 강준이가 친구 집에서 놀다 온다더니 아직 안 왔어요. 나는 강준이가 오면 얼마나 기뻐할까 싶어서 메이커가 붙은 운동화를 어루만져 보았어요.

– 어머나, 우리 강준이 오나봐요. 엄마 문 열어, 하네요.

오늘은 하루종일 나는 그냥 벽에 기대 앉아 티브이를 보고 있었거든요. 그런데 갑자기 밖에서 은혜 엄마가 계단을 오르다 우리 집 현관문이 조금 열린 걸 보더니 들여다보면서 말했어요.

– 강희 엄마~ 집에 있어?

나는 몸이 벽에 붙었는지 나른해서 일어나지도 못한 채 손을 펴서 방문을 열었어요. 집이라고 8평 남짓 되다 보니까 방문 열면 거의 현관이거든요.

– 아니, 강희 엄마 언제 왔데~ 금방 슈퍼에 있더니.

은혜 엄마는 들어오지도 않고 서서 말했는데, 나는 은혜 엄마가 지금 무슨 말을 하나 싶어서 빤히 올려다보았어요

– 사람이 어째 그래, 불러도 대답도 안하고 무슨 걱정거리 있어?

아까 보니까 마치 넋이 다 나간 사람 같더 만은~ 이젠 좀 괜찮냐?

나는 무슨 말인가 하려고 했는데 기운이 너무 없어서 암말도 못하고 은혜 엄마를 올려다보았죠 은혜 엄마는 ...

– 피곤할 땐 푹 자는 것도 약이라 더라~ 나 올라갈 게 한숨 자, 지금도 얼굴이 안 좋아 보이네.

정말 이상 한 일이었어요. 나는 슈퍼를 간 적이 없었거든요. 이게 무슨 일일까 싶어 간신히 일어나 밖으로 나왔더니 싱크대 한 쪽에 슈퍼 봉지에 이것저것 반찬거리가 담겨져 있었어요 나는 다리가 후들후들 떨리고 현기증이 났어요. 알 수 없는 불안과 공포가 나를 짓누르는 것만 같았어요. 나는 덜'덜' 떨면서 그 자리에 주저 앉아서 머리를 두 손으로 싸매어 보았죠. 웅크린 채로 있는 거울 속의 내 모습이 나를 보고 있었어요. 정말 낯선 여자예요. 무서웠어요. 내가 미친 걸까요? 내 속에 또 다른 내가 있는 걸까요.

나는 남편한테 하도 머리통을 맞아서 내 머리가 잘못된 건가 생각해 보았어요. 슈퍼 봉지 안에는 우리 강준이가 좋아하는 햄이랑 소시지 그리고 우리 강희가 좋아하는 만두까지 가득 들어 있었어요.

– 내가 이걸 전부 샀단 말이지...내가... 돈이 어디 있어서...

나는 떨리는 손으로 지갑을 열어 보았어요 돈이 만팔 천 원이나 더 있었어요. 그리고 슈퍼 봉지를 펴보던 나는 또 한 번 심장이 멋는 느낌이 들었어요. 세상에~

슈퍼 봉지 안에는 소시지랑 만두 외에도 갈색 손 지갑이 하나 더 들어 있는 거예요 이건 분명히 내 속에 '도둑 년'이 하나 들어 있다고 생각되었어요. 그런데 왜 기억이 없는 걸까....

그리고 왜 도둑질만 하는 걸까....

그때 밖이 갑자기 소란스러워지고 있었어요. 그러더니 누군가 우리집 현관문을 확' 여는 거예요.나는 정신이 번쩍 들어서 벌떡 일어났죠. 저희 집에 들어선 것은 슈퍼집 여자하고 웬 젊은 여자가 아기를 업고 들이닥쳤어요 나는 상황 판단이 안 되어서 잠시 어리둥절하고 있는 데 갑자기 아기를 업은 여자가 신발도 안 벗은 채 화닥닥, 들어오더니 나를 밀치고는 주방 바닥에 떨어져 있던 갈색 지갑을 확 잡는 거예요. 그리고는 그 지갑을 내 코앞에 디밀며 나한테 흥분한 듯이 말했어요.

– 이 도둑년, 내 지갑 여기 있네~

그러더니 아기 업은 여자는 슈퍼 여자에게 확인이라도 시키듯이 지갑을 펴 보이며 말했어요.

– 아줌마 맞아요. 분명히 내 지갑이예요. 여기 보세요. 내 주민등록증이잖아요~

아기를 업은 여자는 호들갑을 떨면서 지갑을 흔들어 보였어요. 어느새 은혜 엄마도 내려와서 무슨 일이냐는 듯이 팔짱을 낀 채 기웃거렸고. 아래층 주인집 여자도 올라왔네요. 나는 어안이 벙벙해서 정신을 못 차리고 있는데, 아기 업은 여자는 구경 나온 사람들에게 설명했어요

– 글쎄 아줌마들~ 내 말 좀 들어보세요. 이 아줌마가요~ 슈퍼에서 우리 아기가 가지고 있는 지갑을 뺏아서 가져 온 거있죠~ 세상에 아무리 없이 살기로 벌건 대낮에 도둑질을 하다니

그러니까 내가 저 아기 엄마 등에 있는 아기가 들고 있는 지갑을 훔쳤다는 이야기더라고요. 그걸 슈퍼 집 여자가 봤대요. 아기 업은 여자는 목소리도 엄청 커서 낡은 우리 동네 빌라가 다 흔들릴 정도로 쩌렁!쩌렁했어요. 동네가 동네인지라 누가 방귀만 좀 크게 껴도 몰려드는 곳이거든요. 그런데 이 얼마나 재미난 구경이겠어요.

사람들이 수군거리기 시작하더라고요. 나는 입이 열 개라도 할 말이 없어서 넋을 놓고 있는데 계단 밑쪽에 우리 강준이가 가방을 멘 채 고개를 푹 숙이고 서 있는 것이 보이더라고요. 나는 가슴이 철렁하면서 우리 강준이 밖에 보이질 않았어요.

– 가. 강준아~

그래서 내가 엉겁결에 강준이를 불렀더니 우리 강준이는 눈물에 젖은 눈으로 나를 힐끔 올려보더니 어디론가 쏜살같이 뛰어 가는 거예요 나는 미친 여자처럼 사람들을 헤치고 계단을 내려왔어요. 그리고 말했어요

– 아니야, 강준아~ 엄마는 아니야~

그러나 우리 강준이는 어디로 갔는지 벌써 보이지 않고 동네 사람들만 웅성거리데요 웅성거리는 사람들 사이로...

– 그럼 혹시, 그때 미용실에서 돈도? 하는 미용실 여자의 목소리 들리고 "그럼 설마 내 지갑도?" 하는 은혜 엄마의 소리도 들렸습니다.

나는 아무 생각도 나지 않았어요. 다만 우리 강준이의 눈물 밖에는요. 나는 집으로 들어와서 현관문을 잠갔습니다. 밖에서는 사람들이 웅성거리는 듯하더니 하나둘씩 사라지는 것 같더라고요.

나는 너무 추웠습니다. 그래서 보일러를 최고 온도까지 올리고 겨울 두꺼운 이불을 꺼내서 덮었어요. 그래도 너무 추워서 견딜 수가 없었어요 그래서 또 싱크대에 가스 불을 두 개나 켰습니다. 그리고 생각했어요

/우리 강준이 어디 갔을까, 강준이가 돌아오면 강준이 좋아하는 소시지와 햄을 튀겨 줘야지. 그리고 엄마는 도둑년이 아니라고. 뭔가

오해가 있었던 것 같다고 이야기를 해줘야지./

그런데요...

갑자기 부엌 쪽이 환해지는 거예요 제가 켜놓은 가스불에 싱크대에서 말리고 있던 행주가 불이 붙었네요... 그 불이 부엌 조그만 환기창 커튼으로 가고 있어요 나는 또 생각했어요

/저걸 얼른 꺼야 한다고.../

그런데요 몸이 움직이질 않았어요. 불길이 점점 커지네요. 저러다가 가스 연통에 호스에 불이 붙겠어요. 어떻해야 할까요. 저걸 어째요... 불붙은 행주가 주방 바닥에 떨어지네요. 장판이 타기 시작해요... 연기가 너무 많이 나네요... 점점 따듯해지네요... 그런데요 따듯하니까 나는 너무 졸려요. 누군가 우리 집 현관문을 부술 듯이 두드리네요. 또다시 밖이 시끄러운 걸 보니 그 아기 엄마가 다시 왔나 싶네요. 그래도 나는 절대로 현관문을 열어 주지 않을 거예요. 나는 '도둑년' 아니에요. 일주일에 만 원을 가지고 살아도 한 번도 남의 돈 탐내 본 적은 없어요.

볼이 홀쭉한 우리 강준이 그렇게 소시지 먹고 싶어 할 때도 한 번도 슈퍼에 널린 소시지 욕심낸 적 없어요. 돈이. 돈이, 많으면 좋겠다고 생각 한 적은 있었어요. 정말 정말... 돈이, 돈이, 엄청 많았으면 좋겠다고 생각 한 적은 있었어요. 그러면 학원 문턱에도 못 가본 우리 강희 참고서랑 청바지도 사주고... 메이커가 먼지도 모르는 우리 강준이 ... 메이커 운동화 한 컬레도 사주고... 통닭도 시켜주고.. 소시지도 사주고...

이상해요 눈이 떠지지가 않아요. 정신은 이렇게도 말짱한데 왜 눈이 안 떠질까요.

손가락을 움직여 봤어요 감각이 없네요. 누군가 내 손을 꼭 잡고

있는 것 같은데 누굴 까요. 아, 우리 강준인 것 같아요. 강준인 손이 날 닮아서 작고 거칠거든요. 나는 입을 움직이려 했지만 말이 되질 않네요. 우리 강준이 한데 할 말이 있는데...

문소리가 나고 누가 들어오나 봐요.

– 아빠 의사 선생님이 뭐래요?

어머.. 내 옆에서 우리 강희 목소리가 들리네요. 강희도 내 옆에 있었나봐요. 그런데 우리 강희 목소리가 운 것 같아요. 우리 강희 눈물이 원래 많거든요.

– 아빠, 뭐라고 그래요 의사 선생님이...

우리 강희가 재차 묻는데 남편은 암말이 없네요. 아마 여기는 병원인가 봐요. 큰일 났네요. 남편이 화가 많이 났나 봐요. 병원이면 돈도 많이 들 텐데... 남편은 돈이 아까워서 한 번도 병원엘 간 적이 없어요. 아무리 아파도 몸으로 때우는 성격이거든요. 그런데다가 우리 집 장판이 타고 있었는데... 집에 불까지 냈으니 저는 살아도 산목숨이 아닙니다.

– 네 엄마 정신 안 들었냐?

남편이 대답 대신 나 정신 들었냐고 묻네요. 그런데 남편은 별로 화가 나있는 것 같지가 않네요.

– 아빠 엄마 죽으면 안돼요 엄마 살려 주세요 아빠~

우리 강준이가 울면서 말하네요. 그런데... 내가 죽다니요. 그건 말이 안 되는 소리죠. 우리 강희, 강준이를 두고 제가 어떻게 죽어요. 그리고 저는 아직 37살 밖에 안 되었는데요.

나는 다시 한 번 안간힘을 써서 눈을 떠보려 했어요. 우리 강준이 한테 안심을 시키고 싶어서요. 그런데 눈이 안 떠져요 왜 이럴까요..

– 너희들 학교 가야지 이제부턴 병원은 아빠가 지킬 테니 얼른들 학교가라 지각하겠다.

우리애들 참 착하죠. 아마 내가 아프다고 병원에서 잤나 봐요. 그리고 아침인가 보네요.. 그러면 남편은 오늘 일 못 나가겠네요. 나는 괜찮은데... 애들이 다 가고 난 다음 남편이 나를 혼내면 어떡하죠. 나는 그냥 정신이 안 든 척해야겠어요. 애들이 나가는지 문 닫는 소리가 들리고 다시 조용해 졌네요. 나는 애들이 가고 나니까 겁이 났어요 병원비가 아까워서라도 남편은 나를 아예 죽일지도 모른다고 생각했어요. 얼마나 시간이 흘렀을까, 남편이 제게로 다가와 앉더니 제 손을 가만히 잡았어요.. 저는 움찔했지만 생각일 뿐 몸은 안 움직였어요.

– 이 병신 같은 여편네,

이게 무슨 일일까요. 남편이 화를 내기는커녕, 내 손에 남편의 얼굴을 묻고 울고 있는 것 같아요. 내 손이 뜨듯해지는 걸 보니까 분명히 남편이 울고 있어요. 남편이 울면서 말하네요.

– 이 빙신아, 그렇게 돈이 필요했냐? 그게 나 혼자 다 쓸라고 그렇게 산줄 알아? 우리도 남들처럼 아파트 한번 살아봐야 될 거 아니냐, 그래서 그랬던 건데. 너 죽고 나면 아파트가 다 무슨 소용이냐 이 등신아~ 으흐흐흐~

세상에... 제 남편이 우네요. 저는 결혼 한지 16년 만에 남편이 우는 걸 처음 봅니다. 그리고 지금 나는 남편에 말에 너무나 큰 감동을 받고 있습니다. 그래서 나는 나도 모르게 눈물이 흐르고 있었어요. 남편은 울다가 손을 뻗어 내 눈에서 흐르는 눈물을 닦아주네요. 오랜만에 느껴보는 남편의 따듯한 손길이에요. 나는 이제 죽어도 여한이 없다는 생각을 했어요. 이제 제가 건강해지면 더욱더 남편한테 더 잘 해야겠어요. 남편은 언제나 나를 '식충이'라 불렀지요. 그래서 남편 앞에서는 밥을 더 먹고 싶어도 참은 때가 한 두 번이 아니었어요. 그리고 남편은 밖에서 일이 잘 안 풀리는 날에는 나를 때리기도

했어요. 그래도 사실 그렇게 세게 때린 건 아니였어요. 남편 같은 덩치의 남자가 나같이 쪼매난 여자를 맘먹고 팬다고 생각해보세요. 그냥 뼈도 못 추리고 어디 하난 부러집니다. 하지만 남편은 나를 때릴 때도 소리만 크게 지르고 부산만 떨었지 내 머리통을 한두 대 치다간 나가 버리곤 합니다.

남편은 나에게 언제나 입버릇처럼 무식하다 미련하다 욕을 합니다. 언젠가는 수돗물 틀어놓고 딴 일하는 저에게 남편은 죽일 듯이 달려와서는 눈을 부라리며 수돗물을 '탁 잠그고는 그렇게 절약 못하고 돈 허비할 거면 나가서 차라리 돼져 버리라는 말도 서슴지 않았어요. 그런데 지금 제 남편은 저 때문에 울고 있네요. 병원비도 많이 나올텐데도요. 그러니까 그런 것들이 남편의 본 마음이 아니였나봐요. 남편은 우리 강희, 강준이 그리고 나에게 남들처럼 번듯한 아파트에서 살게 해 주려고 그랬나 봐요.

남편이 정말 고마워요.

남편한테 고맙다고, 당신 정말 사랑한다고 말하고 싶은데 그런데 왜 이렇게 졸릴까요? 잠들면 안 되는 데... 우리 강희하고 강준이가 학교 갔다가 온다고 했는데.. 어떡하나요 너무 너무 졸리네요. 잠깐 자고 강희 강준이가 오면 일어나야겠어요.

– 간호원, 간호원, 여기 좀 빨리, 빨리 좀 와 봐요!

아득히 저 멀리서 들리는 소리처럼 남편이 뛰쳐나가면서 다급하게 간호원을 부르는 소리가 들리네요. 나는 몸이 가벼워짐을 느낍니다. 이제 나는 '식충이' 도 절름발이도 아닙니다. 한 남자의 사랑을 받는 아내 일 뿐입니다. 그리고 우리 강희와 강준이 그리고 남편과 나는 햇빛이 잘 드는 아담하고 예쁜 아파트에서 너무 행복한 웃음을 짓고 있네요

CHAPTER
2

동행

– 점촌 가는 버스표 한 장 주 시우~

노인은 이제는 낡아서 손잡이가 반질반질한 갈색 손가방을 꼭 안은 채 말했다. 그리고 매표소에서 표 한 장을 받아든 노인은 천천히 걸어서 버스정류장으로 향했다. 노인은 정류장 긴 의자에 지친 듯한 몸을 쉬게 하고는 눈살을 약간 찌푸려 하늘을 보았다. 초겨울로 접어드는 하늘은 구름 한 점 없이 참 맑았다.

정류장은 듬성듬성 사람들이 서 있을 뿐, 비교적 한산했고, 너 댓 살 정도 돼 보이는 사내아이 하나만이 엄마를 기다리는 듯이 노인의 옆에 앉아서 다리를 흔들고 있었다. 볼이 동그란 귀여운 아이였다.

노인은 손자 "솔이"가 생각났다.

그래서 가방을 열어 막대 사탕을 하나 꺼내 아이에게 주었다. 아이는 노인이 건네주는 사탕을 한 번 보고 노인을 한 번 보고할 뿐, 선뜻 사탕을 받질 않았다. 노인은 웃으며 괜찮다는 듯이 고개를 끄덕여 보였다, 그제야 아이는 눈치를 보며 사탕을 받아들었다. 그때 어디서 왔는지 아이의 엄마인 듯한 젊은 여자가 다가와서는 아이의 손을 탁, 잡았다 그리고는 노인에게 살짝 인사를 건네고는 아이를 데리고 노인의 뒤로 가서는 아이에게 나무라듯 말했다.

– 엄마가 사탕은 안 된다고 했죠? 그리고 아무거나 받아먹으면 되요 안 되요? 했다.

여자가 눈을 크게 뜨며 그렇게 나무라자, 아이는 갑자기 놀란 듯이 울상을 지었다. 노인은 무언가 말을 하려 했으나 젊은 여자는 아이를 홱' 하니 낚아채듯이 안고는 사람들 사이로 총총 사라졌다. 노인은 사라지는 아이와 엄마를 물끄러미 바라보다가 바닥에 떨어진 사탕을 주어 가방에 도로 넣었다. 그리곤,

– 뜨뜨뜨~ 하고 혀를 찼다

노인은 요즘 젊은 엄마들이 아이 교육이네 뭐네 하면서 공연히 멀쩡한 애들만 잡는다는 걸 너무나 잘 안다. 노인은 사탕을 가방에 넣다가 빵 한 개와 우유를 꺼냈다. 아침밥을 안 먹어서 인지 배가 고팠다. "솔이 애미" 노인의 며느리는 언제나 아침잠이 많았다. 효자 아들 "솔이 아범은 아침 7시도 되기 전에 아침밥을 먹고는 출근을 하는데, 아범이 출근하기가 무섭게 며느리는 설거지도 안한 채 다시 이불속으로 들어가 무얼 하는지 언제나 11시가 다 되어야 손자 솔이하고 부스스 일어나곤 했다. 그리곤 솔이를 씻기고 우유에 무얼 타서 먹인 후 며느리도 뽀얗게 화장을 하고는 12시쯤 집을 나가곤 했다. 솔이 유치원 차가 12시쯤 아파트 정문에 도착하기 때문이었

다. 어쩌다 손자 '솔이가 며느리보다 더 일찍 일어나는 일이 있는 날에도 '솔이는 얌전한 아이라 엄마가 일어 날 때까지 혼자 잘 놀았다. 그리고 가끔 솔이는 노인의 방으로 와서는 노인과 놀아 주기도 했다.

노인은 새벽잠이 없어서 늘 4시 이후부터는 거의 잠이 깨어 있었다. 그러나 잠이 깨었다고 해서 맘대로 거실로 나갈 수는 없었다. 며느리는 예민해서 노인이 화장실 물 내리는 소리에도 잠이 깬다고 신경질을 냈었다.

– 아니, 어머니는 왜 꼭 한밤에 화장실을 가세요? 미리미리 볼일을 다 보고 주무시라고 몇 번을 말해요!

그러나 그건 며느리가 젊어서 모르는 소리라고 노인은 생각했다. 노인은 안 나오는 소변도 잘 때는 억지로라도 누고 자곤 하지만 이상하게도 꼭 새벽이면 잠이 깨어 화장실이 가고 싶어지는 걸 참을 수가 없었다. 그래서 어떤 때는 소변을 보고도 물을 못 내리고 나중에 내려야지 하다가 깜박하는 날이 있는데 그런 날은 며느리한테 노망난 노인네 취급을 당하기가 일쑤다.

– 어머니 치매도 아니고 이게 뭐예요. 더러워서 한집에 살 수가 없어요. 왜 물을 안 내리시느냐고요. 정말 미치겠네.

그리고 노인은 효자 아들이 아침밥을 먹을 때라도 같이 밥을 먹었으면 싶었지만 말을 할 수가 없었다. 며느리는 아들이 있을 때 노인이 함께 있는 걸 몹시 싫어했다. 그래서 저녁도 며느리는 오후 5시면 미리 주었다. 얼른 먹고 방에 들어가서 나오지 말고 일찍 자라는 것 같았다. 그래서인지 며느리는 노인의 방에 구식 티브이도 한 대 놓아주었다. 저녁이면 아들과 며느리는 거실에서 과일 같은 걸 먹으면서 웃음소리가 끊이질 않았다. 그러나 가끔 효자 아들이 묻기도 하는 것 같았다.

– 어머니는 벌써 주무시나? 안 주무시면 나오셔서 과일 좀 드시라고 하지? 물으면

– 아냐, 아까부터 조용하시던데 벌써 주무실거야.

며느리는 다행히도 아들에게는 애교가 철철 넘쳤다. 노인은 그나마 며느리가 웃는 모습을 보는 것도 아들이 있을 때뿐이었다. 그럴 때마다 노인은, /지네들 둘 만 좋으면 됐지/ 하고 스스로 위로한다. 그나마 요즘 젊은 것들 사네 못 사네 하는 것들이 좀 많은가, 그래도 노인은 아들 부부가 금술이 좋은 것이 마음이 놓였다. 그래서 가급적이면 노인도 나름대로 서운할 때가 많지만 며느리 비위를 건들고 싶은 생각은 조금도 없다. 그래서 여름에는 아무리 더워도 노인은 방문을 못 열어 놓는다. 그리고 어쩌다 방문이 조금 열려 있으면 어느새 며느리가 와서는 탁' 닫곤 했다.

그래도 노인의 방은 아파트 복도 쪽이라 창문을 열어 놓으면 그렇게 답답하지 만은 않았다. 그래서 그런 것은 참을 수 있는데 정말 힘든 것은 배가 고픈 것이었다. 며느리는 늦게 일어나서인지 거의 아침을 안 먹는 것 같았다. 그러니 자연 노인도 아침을 굶는 날이 다반사이고 보면 언제나 배속에 거지가 들어 앉은 것처럼 배가 고플 수밖엔 없었다. 그렇다고 며느리 몰래 부엌을 뒤져서 밥을 먹을 수도 없고, 그래서 노인은 하는 수 없이 아침 8시쯤 되면 운동을 한다고 집을 나와서 아파트 단지를 걸어 다녔다. 그리고 걸어 다니다 정 배가 고프면 아들이 한 달에 용돈으로 5만 원 주는 걸로 빵 한 개와 우유 한 개를 사서 먹었다. 노인은 원래 빵이나 우유 같은 건 입에 대지도 않았었다. 그래도 남편이 살아 있을 때는 누구 부럽지 않게 살던 노인이었다. 그러나 남편이 이 세상을 떠나면서 물려 준거라곤 달랑 집 한 채 뿐이었다. 그마저도 팔아서 아들 아파트 사는데 줘 버

리고 나니 노인에게 남은 건 남편이 가끔 선물이라고 사다 준 금반지 몇 개가 전부였다.

남편은 평생을 공무원으로 살아와서인지 욕심도 없었고, 성품이 온화했다. 무엇보다도 남편은 다정다감한 성격이어서 그 시대 남편들과는 달리 마누라 생일 같은 것도 챙겨 주었고, 어쩌다 시댁에서 고생을 하고 온 명절 뒷 끝 같은 때에는 아이들 몰래 밖으로 불러내서 자장면이라도 사주곤 했었다. 그런 남편을 생각하자 노인은 갑자기 목이 메는지, 우유를 벌컥 벌컥 마셨다. 그리고 빈 우유갑을 쓰레기통에 구겨 넣으며 중얼거렸다.

– 망할 놈의 영감탱이.

그때, 언제 왔는지 '점촌' 이라고 크게 쓰인 버스가 도착해 있었고, 버스에 사람들이 올라타고 있었다. 노인은 먹던 빵을 가방 안에 도로 넣고 가방을 꼭 쥐고는 일어나 버스에 올랐다. 초겨울의 매 서운 바람 한 줄기가 휙, 지나갔다. 버스에 몸을 실은 노인은 눈을 감았다. 마음속 깊은 곳으로부터 편안함이 몰려왔다.

그날은 현대백화점에서 무슨 세일을 한다고 해서 며느리가 이른 아침부터 일어나서 '솔이'를 데리고 집을 비웠었다.

– 어머니 저 오늘 좀 늦을 건데요. 혼자 식사하세요~ 그리고 화장실 바닥 청소 좀 하고 빨래 좀 돌려 놓으시고여, 거실에 솔이 장남감도 좀 담아 놓으세요. 아 참, 베란다 물 걸레질도 좀 깨끗이 해 놓으시고요

며느리는 무도회에 가는 팥쥐 엄마처럼 노인에게 이것저것 시키곤 나갔다. 그래도 노인은 차라리 며느리가 아침 일찍 어디를 가는 날이 더 좋았다. 그러면 잠시지만 맘대로 거실에 나와서 있을 수도 있고, 나름대로 밥도 차려먹을 수가 있었다. 그래서 여유 있게 노인은

주방으로 가서 냉장고 문을 열어 보았다. 그러나 냉장고에는 온통 인스턴트 식품 투성이었고 노인이 먹을 만한 건 김치 외에는 하나도 없었다. 그래도 배가 너무 고파서 노인은 정수기에서 물을 따라서 찬물에 밥을 말아서는 김치하고 맛있게 먹고 있을 때였다. 그때 현관 벨이 울렸고, 노인은 올 사람이 없는데 싶었지만 혹시 신문대금 받으러 왔나 싶어

– 누구요~? 하고 인터폰에다 말했다.

– 엄마~ 나야, 지수 ~

노인은 느닷없이 들리는 딸의 목소리에 반가워 정신없이 현관문을 열자 눈에 넣어도 안 아플 것 같은 이쁜 딸, 지수가 쑥, 들어섰다.

– 엄마 혼자 있어~? 솔이는? 언니는 어디 갔나봐?"

– 아니 니가 워쩐 일이 다냐~ 온다 소리도 읍시"

– 엄마는~ 어쩐 일은 내가 못 올 집에 왔수~?

노인의 딸 지수는 이곳 아파트에서 버스로는 서너 정거장 차이밖에 안 나는 곳에 살고 있지만 신랑하고 무슨 학원을 하고 있어서 좀채로 시간이 안 나는 딸이었다. 그래도 가끔씩 불쑥 불쑥, 찾아와 언니 몰래 쓰라고 하면서 용돈을 두툼하게 주고 갈 때가 있는 기특한 딸이기도 했다.

– 아니, 근데 이게 뭐야~ 엄마 지금 이걸 밥이라고 드시고 있는 거야.

지수는 노인이 먹다만 식탁 위를 보고는 소리를 쳤다, 그리고 지수는 냉장고 문을 확, 열어 보았다.

– 세상에 개밥도 아니고, 아니 시어머니 알기를 멀로 알고 집안에 먹을거리 하나 안 해놓고 이아침부터 이 여편네는 어딜 쏘다니는 거래~ 집구석은 또 왜 이래 이 집에 이라크 군이라도 다녀간 거야!

– 아이고 야야~ 나는 괜찮다 시끄럽다 고만.

– 엄마는, 하나를 보믄 열을 안다고, 척 보면 척 이구 만 멀 그래, 집 사줄 때는 헤헤~ 거리더니 그새 얼마나 됐다고 본성이 나와

– 어이구 야가, 니가 멀 안다고 그려, 됐다 고만. 오랜만에 와서 불란 이르키지 마라, 나는 암 스렁도 안 쿠마는 왜이랴 ~

노인은 서슬이 퍼런 딸 지수를 보면서 불안한 마음을 감출 수가 없었고, 지수는 그날 기어이 지 오라비 회사로도 전활 걸어 난리를 치고도 모자라서 핸드폰으로 전화를 걸어 며느리하고 대판 소란을 일구고 나서야 돌아갔다.

노인은 바늘방석이 따로 없었다.

며느리는 쇼핑이고 뭐고 필요 없다는 듯이 쌩, 하게 집으로 달려와서는 가방을 노인의 앞에 팽개치며 악을 써 댔다. 그리곤 노인이 마치 철없는 시누이를 붙잡고 콩이야 팥이야 이 간질이라도 시킨 죄인이라도 되는 듯이 몰아 세웠다.

– 도대체 어머니는 무슨 말을 고모한테 했길래 고모가 생난리를 떨게 해요 정말 동네 창피해서 살수가 없어! 내가 왜 죽일 년이 되야 하는데요, 그렇게 잘났으면 고모보고 어머니 데리고 가라고 해요, 딸은 머 자식 아니에요! 왜 다들 나만 가지고 죽일 년 살릴 년하고 지랄들이야 지랄이~

며느리는 악을 쓰듯이 울면서 할 말을 있는 대로 다 퍼붓고도 분이 안 풀렸는지 남편한테 전화를 걸어 엉엉 울면서 하소연을 해댔다.

– 아무리 잘 해도 알아주는 사람도 읍구 자기야, 나 어떡해.

– 어머니는 왜 나를 미워하시는지 모르겠어, 며느리도 자식인데 내가 얼마나 더 잘 해야 어머니가 내 맘 알아주실까 엉엉~

노인은 가만히 방으로 들어와서는 방문을 닫아걸었다. 며느리는 시어머니 앞에서 '지랄' 이라는 말도 서슴지 않았다. 그리고 아들에게는 마치 연약한 피해자인 양 서럽게 울고 있었다. 노인은 며느리

가 참으로 가증스럽기 짝이 없다고 순간 생각했다.

저녁에 아들은 며느리를 불러내서 외식을 시켜주고 선물을 사 주고 하는 것 같았다. 아들은 지 애비를 닮아서 마누라 밖에는 모르는 팔 푼이었다. 그래도 자기들 둘이 사이가 좋으면 됐지, 하고 노인은 또 스스로 위로했었다. 그러나 그날 이후로는 며느리는 노인하고는 아예 눈도 맞추려 들지도 않았다. 그리고 손자 '솔이'가 노인의 방에 오는 것조차 며느리는 못 가게 하는 것 같았다. 그나마 며느리는 아들이 있을 때는 마치 아무 일도 없었다는 듯이 상냥하게 노인에게 말도 하곤 하지만 아들이 없을 때는 얼굴색이 완연히 변하는 것이었다.

효자 아들은 아침 일찍 나가서 저녁에야 들어오고, 저녁에 온다 한들 아들 왔냐고 인사조차도 할 수 없는 형편이고 보면 노인은 어쩌다 아들이 노인의 방으로 들어 오기 전까지는 아들 얼굴조차도 볼 수가 없었다. 어느 부모치고 아들 사랑 지극하지 않은 부모 있을까 만은, 그 아들은 첫 아들을 홍역으로 잃고 몇 년 동안 아이가 없다가 어찌어찌하여 어렵사리 얻은 외아들이라고 금이야 옥이야 길러서 입에 있는 것까지 다 빼내서 아들 입에 넣어주고 어디가 좀 아프다고 하면 밤새 업고서 밤을 지새우고 ...

바람 불면 날아갈까. 천둥치면 꺼질까, 그렇게 키운 아들이었다. 아침에 일어나면 뽀뽀하고, 학교 갔다오면 궁둥이 두들겨주고, 잠 쉽게 못들고 잠투정이라도 하면 잠들 때까지 머리 긁어 재워 주면서 그렇게 키운 금쪽 같은 아들이었다.

노인은 가끔 한집에 살면서도 아들이 보고 싶을 때가 더러 있었다. 아들은 성격도 그렇지만 생긴 것도 지 애비를 빼닮았다. 그래서 인지 어느 때는 아들의 모습에서 문득 남편의 젊었을 적 모습이 보이곤 했다. 결혼하기 전까지 아들은 엄마 밖에 몰랐었다. 그래서인지 남편이 없는 빈자리가 그렇게 크게 느껴지지 않을 정도였었다. 그러나 지금도 노인은 아들의 마음이 변한 건 아님을 알고 있다. 지금까지도 아들은 한 번도 어떤 경우에서도 노인에게 대들거나 따지거나 한 적이 없었다. 그리고, 아들은 언제나 퇴근해서 들어오면서 습관처럼 묻곤 한다.

– 어머니는?

– 으응 주무셔 깨우지마.

– 어디 아프신 건 아니지.

– 아프시긴, 오늘도 좀 전까지 솔이하고 놀았는데.

며느리는 아들의 말이 떨어지기가 무섭게 어머니는 아무 염려없다는 듯이, 아주 건강하니 염려 말고 신경도 쓰지 말라는 듯이 참 거짓말도 잘한다고 노인은 생각했다. 그래도 그날은 화장실도 갈 겸 아들 있을 때 며느리하고 화해도 할 겸해서 큰맘 먹고 거실로 나갔었는데 아들과 며느리는 어느새 잠옷으로 갈아입고 거실 소파에 나란히 기대앉아서 무슨 외국 영화를 보고 있다가 노인을 보자 아들이 서둘러 영화를 끄는 것이 보였다. 노인은 아들의 그런 모습을 보면서 너무도 미안하고 민망해서 자기도 모르게 손을 휘저으며 말했다.

– 화, 화장실 가는 겨 신경 쓰지 들 말어.

그러자 아들이 웃으며 말했었다.

– 엄마, 괜찮아요. 잠 안 오시면 이리와서 티브이 보세요. 영화는 나중에 보면 돼요.

그러나 며느리는 그 말을 받아 웃으며 말했다.

– 자기는~ 어머니는 어머니 방이 더 편하신 거 몰라~ 자긴 왜 자기 생각만 해 그쵸? 어머니.

애교가 찰찰 넘치는 며느리의 목소리에 노인은 며느리의 이중성격에 등줄기에 식은 땀이 흐르는 듯했다. 그날 이후 며칠 동안 눈도 맞추지 않던 며느리였기 때문이었다.

그 후로도 며느리는 노골적으로 노인을 무시했다. 생전 밥 먹으라는 소리를 안 했다. 그리고 밥 먹었느냐고 묻지도 않았다. 어쩌다 엘리베이터에서 만나도 어디 갔다 오냐고 묻기는커녕, 아예 남처럼 굴었다. 그런 며느리가 괘씸하기도 하고 만정이 다 떨어지기도 하지만 무엇보다도 노인은 배가 고파서 견딜 수가 없었다. 그래도 한동안은 딸 지수가 한바탕 소란을 떨면서 주고 간 돈 10만 원으로 아껴 가며 노인은 빵과 우유를 사 먹었다. 그리고 날이 추워지자 아침부터 아파트를 돌다 보면 추울 때가 많아서 목도리도 하나 사고, 노인이 머리까지 정갈 하지 못하면 더 초라해 보인다 싶어서 파마도 하고 나니 돈이 바닥이 났다 그래서 노인은, 손수건에 꼭꼭 싸둔 남편이 사준 금반지를 또 한 개 팔았다.

이제 남은 건 달랑 금반지 두 개.

노인은 나름대로 자존심 하나로 살아왔었다. 예순이 훨씬 넘도록 누구한테 아쉬운 소리 한 번 안 해보고 살아왔던 것이다. 그래서 며느리가 얼마나 가증스러운가를 알면서도 누구한테도 말하기 싫었다. 아파트 노인정에 가면 노인들이 서로 며느리 흉을 보고해도 노인은 한 번도 며느리 흉을 본 적이 없었다. 그것 또한 일종의 자존심이었다. 그리고 공연히 아들한테까지 알려서 아들 맘 상하게 하고 싶지도 않았다. 그저 나 하나만 참으면 모든 것이 조용하다고 노인은 항상 생각해 왔다.

한참을 달리던 버스가 휴게실이라고 크게 푯말이 돼있는 곳으로 가서 섰다. 사람들이 화장실을 가려는지 웅성웅성 일어나서 밖으로 갔다. 노인은 주위를 둘러보았다 어느새 희끗희끗 눈발이 날리고 있었다.

그날은,

노인이 아침에 아파트를 돌다가 여느 때처럼 사 먹은 빵하고 우유가 잘못되었는지 가슴도 더부룩하고 감기 기운까지 있는지 몸까지 으실으실 춥고 한기가 나서 아침 운동을 마치고 들어와 누워 있을 때였다. 그때까지도 방 안에서 자는 줄만 알았던 며느리가 그새 어딜 나갔었는지 아파트 현관문이 부서져라 닫으면서 무엇엔가 화가 많이 난 듯이 소리치며 밖에서 들어왔다. 노인은 잠이 막 들려다가 밖에서 들리는 소란스러운 소리에 눈을 떴다.

– 정말 내가 못 살아, 이 동네를 이사를 가든지 해야지, 아이구 정말 지겨워

카랑카랑한, 며느리의 짜증 섞인 목소리에 노인은 이유도 없이 가슴이 두 방망이 질을 하고 있었다. 언제부턴가 노인은 며느리가 화가 나있으면 공연히 가슴이 뛰곤 했다. 그때 노인의 방문이 확, 하고 열리고, 며느리가 독이 오른 얼굴로 들어섰다 그리고는 팔짱을 턱, 낀 채 누워있는 노인을 내려다보며 말했다.

– 어머니, 도대체 왜 그러시는 거예요 네!

노인은 엉거주춤 자리에서 일어나며 영문을 몰라서 며느리의 표정을 살폈다. 며느리는 다짜고짜 노인의 앞에 착 앉더니 노인에게 마치 따지듯이 말하기 시작했다.

– 어머니, 정말 이러면 저 어머니하고 못 살아요. 정말 지긋지긋해요 차라리 말을 해요, 말을~ 왜 집안에서는 암말도 안 하고 있다가 밖에 나가서 거지처럼 빵이나 사먹고 다니냐고요. 아파트 여자들이 뭐라고 수근 대는 줄이 나 알아요! 내가 못된 며느리라서 어머니 밥

도 굶기는 줄 알잖아요. 도대체 어머니는 얼마나 더 나를 못살게 굴어야 직성이 풀리겠어요. 나하고 무슨 웬수가 졌냐구요! 이럴 거면 차라리 나가요 나가라고요.

며느리는 이제 방바닥을 한 손으로 치면서 말했다. 노인은 손이 부들부들 떨렸다. 그래서 벌벌 떨면서 말했다.

– 이. 이. 못된 것이 보자 보자 하니까 어디서 행패냐, 행패냐! 그리고 누가 누굴 더러 시방 나가라는 겨! 너는 에미 아비가 그렇게 가르치더냐! 늙은 시에미 한 테 이렇게 해도 된다고 그렇게 가르치더냐!

노인은 입에서 더운 김이 나오는 걸 느끼며 있는 힘을 다해 말했다. 그러나 며느리는 끄덕도 안한 채 오히려 악을 쓰며 대들었다

– 아니~ 왜 멀쩡한 우리 엄마 아버지는 들먹거리고 난리야, 우리 엄마 아버지가 멀 어쨌다고 그래요! 그래서 어머니는 지수 년, 그렇게 잘 키웠어요!

– 뭐,.. 머라고 했냐 너.. 시방 시누이한테 지수 년이라고 했냐?

– 왜요, 내가 그 잘난 시누 년 욕 좀 하믄 안 돼요? 아이구~ 딸이면 그렇게 벌벌 하면서 왜~ 나하고 사나 몰라~ 그 잘난 딸년한테 가서 같이 살자고 하지.

며느리는 어디까지나 기세가 등등했다.

노인은 정신이 하나도 없고 입이 바짝 말라서 더 이상 말을 할 수가 없었다. 그리고 이렇게 못된 며느리가 있다는 것은 티브이에서도 본 적이 없었다. 노인은 힘없이 손을 뻗어 휘휘 저었다 그리고 간신히 말했다.

– 나, 나가, 다, 당장 나가.

며느리는 노인이 기진맥진한 모습을 보자 쌩하니 일어서더니 방문을 부서져라 꽝' 소리가 나게 닫고는 나갔다. 그리곤 방문에다 대고

악을 쓰듯이 말했다.

– 누가 냄새나는 그 방에서 살까 봐 나가라고 난리야. 어이구, 지겨워, 노인네가 자존심은 있어 가지고 웃기지도 않아 정말 고상한 척은 혼자 다 하면서 이 추운 날 방구석에나 처박혀 있을 것이지, 왜 싸돌아 댕기면서 거지처럼 빵을 사먹고 돌아다니냐구 어휴, 내 쪽 팔려서 못 살겠어 정말~

노인은, 처음부터 며느리 영란이가 맘에 들지 않았었다. 영란은 중국집을 하는 집 막내딸이었는데 아들이 다니는 회사 OP였다. 막내라 그런지 귀여운데도 있었지만, 고집이 세고 천방지축이었다. 아들도 처음에는 별로 탐탁지 않게 여기는 것 같아 노인도 신경을 안 썼는데 영란이 집요하게 아들을 쫓아다니는 눈치였다. 아들은 본래 심성이 착하고 여린 편이라 저를 좋다고 죽자살자 쫓아다니는 여자를 끝까지 모른 척 할 수가 없었던 것 같았다. 그러나 영란은 나름대로 상냥하고 싹싹한 면이 있었고, 무엇보다 아들한테 참 잘했다. 그런데다가 아들이 회사에서 몇 달간 출장을 간 사이 영란은 아예 보따리를 싸 가지고 아들을 찾아갔던 모양이었다. 노인은 여자가 남자 혼자 있는 곳엘 보따리를 싸서 내려 갈 수 있다는 것이 영 맘에 들지 않았었다. 노인의 딸 지수도 그런 영란을 무시했었다.

– 아니 오빠가 어디가 못나서 고등학교 나온 여자랑 결혼을 해~

번듯한 대학을 나온 딸 지수는 그렇게 말했지만, 노인은 굳이 며느리 영란이 고졸이라서 싫었던 것은 아니였다. 자고로 여자는 헤프면 안된다는 것이 노인의 생각이었던 것이다. 그러나 어찌하다 보니 영란의 배가 불러오고 있었고, 노인은 할 수 없이 서둘러 결혼식을 올려줘야 했던 것이다. 노인은 아들이 결혼 후 첨에는 따로 살았다. 남편이 물려준 집을 약간 개조해서 월세를 주었고 한쪽은 하숙을 쳐서 그런 대로 노인 혼자 생활하는 데는 지장이 없었다. 그런데 어느 날부턴가 며느리가 노인에게 자꾸 같이 살자고 해 왔다.

– 어머니 잘 할게요.

– 솔이도 이제 4살이고 할머니를 보고 싶어 해요 그리고 아들이 있으면서 어머니를 이렇게 고생시키는 것이 말도 안 되잖아요.

노인은 고생이라고 생각해 본 적은 없었지만, 그래도 며느리와 아들이 원한다면 하고 마음을 고쳐먹고 집을 팔아서 지금의 아파트를 사줬던 것이다. 며느리는 처음 몇 달 간은 그래도 잘하는 것 같았다. 그러나 천성이 게으르고 자기밖에 모르는 성격인데가 자기네 식구끼리만 살던 습관이 들어있는지라 누구의 간섭을 싫어하는 것 같았다. 그래도 다행한 것이 있다면 며느리는 남편과 자기 자식 '솔이' 한테는 끔찍하게 잘 하는 것 같았다. 그래서 노인은, 그러면 됐지 싶어서 되도록 며느리와 부딪치지 않기 위해 조심을 해왔던 것이었다. 그러나 며느리는 이제 하루가 다르게 노인을 뒤퉁거리로 여기고 있었다. 그리고 이 추워지는 날씨에 이제는 노골적으로 나가라고까지 소리치고 있었다.

노인은 며느리가 냄새나는 방이라고 한말이 생각나 자신의 팔을 올려 냄새를 맡아 보았다. 아들은 다 커서도 언제나 엄마 냄새가 좋다고 파고들곤 했었다 그러나 며느리는 노인의 냄새를 싫어했다. 그래서 가끔 청소한다고 이상한 꽃 냄새가 나는 스프레이를 들고 들어와서는 노인의 방 구석구석 뿌려 대곤 했었다.

노인은 서랍에서 커다란 반짇고리를 꺼냈다. 그리고 그 속에서 2단으로 된 자주색 양산을 꺼내어 가만히 쓰다듬었다 그 양산은, 2단으로 접는 양산이 처음 나왔을 무렵 남편이 사다 준 거였다.

– 무심한 영감탱이 10년만 살면 데리러 온다더니 벌써 나를 잊었수.

노인의 양산을 쓰다듬는 주름진 손등 위로 눈물이 한 방울 툭' 떨어졌다. 노인은 낡은 갈색 가죽 가방에 양산을 넣고 하얀 가재 손수건에 꼭꼭 싸여있는 금반지 두 개도 가방에 넣었다. 그리고 노인은 무언가 소중한 듯한 물건들을 가방에 넣기 시작했다.

노인은, 공중전화에서 딸 지수의 핸드폰으로 전활 넣어 보았다. 한참을 벨이 요상한 음악 소리를 내더니 수화기 저쪽에서 딸의 음성이 들렸다.

– 지수냐?

– 응, 엄마. 웬일이야. 나 한테 전활 다 하시고 거기 어디야?

– 여. 여거는 집이여 근디 시방 바쁘냐,

– 응~ 지금 한참 애들이 몰려오는 시간이라서. 근데 엄마 무슨 일 있어요?

– 아, 아녀 일은 무신일. 그냥 니 목소리라도 듣고 싶어서 한번 걸어본겨 준하 애비도 잘 있쟈?

– 응 지금 옆에 있어 바꿔 줄까? 안 그래도 이 서방 지금 엄마 전화면 바꿔 달라고 옆에서 기다리거든

– 아, 아녀 바꾸긴 뭘 바꿔. 됐어야 하는데 저 쪽에서 사람 좋은 사위의 털털한 음성이 들렸다.

– 어머니, 이 서방입니다. 아니 왜 요즘은 저희 집에 놀러도 안 오세요 혹시 지수가 뭐 서운하게 한건 아니죠? 말씀만 하세요 제가 혼내 줄게요. 그리고 어머니 지수한테 어머니 용돈 드리라고 했는데 지수가 어머니 드렸나요?

– 어머머. 이이가 나를 뭘로 보고. 내가 가로챌게 따로 있지 우리

엄마 용돈 조금 드린 걸로 자기가 왜 생색은 내고 그래.

– 아, 야야, 이 여자가 사람을 막 패내. 어머니 지수 좀 혼내주세요

– 이리 수화기 줘봐 쓸데없는 소리 그만하고.

딸과는 동갑내기 사위의 농담 섞인 웃음 뒤로 지수의 앙칼진 목소리가 행복하게 들렸다.

– 알았다 준하도 잘있쟈?

– 그럼~ 엄마 근데 정말 별일 없는 거지?

– 그랴~ 먼일 있어야 전화 허냐~ 알았다 그럼 바쁘다니께 전화 끊는다 ~ 잘 있거라~'

노인은 아들 회사로 전화를 넣었다. 그러나 아들은 손님이 와서 잠깐 나갔다고 자리에 없었다. 노인은 아들의 핸드폰 번호를 모르고 있었다, 알아야 할 이유도 없었지만, 한 번도 아들에게 전화를 걸어본 기억도 없었다, 그나마 회사 전화번호는 언젠가 아들이 노인의 방에다 매직으로 크게 써 놓았었다.

– 엄마 핸드폰은 잘 안 터질 때가 있어도 이 전화번호는 항상 누군가는 받아요. 급할 때 전화하세요. 여기로 해서 제 이름 대면 바꿔 줄 거예요.

노인은 공중전화에서 나오면서 아들의 웃는 모습을 떠 올렸다. 아들은 언제나 웃는 얼굴이었다.

버스는 어느새 '점촌' 이라는 곳에 도착하고 있었다. 노인은 버스에서 내려서 '외남' 이라고 쓰여있는 버스로 또다시 갈아탔다. "외남' 이라는 곳은 남편의 고향이기도 했지만, 조상들의 '선산' 이 있는 곳이기도 했다. 15년 전에 노인의 남편 또한 이곳에 와서 묻혔었다. 겨울로 접어드는 시골 풍경은 참으로 아름다웠다. 더군다나 간헐적으로 눈발이 날리고 있어 더욱 운치가 있어 보였다

'외남'이라는 조그만 읍에서 슈퍼에 들은 노인은 평소 남편이 저녁 식사 후엔 한 잔씩 가끔 기분이 좋을 때면 하던 소주를 한 병 사고, 그리고 오징어도 한 마리 사서 신문지에 잘 싸서 가방에 넣었다. 그리고 노인은 점점 추워지는 날씨에 목도리를 꺼내서 둘렀다. 그렇게 산으로 오르기 시작하자 바람도 점점 더 부는 듯 거세어졌으나 노인은 오르다가 힘들면 쉬고, 또 걷고 하면서 그렇게 한참을 걸어서 산길을 올라갔다.

노인이 산등성 양지바른 무덤가에 도착했을 때는 이미 초겨울의 짧은 해가 뉘엿뉘엿 서산으로 지고 있었다. 노인은 '미량 박 씨 몇 대 손 OOO" 라고 쓰인 비석 앞에 앉더니 가지고 온 하얀 손수건으로 비석을 깨끗하게 닦기 시작했다. 그리고 무덤가에 듬성듬성 누렇게 자란 잡초를 뽑고 난 뒤 무덤 앞에 소주 한 잔을 따르고 오징어 하나를 놓아주었다. 그리고 무덤을 쓰다듬으며 말했다.

– 여보 영감 나왔수. 영감 말대로 애들 다 키워놓고 이제야 왔어요. 영감은 사람이 어찌 그리도 야속 허시우, 나를 혼자 내버려두고 꿈에도 한번 안 찾아오고. 매정한 영감탱이 살아서는 그렇게 정도 많더니만 하늘나라가 그렇게 좋습디까. 이제는 나도 갈라요 나도 이제는 영감한테 갈라요. 영감 이젠 날 받아 주시구랴. 내 모습 보고 너무 늙었다고 구박하진 않겠지요 영감~ 우리 아들 효자인 거는 온 동네가 다 아는 일이지만 그래도 나는 영감이 더 좋습디다. 인제 날 좀 데려가시우.

노인의 주름진 얼굴 위로 눈물이 쉬지 않고 흘러 메마른 무덤을 적시고 있었다. 노인은 가방을 열어서 가지고온 2단 양산이며 장갑, 브로치, 같은 것들을 무덤가에 가지런히 놓았다.

– 이것 보우, 영감 이것들 기억나요? 영감이 다 사 준거유.

날이 어두워지자 초겨울인 데도 깊은 산속은 마치 한겨울같이 기온이 내려가자 노인은 점점 몸이 추워지고 온몸이 얼어붙는 것 같았다. 그래서 노인은 가지고 온 소주를 한잔 따랐다. 그리고 말했다.

– 영감, 나도 한잔 마시겠수. 인제는 다 늙었으니께 괜찮겠지요.

그리고 노인은 소주를 한잔 마셨다 그러자 온몸이 후끈하게 데어지는 느낌이 들었다. 그래서 노인은 안주도 없이 한 잔, 그리고 또 한잔 소주를 마셨다.

오늘따라 추위는 매서웠지만 노인은 이제는 더 이상 춥지 않았다. 날은 이미 어두워져 있었고, 어디선가 늑대라도 우는 듯한 소리가 멀어지듯이 들리고 있었다. 노인은 지친 듯이 무덤에 기대여 잠이 들고 있었고, 노인의 작은 몸은 서서히 굳어지고 있었으나 눈물로 얼룩진 노인의 얼굴에는 환하고 행복한 미소가 서서히 번지고 있었다.

저만치에서,

그토록 그리워하던 남편이 환하게 웃으며 두 손을 벌린 채 노인을 맞이하고 있었기 때문이다.

CHAPTER
3

M 컨설팅의 하루?

세 남자가 산길을 가다가 호랑이를 만났는데 그 호랑이 말씀이 "너희 세 놈 거시기를 자로 재어서 40센티가 넘으면 모두 살려 주고 그렇지 않으면 모두 잡아먹겠다" 하더라 이거야, 그래서 세 남자 중 김 가라고 하는 사내의 거시기를 재었더니 20센티가 나왔어, 그리고 두 번째 이 가라는 사내의 거시를 재었더니 17센티가 나온 거야 그랬는데 세 번째 박 가라는 사네가 거시기를 꺼냈는데 아뿔싸, 그 박가의 거시기는 거의 번데기 수준인 거야 그래도 살아야 하니까 애써 늘려가면서 재었더니 딱 3센티라는 거야 그래서 간신히 세 사내의 거시기의 길이가 도합 40센티가 되어서 호랑이는 입맛을 다시며 돌아갔어 그때 그 박 가라는 사네가 허리쭉 피고 의기양양하게 뭐랬는

줄 알어?

— 그 박 가 말씀이 니들, 내가 흥분 안 했으면 다 죽었어하더래

장 부장은 오늘도 여지없이 아침부터 Y 담을 늘어놓기 시작했고. 장 부장의 Y 담에 여자들은 기다렸다는 듯이 책상을 손으로 치기도 하고 서로 때리기도 하며 뒤집어지듯이 웃어 젖혔다. 그렇게 여자들을 한바탕 웃기고 난 장 부장은 갑자기 눈꼬리 한쪽이 올라가며 심각한 표정이 되더니 은근히 분위기를 압도하는 목소리로 말했다.

— 여러분, 오늘이 11월 1일입니다 10월 우리 지사 영업실적이 바닥을 기었다는 건 여기 계신 모든 분이 아는 사실 아닙니까? 여기 놀러 나온 사람들 있어요? 여기 친구나 만나서 수다나 떨려고 온사람 있습니까? 우리는 팔아야 삽니다 땅, 땅. 땅을 팔기 위혜 우리는 모인겁니다. 서천 군장 산업단지, 이거 이거는 국책사업입니다 정부에서 하는 사업 승소 안 된 거 단 한 건도 없지요. 새만금도 그 난리 부르스를 떨었지만 승소했지 않습니까 거기 정부가 투자한 돈이 2조 2천억원입니다. 패소하면 이돈 어디서 건집니까 새만금은 애초에 승소하게 돼있었던 겁니다. 그렇다면 지금 이 서천 땅 군장 단지는 어떻습니까 여기도 이미 어민들에게 보상이 다 되있는 상태입니다. 이미 돈이 나갔다는 말입니다. 거기다가 군장대교 2008년 완공됩니다. 돈이 눈에 보이는 땅, 이 땅을 못 팔면 여기 앉아있을 이유 없습니다. 보따리 싸 가지고 다 집으로 가서 설거지나 하세요

장 부장은 미친 듯이 입에 침을 튀겨가며 열변을 토하기 시작했다. 얼마를 그렇게 장 부장의 열변이 계속되고 나서 장 부장이 "자, 이제 11월 첫날입니다. 모두 힘내시고 각 부서 구호합시다" 하자, 그때까지도 선생님한테 혼나는 것 같은 자세로 서 있던 1부에서 5부까지 70여 명이나 되는 여자들은 일제히 부서별로 모여서 구호를 외쳤다.

— 영업 2부, 오늘의 아침인사는 '계약하자'입니다. 자, 모두 다 같

이 오늘은 계약하자! 계약하자, 계약하자!

– 빡세게, 빡세게, 탕. 탕. 탕. 2부, 2부, 파이팅! 짝,짝,짝.

그렇게 여기저기서 구호가 끝나자 기다렸다는 듯이 어디선가 신나는 뽕짝 음악과 함께 충청도 사투리의 구수한 입담의 사내 노래소리가 들렸다.

– 그러니께유~ 사랑은 장난이 아니라니께요~ 사랑은 장난이 아니여~ 사랑은 장난이 아니여~ 진실이랑~께요~

그러자 여기저기서 여자들이 흥에 겨워 못 살겠는지 신나는 뽕작 음악에 맞춰 몸을 흔들어 대기 시작했다. 아예 5부서의 어떤 덩치 큰 여자는 통로가 좁은지 앞으로 나가서는 두 손을 하늘을 찌를 듯이 하고 목을 뒤로 제끼더니 그 큰 궁뎅이를 흔들며 '으싸 으싸' 하며 흥에 겨워 남의 시선은 아랑곳하지 않고 윙크까지 해대며 춤을 과시했다. 그러자 여자들은 또 뒤집어질 듯이 웃어제꼈다. 장 부장도 언제 열변을 토했느냐는 듯이 그 여자와 맞춰 이상한 개다리춤을 추며 박자를 맞추어 주었다.

AM : 10 :10

– 안녕하세요 여긴 M 컨설팅 사무실인데요. 땅에 대한 좋은 정보가 있어서요.

– 어머나 사모님 바쁘신가 봐요, 땅에 관심 없으셔요

– 그럼요. 돈이 있어야 돈을 벌죠. 이번에 서천에 돈이 될 만한 확실한 땅이 하나 나왔는데요

– 어머 언닌 내 말 못 믿는거야? 신문에 나고 인터넷 뜨면 우리 차지 되는 땅 있는 줄 알아? 그땐 비싸서 엄두도 못내, 그리고 가만 있어도 땅값 하늘 치솟는데 누가 미쳤다고 그때 땅 내놓겠어 서천 땅은 지금 안 사면 못 사, 돈 아무나 버냐. 배짱도 있어야지"

– 아유, 선생님 3만 원짜리 땅은 3년지나도 3만 원이예요 1배가 뛴다 한들 6만 원 아니겠어요. 재테크는 그렇게 하는게 아니예요. 이번에 이, 서천 땅은 노른자 중에서도 노른자예요

– 어머나 고향이시면 더 잘 알겠네요. 하긴 원래 고향 사람들은 자기 고향땅 안 사요 은근히 무시하거든요. 제주도에도 가장 비싼 땅 주인은 다 서울 사람들이잖아요.

각 부서에 과장이라는 여자가 팔짱을 턱, 끼고는 전화 거는 사람들 뒤를 어슬렁거리며 다니고 있었다. 혹시라도 전화 안 걸고 딴짓이라도 하는지 아니면 땅 안 팔고 전화로 엉뚱한 수다나 떨고 있는지 감시를 하는 것이다. 과장은 어슬렁거리고 다니다가 사람들이 조금만 방심을 하는듯하면 [거울을 본다든지 개인전화를 받는다든지] 이렇게 말한다.

– 한 달에 백만 원씩 기본급을 주는 것은 월급이 아닙니다 아시겠지만 땅 사실 고객 만나서 밥도 사고 영업을 하는데 쓰라고 주는 돈이지 그 돈으로 집에 가져가서 애들 학원비 주고 반찬 사 먹고 하라는 거 아닙니다. 그런 돈은 땅 팔아서 하세요. 땅, 땅 팔아서 수수료 받아서 그 돈으로 집에 가져가서 생활비 하라는 말입니다.

AM 11: 50

내 옆에 앉아있던 총무라는 여자가 돌아다니며 각 사람 책상 앞에 만 원씩을 놓고 갔다. 하루에 만 원씩은 기본급을 제외한 점심 값 내지는 그날의 차비였다. 그것도 지각을 하거나 안 나온 사람은 주지 않고 정상 출근한 사람에게만 나오는 말하자면 일비였다. 만원을 만지작 거리고 있는 나에게 돈을 다 돌리고 온 총무라는 여자가 슬며시 웃음을 보내며 말을 걸어왔다 사람좋아 보이는 순박한 웃음이었다.

– 처음이라 어떨떨 하지? 처음엔 다 그래. 좀 지나보면 괜찮아질거야 점심 먹으로 같이 갈까? 저기 길 건너 청국장 잘 하는 집 내가 아는데.

AM 12: 10

여자를 따라간 식당 안은 구수한 청국장 냄새가 진동하고 사람들이 버글버글했다. 정말 그 여자는 그 집 단골인 듯 주인집 여자랑 스스럼없이 말하며 나를 데리고 들어간 곳은 주방 뒷 켠 좁은 방이었다. 아마 식당 주인 여자나 일하는 사람들 잠깐 쉬는 곳 같았다.

– 이리와. 여기와 앉어, 여긴 사람 없어. 이집 엄청 장사 잘 돼. 돈 다 긁어모으나 벼 언니~ 여기 청국장 둘, 그리고 언니 소주 반 병 알지,

그러나 음식이 나오자 여자는 밥은 먹을 생각도 안 하고 밥보다 먼저 소주잔을 찾았다. 그리곤 나한테 술병을 들이밀며 말했다.

– 술 한 잔 할텨? 사실 나 이혼하고 혼자 살어, 아들이 둘 있는데 한 놈은 군대 가고 한 놈은 재수해, 둘 다 지 애비하고 있어 에혀, 남자라믄 이제 다 징글징글혀. 지금이 아주 속 편혀.

여자는 벌써 소주 한 잔을 한 입에 홀짝 털어 넣으며 묻지도 않은 말을 했다. 남편은 별다른 직장이 없는 데다가 술만 먹으면 여자가 무슨 장구라도 되는 줄 아는지 북치듯이 패 대었단다. 넘의 집 식당에서 손이 짓 무르게 벌어온 돈주머니 뒤져가며 술값 안 준다고 패고, 자식새끼들하고 한 패 먹고 무시한다고 패고, 밥 빨리 안 준다고 패고, 얼굴에 루즈만 좀 발라도 어떤 놈 생겼냐고 패고, 여자는 하도 맞아서 맞는데는 이골이 났다고 한다. 여자는 밥은 먹을 생각도 안 하고 청국장에 혼자 소주 반 병을 비우고 사람 좋아 보이는 순한 웃음을 쓸쓸하게 웃었다.

– 여긴 사람들이 땅 못 팔면 2달도 못 버텨~ 기본금 백만 원 그거 준다고 사람을 아침 저녁으로 불러다가 면박 주고 무시하고 어르고 어떻게 하든 땅을 팔게 하거든, 그러니까 허구한 날 언니 동생 친구 할 것 없이 주위에 있는 사람들한테 전화해서 땅 사라고 못 견디게 지랄만 하다가 그래도 안 되면 더럽고 치사하니께 월급이나 타믄 안 나오는겨, 그니께 다~ 새로운 사람들이여~ 월급날 지나면 한 부서에 20명 인디, 반 이상 빠져나가 나는 여기 온 지 6개월 되얏어.

그렇게 말하고 여자는 빈 술잔을 들여다보며 또 순하게 웃었다 .

– 내가 6개월이나 됐다니께 땅 좀 팔았나 생각하고 있지 시방, 흐흐흐~ 아녀, 나는 땅 반 평도 못 팔았어 그려~ 더럽고 치사하지 그런데 말여, 그래도 여기가 식당보다는 편혀 내가 배운 게 있나 할 줄 아는 게 있나 허구헌 날 식당에서 설거지 하는 거 이제 신물이나, 그래서 눈치가 보여도 그냥 여기 있는겨, 억지로 몰아내지는 안잖여 그 대신 넘들보다 한 시간 일찍 나와서 사무실 청소 다하고 화분 물 주고 사람들 책상 다 치아 놓고 그려. 아침마다 과장 커피도 타 주고... 그 과장 내 막내 동상보다 더 어리다더구먼, 그래도 워쩌 살아남아야제 그러다보면 땅 한 평 팔게 될 날도 있잖것어.

PM 1 : 30

점심 식사 후,

1부에서 5부까지 의자를 밀어놓고 통로로 나와서 서로 돌아가면서 어깨 주므르기를 했다. 아무래도 하루 종일 전화기를 붙들고 씨름을 하니까 어깨도 뭉치고 팔뚝에 굳은 살도 베기는 것 같았다. 내 어깨와 팔을 주므르던 총무라는 여자가 호들갑스럽게 말했다

– 오메~ 이 손 야들야들 한 것 좀 봐 이런 손으로 뭘해~ 손도 작고 참말로 이쁘네.

총무라는 여자는 좀 전의 쓸쓸했던 모습은 어디론가 사라지고 본연의 활발하고 수다스러운 모습이 되어있었다. 그리고 또 충청도 사투리의 뽕작 음악이 퍼지고 여자들은 점심먹은 거 소화라도 시키려는 듯이 그 음악에 맞춰서 몸을 흔들어 대었다. 음악이 끝나자 또 장 부장이 무대로 올라와서 마이크를 잡았다.

– 점심식사들 맛있게 하셨습니까!

장 부장의 말에 여자들은 약속이나 한 듯 일제히 " 예" 하고 대답했다. 장 부장이 말했다.

– 여러분, 영구하고 땡칠이라는 이름 들어본 적 있죠, 그 이름 중에 영구라는 뜻은 남자의 거시기가 영원히 구 센티라는 겁니다. 그러면 땡칠이는 무슨 뜻일까요? "

장 부장은 또 남자의 거시기를 운운하기 시작했고, 여자들은 여기저기서 "킥킥" 거리고 웃음을 보냈다.

– 땡칠이라는 이름은, 남자의 거시기를 암만 땡겨도 칠 센티라는 거죠 그러자 여자들이 와르륵 웃었다. 장 부장은 그런 여자들을 보며 의미 심장한 눈으로 목소리까지 낮추며 다시 말했다

– 그럼 정일이란 이름의 뜻을 뭘까요?

이번엔 여자들이 합창하듯 말했다

– 정확히 일 센티요~

이렇게 점심 조회가 시작되고 이어지는 장 부장의 땅, 땅, 땅, 연설이 20분.

PM 03 : 50,

– 야, 여기서 벌써 두 달 째야, 이젠 슬슬 다른 컨설팅 알아봐야지 뭐~ 얼굴에 철판 깐 년들은 3달까지는 버티더라, 니네 컨설팅 너 나오고 내가 들어가자~ 너는 우리 컨설팅 들어와라 ㅋㅋㅋ 뻔하지 뭘

급들 타고 다 나갔지, 여기 장 부장은 완죤 땅에 미친 넘이야. 여긴 두 달이상 못 버티겠어 아유, 이젠 이 생활도 지겹다 지겨워 어디 식당에 나가서 서빙이라도 할 까봐

점심 먹은 청국장이 내 배하고 안 맞았는지 자꾸만 배가 아파서 화장실에 앉아있는데 옆 화장실에서 소곤소곤 통화하는 소리가 들렸다. 어쩌다 통화 내용을 들은 이상 나는, 화장실 물을 내려야 겠는데 물도 못 내리고 옆에 여자가 통화를 끊고 먼저 화장실을 나가주기만을 기다렸다.

그런데 여자는 통화가 끝나도 나갈 생각은 않고 이젠 담배를 한대 피우는 것같았다. 담배 연기가 화장실 칸막이 너머로 모락모락 피어올랐다. 나는 하는 수 없이 물을 내리고 살짝 화장실문을 열고 나오는데 그때 옆칸 화장실에서 담배를 문채 나오던 여자와 눈이 딱, 마주쳤다. 음악이 나오면 무대 앞으로 나와서 미친 듯이 춤을 추던 그 덩치 큰 여자였다. 나는 죄인처럼 눈을 얼른 깔고 서둘러 몸을 돌렸다.

– 내 전화 내용 다 들었나요?

나는 여자를 돌아 볼 용기가 나지 않았다. 그래서 앞에 있는 세면대의 큰 거울을 통해서 여자를 힐끗 보았다. 여자는 아무렇지도 않은 듯 피던 담배를 비벼 끄고는 나를 지나쳐 세면대로 가서 손을 씻었다 그리고 말했다.

– 새로 오셨죠? 머 어때요. 인생사 다 그런 거 아니겠어요. 이런데 다니다 보면 요령만 생겨요. 나도 안 해본 거 없이 다 해 봤어요. 이런데 나오는 여자들 대부분 두세 달에 한 번씩 옮겨다니고 그래요. 땅 팔기가 어디 그렇게 쉬 운가요.

여자는 내가 듣거나 말거나 손을 씻으며 말했다. 그러다가 손을 다 씻은 후 씨익 웃으며 화장실을 나가고 거울속에는 오십을 바라보는

초라한 여자만 남았다. 교차로를 아무리 뒤져도 45세 넘는 여자를 구하는 광고는 없었다. 일반 공장 생산직도 20세에서 45세까지였고 김밥을 마는 일도 45세 이하, 하다못해 청소부도 45세 이하였다. 45세 이상의 여자를 이 세상 받아주는 곳은 어디에도 쉽게 찾아볼 수 없었다 그러다 눈에 번쩍 뛴 곳이

– M 컨설팅 TM 사원모집[전화업무] 연령 : 35세부터 50세 월급 120만 원 [능력 수당 별도 지급]

잘 나가던 남편이 하루아침에 회사가 부도가 나고 졸지에 빚쟁이가 되어 어디론가 숨어버렸다. 아무것도 하는 일 없이 집 안에서 밥하고 살림만 하던 내가 어느 날 갑자기 가정이라는 울타리 안에서 세상속으로 밀려났다. 아이들은 아침마다

– 엄마, 학원비 이번 주까진 내야되요.

– 엄마 나 문제집 사야되요

– 엄마, 엄마, 돈, 돈, 돈, ... 한다.

PM: 05 : 00

– 주목! 자, 전화하던 거 중단하시고 여기 보세요.

장 부장은 어느새 마이크를 잡고 있었다. 얼굴은 화색이 도는 것이 무슨 좋은 일이라도 생긴 것 같았다.

– 영업 3부 이 영순 과장님 앞으로 나오십시요. 자 여러분 박수 한번 쳐 줍시다. 어제 이 영순 과장님이 서천 땅 300평을 상황을 걸고 오늘 계약 체결되어 계약금이 들어왔습니다.

그러자 영업 3부라는 곳에서 안경을 낀 조그만 여자가 앞으로 나갔다. 그때 경리를 보는 아가씨가 쟁반에 돈다발을 들고 들어섰다. 돈다발은 한 묶음에 백만 원쯤 되어 보이는데 얼핏 보아도 9개는 되는 것 같았다. 언제 준비했는지 이 영순 과장이라는 여자한테 꽃다

발이 안겨지고 쟁반 가득 들고 온 돈다발이 안겨졌다. 여자들은 부러워하는 함성을 지르며 박수를 쳐 주었다. 그때 총무라는 여자가 내 팔을 툭 치며 말했다

– 언니나 동생 시댁 할 것 없이 닥치는 데로 팔고 보는 겨, 나야 남편 징그러워 집 뛰쳐나와 숨어있는 몸이라 연고 땡기기 어렵지만서두 동상은 많을 거 아녀, 흐흐흐, 하기사 저기 이 영순과장이라는 여편네 나중에 아마 이민이라도 가야지 한국에선 못 살껴, 친척들 한테 땅을 울매나 팔았는데 ~ 그 원망을 다 워쩌것어

PM: 05 : 30,

퇴근 후 M 컨설팅 사무실을 나와 사무실을 올려다보았다. 번쩍 번쩍한 유리로 덮인 16층의 건물은 그럴 듯해 보였다. M 컨설팅인이 번쩍번쩍한 건물 11층에 있다. 나는 집으로 돌아오는 1650번 버스를 타고 눈을 감았다.

이 버스는 거의 종점까지 가면 우리 집이 나오니까 맘 놓고 잠을 잘 수도 있다. 버스에 기대여 눈을 감자 아이들이 떠오른다. 어디엔가 숨어있을 남편의 초라한 모습도 떠오른다. 무엇보다도 앞으로 내가 헤쳐 나가야할 거대한 세상이 나를 짓누르고 있었다.

버스에서 내려서 나는, 정류장에 남아있는 정보지 신문을 한 장씩 가방에 넣고 문방구에 들려서 이력서를 두어 장 샀다. M 컨설팅에서의 하루는 내가 앞으로 이 험한 세상을 헤쳐 가는데 많은 힘이 될 것 같은 예감이다.

CHAPTER
4

부러켓어요(거짓말했어요)?

송이는 이제 봄이 되면 8살이 됩니다. 그래서 시골에서 외할머니와 살다가 초등학교 입학 때문에 오늘 서울에 있는 아빠네 집엘 왔어요. 송이는 엄마 얼굴도 모릅니다. 외할머니가 그러시는데 송이 엄마는 몸이 너무나 약하셔서 송이를 낳다가 돌아가셨다고 하셨거든요. 그래서 송이는 아주 어릴 때부터 시골에서 할머니와 살았지만, 그래도 엄마가 보고 싶어서 운적은 없었어요. 왜냐하면 할머니가 언제나 송이를 안아주고 업어주고 하면서 엄마 몫까지 다 해 주셨기 때문입니다.

다른 애들은 이 세상에서 엄마가 젤로 좋다지만 송이는 할머니가 이 세상에서 제일로 좋았어요. 그런 송이는 할머니를 두고 서울로

가기가 정말 싫었어요. 그래서 아빠가 몰고 온 까만 승용차에 안 타려고 대문에 붙어 서서 버둥거리며 울며 때를 썼지만 이상하게 할머니가 화를 내시며 송이를 억지로 차에 태우셨어요.

송이는 영문을 알 수가 없었어요. 할머니는 송이가 울면 언제나 항복을 했었거든요. 그리고 할머니는 마실 갈 때도 송이를 데리고 다니셨고, 읍내 5일장이 서는 날은 언제나 송이를 데리고 다니시면서 떡볶이도 사주시고 햄버거도 사 주시고 이쁜 신발이랑 옷도 사 주시면서 한 번도 송이를 귀찮아하신 적이 없었는데요. 할머니는 송이가 아무리 말썽을 부려도 절대로 화를 안 내셨고, 또 할머니는 언제나 송이가 없으면 하루도 못산다고 하셨거든요.

– 개안타 ~ 걱정 말 그라. 할미가 괘안타믄 괘안은겨~ 어이구~ 이쁜 내 새끼~~ 이거 없었으면 내가 우야 살았을꼬~

하시면서 얼굴도 비비고 송이의 궁둥이를

– 에고고 내 새끼 이쁜 방뎅이 하시며 다독다독 하시곤 했는데.. 그런 할머니가 무서운 얼굴로 막 화를 내시면서 송이를 억지로 밀면서 차에 태우시는 거였어요. 송이는 정말로, 정말로 할머니와 헤어지기가 싫었는데 할머니는 이젠 송이하고 헤어지는 게 좋으신가 보다 생각이 들자 송이는 할머니가 너무 미워서 마구 소리를 지르며 울었어요. 그런데요 울다가 보니까 화를 내시는 할머니의 주름진 눈가에도 눈물이 고이는 걸 보고는 송이는 마음이 슬며시 약해 졌었어요. 할머니는 가끔 동네 할머니들하고 소주라도 한 잔하고 오신 날은 송이를 안고는

– 어이구 불쌍한 내 새끼 이 할미가 오래 살아야 허는디~~

하시면서 우셨거든요. 송이는 할머니가 우시는 게 싫었어요. 그래서 하는 수 없이 아빠차에 탄 송이는 차안에서 계속해서 뒤를 돌아보았죠. 할머니는 송이가 안 보일때까지 그렇게 서서 어여 가라는

듯이 한 손을 흔들면서 또 다른 한 손으로는 계속해서 눈물을 닦아 내고 계셨어요. 아마도 할머니도 송이랑 헤어지는 게 슬프신 것 같았어요. 송이는 어린 마음에도 너무나 마음이 아팠습니다.

-송이야~ 서울 가므은 새 엄니 야그를 잘 들어야 하는 겨~ 알았쟈? 동상 하그도 싸우믄 안 되야~ 할미야그 명심 하그래이 우리 송이는 착혀서 잘 하것제~~ 핵교 방학 허면 할미한테 놀러오고 알았지야~

송이는 서울로 오는 차안에서 할머니의 말을 떠올리곤 혼자 고개를 끄덕였어요. 서울은 차도 굉장히 많고 건물들도 하늘만큼 높고 사람들도 굉장히 많았어요. 그리고 송이가 아빠랑 도착한 곳은 길다란 건물들이 나무들처럼 빽빽이 들어차 있는 아파트라는 곳이었습니다. 아빠는 그 동안 일 년에 한두 번씩 시골에 내려 오셔서 송이에게 옷도 사오시고, 맛있는 케이크이나 피자 같은 것도 사오시곤 했지만 이상하게 송이는 아빠가 언제나 무서웠어요.

- 그 애가 송이라는 애예요?

- 응 ' 앞으로 당신이 수고 좀 해줘야 겠어. 근데 은비는 어디 갔나?

- 피아노 학원 갔는데 아직 안 왔어~ 낼 모래가 발표회잖아~

송이는 한 번도 본적이 없는 이상한 나라에 온 것만 같아서 어리둥절했습니다. 시골에서 할머니와 살던 집과는 너무나 다른 집이었거든요. 아빠네 집은 티브이 같은데서만 보던 부잣집 같았어요. 그리고 아빠가 엄마라고 소개한 아줌마도 티브이에 나오는 아줌마처럼 굉장히 예뻤어요. 송이는 넋이 나간 듯이 입을 반 쯤 벌리고 서서 아줌마를 올려다보았죠. 이쁜 아줌마는 그런 송이를 '힐끔' 한 번 내려다보곤 말했어요.

- 애가 어째 좀 모자라는 것 같애~

– 모자라긴~ 시골에만 살다가 와서 갑자기 환경이 바껴서 그렇지
– 근데 당신 송이 방은 다 치워놨어?
– 은비 옆방 다 치워놨어?
– 그래 나 좀 쉬 어야겠어. 운전을 오래했더니 아~ 정말 피곤하네...
– 얘' 너 이리 와봐!
아빠는 피곤하다고 하시며 방으로 들어가시고 이쁜 아줌마는 카랑한 목소리로 송이를 불렀습니다. 송이는 들고 온 가방을 얼른 품에 안고는 아줌마가 오라는 곳으로 따라갔어요. 그런데 아줌마는 송이가 가까이 가자 이맛살을 찌푸리며 손을 코로 가져갔어요..
– 아니 ~ 이게 무슨 냄새야~ 너' 머리 언제 감았니~
송이는 눈만 끔벅거리며 아줌마를 올려다보았죠
– 그리고 너 손에 든 건 또 뭐야 이리 내봐!
아줌마는 송이의 손에 든 것을 확' 낚아채려 했어요. 그러나 송이는 놀래서 가방을 움켜진 팔에 힘을 꽉 쥐고 몸을 흔들며 소리쳤어요.
– 어데에! 하고요
– 아니 얘가 도대체 더라고 소릴 지르는 거야~ 머가 어디야, 어디긴~ 너 안 되겠다 목욕부터 해야겠다, 이리와봐!
아줌마는 마치 더러운 쓰레기라도 집는 듯한 표정으로 송이의 팔을 잡고 화장실 문을 열었어요. 서울 아빠네 집은 화장실이라는 곳도 인형의 집처럼 예뻤어요
– 너 저기 들어가서 까끗이 씻고 나와 알았어!

– 엄마 왜 현관문이 열려있어?

그때 웬 아이가 쑥 들어서며 말 했어요. 송이는 인형의 집 같은 화

장실로 들어가려다 주춤거리며 그 아이를 보았어요. 그 아이는 송이보다는 어려 보였는데 정말 공주처럼 이뻤어요. 머리도 길게 파마를 했고 옷도 분홍빛 레이스가 달린 드레스같이 생긴 걸 입고는 머리에는 으아~ 엄청 이쁜 꽃 핀이 수북히 꽂혀 있었어요. 송이는 저도 모르게 또 입을 벌리고 서 있었어요.

– 우리 은비 오는구나~ 근데 문이 열려 있었어? 아까 아빠가 들어오실 때 안 잠갔나 보네.

– 근데 엄마 재는 누구야~

은비라는 공주같이 생긴 아이는 멍청하게 가방을 안고 서서 자신을 쳐다보고 있는 송이를 째려보며 물었어요 송이는 흠찔, 했어요

– 응~ 우리 은빈 신경 쓸 것 없어 ~ 피아노 연습은 많이 했니?

예쁜 아줌마는 아까와는 다르게 은비라는 아이에게는 부드러운 목소리로 다정하게 웃으며 말했어요 그러다가

– 아니, 너는 왜 그러고 서 있는 거야, 얼릉 씻지 않고선,

아줌마는 송이를 보고는 소리를 빽 지르네요 송이는 멍하게 서 있다가 '또 움찔' 놀래며 후다닥, 화장실로 들어갔어요.

– 엄마 저 애가 시골에서 올라 온다던 애 맞지~ 아유~ 저런 촌뜨기가 내 언니란 말이야? 내가 저 촌뜨기한테 언니라고 불러야 되는 거야? 난 싫어~ 창피해!

– 아니야 은비가 부르기 싫음 안 불러도 돼~ 우리 예쁜 은비가 신경쓸 것 없다니깐~ 엄마 말 못 믿어, 우리 은비~?

송이는 낯선 화장실에서 생전 처음으로 혼자 머리를 감았어요. 머리는 언제나 할머니가 감겨줬었는데... 송이는 눈으로 비눗물이 들어가서 인지 할머니가 보고싶어서 인지 자꾸만 눈물이 나왔어요.

은비하고 한 반이 된 송이는, 학교라는 곳이 그렇게 재미있지 만은

않았어요. 송이 눈에 비치는 서울 아이들은 모두가 다 '깍쟁이" 같았고, 송이하고 별로 말도 하려 들지 않았거든요. 그래도 은비 주변에는 항상 아이들이 동그랗게 모여서 아이들은 깔깔거리며 즐거워하는 것 같았어요. 송이는 멀리 앉아서 그런 은비를 가끔 훔쳐 보았죠. 그러나 은비는 예쁘게 웃다가도 송이와 어쩌다 눈이 마주치면, 언제나 '쌩~' 찬바람이 도는 얼굴로 바뀌곤 한답니다. 송이는 책상에 혼자 엎디어서 노트에다가 할머니 얼굴을 그렸습니다. 할머니 얼굴은 주름이 많아서 오래 오래 그렸습니다. 그 옆에 돼지를 키우던 집 준식이도 그렸습니다. 준식이는 언제나 송이에게 잘 해 주었거든요. 준식이는 얼굴이 좀 못 생기고 뚱뚱해서 그렇지 아주 착한 아이였어요. 그리고 감 나무집 이쁜이 미경이도 그렸습니다. 송이는 할머니와 준식이.. 그리고 미경이가 보고 싶어서 갑자기 눈물이 나오려고 했습니다. 그때였습니다. 어떤 아이가 송이의 길게 땋은 머리를 툭' 잡아 댕겼습니다. 송이는 깜작 놀라서 뒤를 돌아보았더니,

– 야~ 애 봐라, 노란 고무줄로 머리 묶었다~ 하는 거 였어요

– 어디, 어디, 어? 정말이네~ ㅋㅋㅋ

얼굴이 동그란 여자 아이가 조그만 손을 입으로 가져가며 웃었습니다

– 어쭈~ 이것 봐라, 이 공책에다가 만화도 엄청 많이 그렸네~ 너 이제 선생님한테 혼났다야, 야, 애들아 이것 봐라~

머리가 노랑 파랑 장난이 아닌 머슴아 하나가 송이의 노트를 확 낚아채더니 높이 들고 흔들며 신나 했습니다.

– 만화 아니다! 우리 할매다, 내 각기장 이리 내라~

송이는 벌떡 일어나 노트를 흔드는 머슴아를 팍' 하고 밀쳐 내며 말했습니다. 그러자 그 머슴아는 갑자기 힘도 없이 꽈당' 하고 넘어지는 것이었어요. 송이는 엎어진 머슴아 손에서 노트를 확 빼냈습니

다.

– 어? 애 코피 난다~ 선생님 오시라고 해 빨리~

그 소리에 송이는 노트를 꼭 껴않고 넘어진 머슴아를 힐끔 보았습니다. 아이들의 말에 머슴아는 손가락으로 코를 만져보곤 코피가 조금 묻어나자 갑자기 소리를 내어 큰일이라도 난 듯이 엉' 엉'울기 시작했습니다.

/빙신 아이가~~ 무신 머슴아가 저래 기집애 갈노~/

송이는 그렇게 생각했지만, 가슴은 두방망이질을 치듯 마구 뛰었습니다. 아이들이 웅성거리고 한 아이는 선생님을 부른다고 교무실로 달려가고, 저만치에서 송이를 노려보는 은비의 모습도 보였습니다. 그 머슴아는 엉엉 울면서 손바닥만한 핸드폰이라는 걸 꺼내더니 자기네 집에 전활 걸었어요. 송이는 정말 무서웠습니다. 5분도 안되어서 그 머슴아 엄마란 사람이 달려오고, 선생님이 어쩔 줄 몰라 하시고요. 무엇보다도 송이는 와 줄 사람이 없다는 거였어요. 은비네 아줌마는 선생님이 전화 하셨는데 헬슨가 뭐 하시는 중이라 못 오신고 했대요. 할머니였다면 절대로 안 그랬을 텐데 말이예요. 할머니는 송이가 길 가다가 넘어져도 ..

– 예끼 이눔의 땅바닥 하시면서 발로 땅 바닥을 치셨거든요.

선생님이 복도에서 아이들도 많이 지나가는데 자꾸만 송이보고 잘못했다고 사과를 하라고 하시지만, 송이는 정말 잘못한 게 없었어요. 그래서 고개를 푹' 숙인 채 사과를 않고 고집을 부렸지요.

– 아니, 머 이런애가 다 있어 증말. 너 정말 우리 하늘이 한테 사과못해!

빙신 같은 머슴아 이름이 하늘인가 봐요. 하늘이 엄마는 송이를 나무라시며 막 화를 냈어요 .

– 송이야 잘못했어요. 한마디만 하면 되는 거야 자, 송이 착하지~

선생님이 다시 또 송이를 구슬렸어요

– 아니, 안 되겠어요 선생님 이런 애는 따끔한 맛을 좀 봐야 해요. 세상에 우리 하늘이가 어떤 앤데 이런 촌구석 계집애가 겁도 없이 말이야. 그 새 엄마라는 분은 안 오시겠다는 거예요? 정말 어이가 없네~ 아무리 새 엄마라지만 애 가정교육을 어떻게 시키는 거야 도대체,

하늘이 엄마는 정말 화가 많이 나신 것 같았어요 그래서 송이는 정말 잘못한 게 없었지만 하늘이 엄마가 너무 무서워서 하는 수 없이 말 했어요

– 지가 잘몬 했어예 ~~~

그리고 송이는 '엉엉' 울었습니다. 너무너무 억울했기 때문이죠. 송이가 울자, 선생님은 더욱 어쩔 줄 몰라 하시고 하늘이 엄마는 기가 막히다는 듯이 혀를 몇 번 차고는 선생님께 드릴 말씀이 있다시며 선생님을 모시고 가 버렸어요. 송이는 계속해서 울고 있었는데 그 때, 머리에 분홍색 방울 리본을 단 여자아이 하나가 송이에게 다가와 웃으면서 꽃향기나는 사탕을 하나 내 밀었어요. 여자아이는 송이랑 같은 또래처럼 보였는데 송이에게 사탕을 주고는 송이네 옆 반인 1-3이라고 써있는 곳으로 쏙 들어가 버렸어요. 송이는 울다가 얼떨결에 사탕을 받아서 들고는 그 여자아이를 바라보았죠. 여자 아이는 교실로 들어갔다가 다시 얼굴을 쏙' 내밀며 송이에 웃어 보였습니다. 송이는 울다가 웃으면 똥꼬에 머난 다는 말도 잊은 채 그 여자아이에게 웃음을 보내 주었습니다.

그런 일이 있은 뒤부터 아이들이 눈에 띠게 송이를 따돌리기 시작했어요. 송일랑은 조별 모임도 안 하겠다고 아이들이 아우성을 치고요. 송이의 짝꿍 새별이라는 아이도 짝꿍을 바꿔달라고 난리를 떨었

어요. 송이는 그럴 때마다 지은 죄도 없이 고개를 숙인 채 그저 가만히 있었습니다. 사실은 자꾸만 눈물이 나왔지만, 그런 모습을 아이들에게 보여주기가 싫어서 입술을 꼭 깨물었어요. 그날 저녁 집으로 돌아온 송이는 또 한 번 새엄마에게 혼이 났습니다

– 아니, 너는 학교 다닌 지 며칠이나 됐다고 선생님이 벌써 말썽을 부려서 나한테 전화가 오게 하니! 아유~ 정말 망신살이 뻗칠 라니까 별개 다 속을 썩이네, 이제 우리 은비 선생님을 무슨 낯으로 보냐구. 그리고 은비는 마치 불난 집에 부채질을 하듯 화가 나신 새엄마'를 쫓아다니면서 종알종알 학교에서 있었던 모든 이야기를 일러바치고 있었어요. 그리고 이런 이야기도 했어요

– 엄마 나 재랑 한 반에 있는 거 싫어, 엄마가 선생님한테 말해서 나 딴 반으로 보내 줘, 응?

송이는 하루가 참 길다고 생각했습니다. 그러나 송이는 그날 일기에다가 송이가 울고 있을 때 사탕을 주던 1학년 3반 여자아이의 이야기를 썼습니다. 그 애는 시골에 있는 미경이처럼 착해 보였고, 얼굴도 은비만큼 예뻤거든요. 그 애를 떠올리자 송이는 마음에 작은 기쁨이 생겨났고 담에 만나면 꼭 이름을 물어 봐야지, 라고 마음먹었습니다. 그리고 너무나 피곤해서인지 저녁도 안 먹고 일기도 쓰다 말고 잠이 들었습니다.

꿈속에서 송이는 ...

할머니와 옥수수 수염을 베끼고 있었어요. 할머니는 옥수수를 삶아서 장에 내다 파시곤 했는데 그런 날은 송이는 할머니를 따라서 장에 나가 할머니 옆에 쭈그리고 앉아서 거의 옥수수의 반은 송이가 먹어치우곤 했습니다.

그래도 할머니는 "어이구~ 내 새끼 잘 먹네." 하면서 송이의 궁둥이를 토닥토닥 해 주셨습니다. 잠이든 송이의 얼굴에 행복한 미소가 퍼지고 있습니다.

송이는 오늘도 학교에 가기 싫어서 여기저기 기웃거리며 학교 앞 문방구 오락기 앞에 혼자 앉아서 오락을 하며 시간을 때우고 있었습니다. 송이는 여기서 이렇게 놀다가 선생님이 교실에 들어오실 시간을 맞춰서 들어가는 것이 훨씬 마음이 좋았기 때문이었죠 .

– 너 오락할 줄 알아?

그때, 송이는 자신에게 말을 거는 아이가 있다는 게 믿어지지 않아서 고개를 돌려 의심스러운 눈으로 올려다 보았어요. 분홍색 머리 리본을 한 여자 아이였어요. 송이는 그 애를 보자 기분이 갑자기 좋아져서 고개를 크게 끄덕였습니다. 그 애 이름은 '정아' 라고 했습니다. 송이는 학교 수업종이 울릴 때까지 정아와 오락을 하고는 수업종이 울리자 정아와 손잡고 신나게 뛰어서 헐레벌떡 교실까지 왔습니다. 이마에 땀이 흐르지만 새로운 친구가 생겨서 송이는 기분은 참 좋았습니다.

– 안녕 이따가 쉬는 시간에 보자.

정아가 웃으면서 손을 흔들고 3반 교실로 가고 송이도 교실로 들어 왔습니다. 며칠 전 송이하고 그런 일이 있은 후 하늘이는 송이를 더욱 미워하기 시작했어요. 어제는 하늘이가 인터넷에서 찾았다고 하면서 '경상도 가시나'를 '문둥이' 라고 부른다고 송이더러 '문둥아, 문둥아~' 하고 놀렸습니다. 그래서 선생님은 하늘이를 불러서 그러면 안 된다고 타 이르셨는데도 하늘이는 틈만나면 송이더러 문둥아~' 하면서 놀렸어요 그리고 하늘이는 송이를 놀리는 것뿐만 아니라 공부시간에 뒤에서 샤프심 같은 걸로 송이의 등을 '쿡' 쿡' 찌르

기도 하고요 복도에서 만나면 발도걸고 몇 명씩 몰려다니면서 킥 '킥' 거리며 언제나 송이를 괴롭히길 좋아했습니다.

그날도 송이가 씩씩하게 교실에 들어서자 떠들고 놀던 아이들이 송이를 보았습니다. 송이는 '사람 얼굴 첨 보나' 하는 시큰둥한 표정으로 송이자리로 가는데, 이상한 일이 생겼습니다. 자리는 분명히 송이 자리인데 다른 가시나가 떡 버티고 앉아 있는 거 였어요.

– 여그는 내 책상이다 비키라,

송이는 화가 나서 큰소리로 말하자, 뒤에서 어떤 머슴아 하나가 송이의 발음을 흉내 내며 약을 올렸습니다.

– 여그는 내 책상이다 비키라, 히히히~~

그러자 여기저기서 아이들이 키득거리며 웃기 시작했습니다.

– 문둥이 니 책상은 저기 있잖아~ 난 너같은 애랑 같이 앉기 싫어! 하면서 어제까지 짝꿍이었던 새별이가 교실 뒤쪽에 덩그러니 혼자 놓여진 책상을 가리켰습니다. 그때 선생님이 들어오시고 송이는 구세주를 만난 듯이 선생님께 말했지요

– 선생님 예~ 야들이 지 책상을 치어 부렀어 예.

송이의 사투리에 아이들은 또 일제히 까르르 웃었고 선생님은 화가 나신 표정으로 말했습니다

– 송이 책상 당장 도로 갖다 놓으세요! 그리고 한 번만 더 이런 일 있으면 그땐 우리 반 모두 단체로 혼내줄 거예요.

은비는. 학교에서 집에 오지도 않고 바로 피아노 학원으로 갑니다. 그리고 피아노 학원에서 미술학원, 또 발레학원, 그리고 저녁 늦게야 집엘 오는데 일주일에 세 번은 영어 선생님이 늦은 밤에 오셔서 은비에게 영어를 가르치십니다. 그래서 그런지 은비는 얼굴도 이쁘지만 못하는 것이 없는 것같았어요. 새엄마는 항상 어딘가를 가셨다

가 아빠가 오실 때쯤 오시는 데요. 아빠가 늦으시는 날은 신기하게도 새엄마도 늦으시거든요. 그래서 송이는 학교 갔다오면 언제나 경비실에서 열쇠를 받아가지고 올라오곤 합니다. 그래도 그럴 때가 송이는 맘이 젤 편했어요. 집에 아무도 없으니까요. 그래서 밥통에서 밥도 맘대로 퍼먹고 티브이도 맘대로 볼 수 있거든요. 컴퓨터라는 것도 해 보고 싶지만 왠지 컴퓨터란 기계는 겁이 났기 때문에 몇 번 만져만 보았을 뿐입니다. 아참 은비는 컴퓨터도 아주 잘 했어요. 송이는 그런 은비가 은근히 자랑스러웠습니다. 은비같이 이쁘고 똑똑한 아이가 송이의 동생이라는 사실이 말입니다. 은비는 송이를 좋아하지 않았지만 송이는 그런 건 바라지 않습니다.

그날은 송이가 아침부터 배가 자꾸 아팠습니다. 그래서 쉬는 시간마다 화장실을 갔는데 3번 째 시간인가 쉬는 시간이었습니다 송이가 화장실에서 늦게까지 있다가 나오는데 화장실 세면대 거울 앞에 노오란 무엇이 보였습니다 그건 아이들이 핸드폰이라고 말하는 작고도 예쁜 전화기였습니다. 이곳에 아이들은 대부분 이런 걸 하나씩 가지고 다녔습니다. 송이는 이걸로 무얼 하는 지 잘은 모르지만 전화를 걸 수있다는 것은 압니다. 송이는 핸드폰은 집었습니다. 작고 노오란 것이 송이의 손안에 쏙 들어 왔습니다. 송이는 신기해서 핸드폰을 뚜껑도 열어보고 닫아보고 하면서 교실로 왔습니다. 그때 그런 송이의 모습을 본 한 아이가 소리를 지르는 것이었어요.

– 새별아 니 핸드폰 저기 있다!!

– 어디~? 어디?

웅성거리던 아이들이 교실로 들어서는 송이를 쳐다보았고, 송이는 너무나 놀래서 하마터면 핸드폰을 땅에 떨어트릴뻔 했어요. 그렇게 송이가 엉거주춤 하는 사이에 새별이가 어느새 쏜살같이 달려와 송이의 손에든 핸드폰을 탁' 하고 낚아채었습니다.

– 이 문둥이, 이 도둑, 내 핸드폰 왜 가져갔어?

새별이가 소리쳤고, 송이는 너무나 어이가 없어서 입을 벌린 채 잠시 멍해졌습니다. 그때 하늘이가 빙글빙글 웃으며 다가와 신발 주머니로 송이의 머리를 탁' 때리면서 새별이의 편을 들어주었어요.

– 이 못생긴 문둥이 기집애, 도둑질도 하냐?

하늘이의 그런 태도에 송이는 발끈 화가 나서 하늘이를 확' 밀치며 말했습니다.

– 아니다, 밴소에서 주섯다! 이 머시마, 니가 머 안다고 그 카노!

– 어쭈, 이 문둥이 같은 게 무슨 소리야, 씨, 너 난테 오늘 죽었어,

송이에게 밀친 하늘이가 송이를 다시 확! 밀자 송이도 이제는 더 이상 못 참겠다는 듯이 드세게 하늘이를 밀쳤습니다. 아이들은 무슨 재미있는 구경거리라도 생긴 것처럼 와~ 하고 모여들었고, 교실은 순식간에 수라장이 되고 어느새 수업 종이 울렸는지 선생님이 들어오시다가 하늘이와 송이가 교실 바닥에 나뒹구는 모습을 보고 소스라치게 놀래시며 송이와 하늘이를 떼어놓았습니다. 그 후로는 송이는 생각하고 싶지도 않았습니다.

그 무서운 하늘이 엄마가 다시 와서는 송이의 작은 어깨를 마구 흔들어 대며 혼을 내셨고, 그것으로도 부족한지 기어이 새엄마까지 학교로 불려 오시고요. 또 교장실에서 송이 때문에 무슨 회의를 한다고 새엄마와 하늘이 엄마까지 들어가셨어요. 그런데 이상한 것은요 하늘이는 벌을 안 서는데 송이만 복도에 한 시간 째 꿇어 앉아 있으라고 했어요. 그리고 오히려 하늘이는 몇몇 아이들과 송이 주변을 맴돌며 약을 올렸어요.

송이는 자꾸만 할머니 생각이 났습니다. 이럴 때 할머니만 있었어도 절대로 송이를 이렇게 억울하게 하진 않았을 거예요. 그렇다고

송이는 울기 싫었어요. 그래서 입술을 꼭 깨물고 눈을 질끈 감았어요. 새엄마는 하늘이 엄마한테 송이가 먼 친척 아이인데 부모가 다 사고로 돌아가셔서 할 수 없이 맡아 기르는 아이인데 정말 골칫덩어리라고 하면서 하늘이 엄마하고 금세 친해졌는지 웃으면서 다정하게 이야기 했어요. 그날 저녁 새엄마는 아부지가 오시자 송이의 이야기를 계속했어요

– 글쎄 핸드폰을 훔쳤대요. 세상에 살다 살다 내가 별꼴을 다 봐. 쬐꼬만 게 도대체 커서 뭐가 될라고 벌써부터 말이야. 정말 어찌나 창피하던지... 그리고 얼마나 독종인지 울지도 않더라. 아마 지내 엄마가 꽤 독종이었나 봐.

새엄마는 인제 한 번도 본 적이 없는 우리 엄마까지 욕을 합니다. 할머니가 그러시는데 송이 엄마는 서울에서 대학교를 다닌 아주 똑똑하고 그 동리에서도 소문 날 만큼 예쁜 사람이라고 했습니다. 근데 몸이 하도 약해서 결혼하고 이듬해 송이를 낳다가 돌아가셨다고 했어요. 새엄마가 송이를 욕하는 것은 괜찮지만 송이 때문에 얼굴도 모르는 엄마까지 욕을 먹는다고 생각하니 송이는 갑자기 가슴이 먹먹해 졌습니다. 아빠도 그 소리는 듣기 싫었는지 일어 나셔서 안방으로 들어가시며 말했습니다.

– 나 좀 피곤해 쉬어야겠어, 그리고 당신 내일 송이도 핸드폰 하나 사줘, 어린 게 얼마나 갖고 싶었으면 그랬겠어.

송이는 안방 문이 소리 나게 꽝, 하고 닫히는 소리를 들으면서 속으로 아부지가 감사했습니다. 그래서 조그맣게 말해 봅니다.

/아부지.. 지는 핸드폰 안 훔쳤어 예~ 참말입니더.../

송이는 쉬는 시간만 되면 1학년 3반 교실 창문에서 손짓으로 정아를 불렀습니다. 정아는 1분단 맨 뒤에 짝꿍도 없이 언제나 혼자 앉아

있다가 송이를 보면 얼굴 가득 웃음을 담고는 달려나오곤 합니다. 어쩌다 송이가 정아네 교실에 못 갈때면 어김없이 정아가 송이네 교실 창문에 붙어서 이쁜 얼굴을 쏙 내밀고 송이에게 손짓을 하곤 했죠. 송이는 이제 그런 정아가 있기 때문에 하늘이의 괴롭힘도 참을 수가 있었고, 새별이가 짝꿍을 안 하겠다고 해도 별로 신경이 안 쓰였습니다. 송이는 정아만 있으면 되었습니다. 정아는 정말로 착한 아이였고 송이하고만 놀아 주었거든요. 송이는 정아와 학교 운동장이나 체육관 뒤꼍에서 돌멩이로 공기놀이도 하고요. 땅에 줄을 그어놓고 땅따먹기도 했습니다. 그런데 어느 날부턴가 아이들이 송이가 3반을 갈 때도 수군거렸고, 송이가 정아와 이야기만 좀 해도 송이를 흘깃거리면서 수군거리는 거였어요. 송이는 아이들이 정아와 너무 친하니까 샘을 내는가 보다 생각하곤 무시했습니다.

그러던 어느 날 담임 선생님께서 송이를 교무실로 불렀습니다.

– 송이야, 선생님이 묻는 말에 솔직하게 대답해야 해. 선생님이 송이한테 몇 가지 궁금한 게 있어서 말이야.

선생님은 부드럽게 웃으시면서 한 손으로는 송이의 머리를 쓰다듬으며 말 하셨어요 송이는 무슨 말씀이든 하시라는 듯이 활짝 웃으며 고개를 크게 끄덕여 주었습니다. 그러나 선생님은 걱정스러운 눈길로 그런 송이의 눈을 가만히 들여다볼 뿐, 쉽게 말씀을 하질 않았습니다. 그러다가는 결심한 듯 이렇게 말씀하셨습니다.

– 송이야 너 3반에 누구 아는 친구 있니?

송이는 선생님의 말씀에 얼른 정아를 떠올리며 씩씩하게 대답했습니다.

– 야~아!

– 누...구? 이름이 누. 군데 그 친구가 ?

– 정아라고 예~ 이쁘고 디게 착한 칭굽니더~~

– 정아? ... 성은 뭐야 정아가~?

– 그건 모릅니더~ 3반 1분단 맨 끝 줄에 혼자 앉아 있는 암미더~

송이가 여전히 씩씩하게 대답하자 선생님은 책상 위에 있는 전화기를 들더니.

– 아예, 3반 선생님 네~ 네~ 그런데 그 반에 정아란 아이가 있어요? 네? 그럴리가요. 분명히 그 반에 정아란 애가 있다고 하던데요. 네. 네. 네~ 잘 알겠습니다 .

선생님은 조심스럽게 수화기를 내려놓고는 송이를 걱정스레 쳐다보셨습니다. 그리고 가만히 송이의 두 손을 잡으시면서 말씀하셨습니다.

– 그러면 지금까지 그 정아란 아이하고 이야기하고 놀고 그런 거니?

– 야~아~

– 그래~ 그럼 정아란 아이 오늘도 만났었니?

– 야~아~

송이는 대답할 때마다 고개를 크게 끄떡였습니다.

– 그래~그래~ 그럼 지금 선생님하고 3반에 가볼까?

송이는 선생님의 손에 이끌린 채 영문을 몰라 어리둥절한 채로 3반까지 갔는데요. 3반까지 오신 선생님은 복도에서 송이한테 말씀하셨어요

– 자~ 송이야 정아란 애를 한 번 불러 보렴~

송이는 발을 세워서 3반 유리창으로 교실 안을 보았습니다. 그런데 이상하게 정아가 보이질 않았습니다 정아의 책상은 그대로 있는데 송이는 갑자기 가슴이 뛰었습니다 정아한테 무슨 일이 생긴 게 틀림

이 없는 것 같았거든요

– 선생님요~~ 정아가 안 보임니더~~ 정아, 우예 되십니꺼?

송이가 묻자 선생님이 다시 말씀하셨습니다.

– 정아 자리가 어딘데...?

선생님이 고개를 숙이며 다시 물으셨고 송이는 손을 뻗쳐 정아의 빈자리를 가리키며 말했습니다.

– 저거~ 1분단 맨 뒤가 정아 자린 데 예~

선생님이 3반에 노크를 하시자, 3반 선생님이 나오시고 두 분은 한쪽으로 가셔서 무슨 말씀인가를 나누셨는데 3반 선생님은 이야기 도중에 몇 번이나 송이를 힐끔거리시며 자꾸만 쳐다 보셨습니다. 그리고 담임 선생님은 송이에게로 다가 오셔서는 다시 송이의 손을 잡고는 "상담실" 이라고 쓰인 곳으로 갔습니다. 송이는 자꾸만 정아가 걱정이 되었지만, 선생님의 표정이 너무 슬퍼 보여서 차마 물어보지도 못한 채 시무룩하게 따라 왔습니다. 상담실에서 선생님은 새엄마에게 전화를 하시는 것 같았지만, 송이는 도대체 무엇을 또 잘못했는지 알 수가 없었어요.

– 송이야 정아라는 아이는 어떤 애니?

– 착하고 디기 이쁨니더~

– 그래~ 그럼 둘이서 무슨 이야기를 했어?

– 그건 와예~?

– 아니 선생님이 좀 궁금해서.... 정아네 집은 알고 있니?

– 어데예~~ 모름 미더~

– 오늘은 언제 만났니?

– 아침마다 문방구 앞에서 만나는 데예~ 와예~?

– 그리고 같이 학교 오고?

– 야~아~

송이는 또 고개를 크게 끄떡였습니다. 이상하게 선생님이 안 믿으시는 것 같았거든요.

– 선상님 예~ 정아 어디 아픕니꺼~?

선생님은 더 이상 말씀을 안 하시고 그 대신 송이를 꼭 안으셨습니다. 선생님한테서는 꽃향기 같은 것이 났습니다. 그리고 가슴이 너무 따듯해서 송이는 하마터면 눈물이 나올 뻔하였지요. 우리 선생님은 정말로 좋으신 선생님이라고 송이는 또 생각했습니다. 얼마를 기다리자 새엄마가 오실줄 알았는데 이번엔 아부지가 오셨습니다. 송이는 아무리 생각해도 잘못한 기억이 없는데 아부지까정 핵교엘 오시고 무슨 일인가 하여 불안했습니다.

송이가 아부지를 따라 간곳은 s대학 병원 정신과라고 쓰여진 어마어마하게 큰 병원이었습니다. 아부지는 그곳에서도 아는 사람이 있는 것 같았어요. 하얀 가운을 입은 그 의사 선생님은 아부지와 이야기를 하다가 갑자기 송이를 돌아보면서

– 그럼 이 애가 바로 '정수' 와 자네 아인가?

아부지는 말없이 고개를 끄떡였고 '정수' 라고 하면 송이는 우리 엄마 이름이라고 생각했습니다.

– 그러고 보니 정수랑 자네를 꼭 빼닮았군 그래~ 눈매랑~ 어디 보자 꼬마 아가씨~

의사 선생님은 아부지와 말씀하시다 말고 송이를 번쩍 들어 올려 앉으시며 말했습니다.

– 선생님이 아빠하고 이야기할 게 좀 있으니까 송이는 간호원 언니 따라가 있을래?

송이는 천사같이 예쁘고 하얀 옷을 입은 간호원 언니를 따라서 나왔습니다. 간호원 언니는 송이를 작은 침대가 하나 있는 조그만 방으로 데리고 가더니 냉장고에서 음료수랑 과자 같은 걸 꺼내 주었습니다.

– 이거 먹고 여기서 아빠 기다리고 있어, 다른 데 가면 안돼, 알았지~

간호원 언니는 상냥하게 웃고는 송이에게 '윙크' 까지 해 보이며 병실을 나갔습니다. 송이는 목이 말라서 간호원 언니가 주고 간 음료수를 한 병을 다 마시고 나자 갑자기 화장실이 가고 싶어졌습니다. 그래서 가만히 병실 문을 열고 나와서 병실 번호를 외워 두고는 화장실을 찾기 위해 두리번 거렸습니다. 그때. 누군가 송이의 뒤에서 송이를 '툭' 치는 것이었어요.

– 어? 니, 정아 아이가~! 정아야~

그곳엔 정아가 환하게 웃으며 송이를 아는 체하고 있었어요. 송이는 너무나 반가워서 정아를 '와락' 껴 않으며 말했습니다.

– 정아야~! 니 걱정 많이 했다이~ 니 괘안나~?

– 으응~ 난 괜찮아~

– 근데 정아 니 여긴 머신 일이고~? 핵교 서는 와 말도 읎시 가부렀고?

송이는 정아를 만난 반가움에 화장실 가는 것도 잊고 떠들고 있었는데 복도를 지나가는 사람들이 송이의 목소리가 사투리라서 인지 아님 목소리가 커서인지 힐끔 거리며 지나쳤습니다.

– 송이야 여기서 뭐 하니? 밖엔 나오지 말랬더니 병실 잊어버리면 어쩔려고.

아까 그 이쁜 간호원 언니가 어느새 손에 쟁반 같은 걸 들고 걸어왔습니다.

– 근데 송이는 지금 누구랑 이야기했어?

간호원 언니는 두리번거리며 물었고 송이는 정아를 보았더니 정아는 벌써 병원 복도 끝쯤까지 달려가서는 송이에게 웃으며 손을 흔들었습니다.

– 정아야~ 어데 가노? 어데 가는데~?

송이가 소리치며 정아에게 달려가려하자 간호원 언니가 송이의 팔을 낚아채며 눈을 크게 떴습니다.

– 송이야 왜 이래~ 누가 있다고 이러는 거야 얼른 들어가자 아빠가 기다리셔~

간호원 언니를 따라서 들어간 병원 사무실 안에는 아부지와 의사선생님이 앉아 계시다가 송이를 보았습니다. 그리고 아부지는 송이에게 머리를 쓰다듬으며 말하셨습니다.

– 송이야 너는 당분간 병원에 있어야 할 것 같은데 괜찮겠니.

– 핵교는 안 가고요~? 와~ 예~ 지는 아픈데 한 개도 읎는데 예~

– 학교에는 아빠가 이야기하면 돼.

– 어데 예~ 지는 아픈데가 읎서 예~~ 하다가 송이는 아부지의 표정이 너무나 심각해서 인지 기가 죽었습니다. 그러면서도 마음 한 쪽에 좀 전에 복도에서 만났던 정아가 떠올라서 맘이 달라졌습니다. 아마도 정아도 어디가 아파서 이 병원에 있는 것 같았거든요. 밖이 어느새 어두워 오고 있었고, 날이 어두워지자 송이는 할머니가 슬며시 생각났습니다

– 자 ~ 송이야 이건 네 핸드폰이다 잊어버리면 안 된다. 여기 1번을 누르면 언제든지 아빠한테 전화가 오게 되어 있어 그리고 2번을 누르면 시골 할머니한테 걸 수 있고, 3번은 집이란다.

– 고맙십니더~ 아부지 예~ 참말로 고맙습니다 아부지 예~

송이는 너무도 이쁜 분홍색 핸드폰을 두 손으로 받아들고는 연신

고개를 끄떡였습니다. 아부지가 너무나 고마웠습니다. 아부지는 그런 송이의 머리를 쓰다듬더니

– 내일 일찍 아빠가 다시오마, 잘 자라 송이야, 미스조 우리 딸 잘 부탁해요.

아부지는 간호원 언니에게 분명 '우리딸' 이라고 하시면서 잘 부탁한다고 했습니다. 송이는 병실 문을 열고 나가시는 아부지의 뒷모습에 대고 또 고개를 꾸벅이며

– 아부지 예~ 참말로 고맙심니더~ 라고 몇 번이나 말했습니다. 창밖은 어느새 깜깜해져 있었습니다.

어제는, 아부지하고 병원 구석구석을 다니면서 하루 종일 무슨 검사를 무척 많이 받고요. 둥근 기계 속에도 들어가고요. 피도 뽑고요, 사진도 많이 찍고 해서 너무 피곤했는지 송이는 오늘은 하루 종일 잠을 잔 것 같았어요. 그리고 어렴프시 잠결에 아부지와 의사 선생님의 목소리를 듣고 있었어요.

– 일종의 뇌의병인데, 말하자면 정신 분열증이라고 할 수 있지. 더 지켜봐야 알겠지만, 환자가 스트레스를 너무 받고 현실에 적응을 못해서 일시적으로 일어나는 현상일 수도 있고 말이야.

– 이보게 신 박사, 그럼 우리 송이가 미쳤다는 말인가?

– 어허~ 이 사람 꼭 그렇다는 것은 아니고, 모든 정황으로 미루어 볼 때 송이의 경우에는 다만 실제와 환각의 세계를 오가는 '환시나 환청' 을 본다는 건데, 예를 들면, 실제로 존재하지 않는 인물이 실제로 있다고 믿는 것 같은 현상이지 그리고 송이는 그 대상과 이야기도 하는 것 같고, 좀 심각한 상태이긴 한데...

– 뭐가 그렇게 복잡한가 이 사람. 그래도 우리 송이 고칠 수는 있

는 거겠지?

– 물론이지 너무 걱정 말게, 하지만, 송이 같은 경우에는 가족의 지속적인 관심과 사랑이 필요하고, 환자가 스트레스를 받지 않게 주의해야 하는 데 언제까지일지는 모르겠지만 병원에서 주는 약을 꾸준히 먹어야 할 걸세 이건 내 생각이네만, 아무래도 서울은 송이한테 맞지 않는 것 같은데 송이가 회복되는 걸 봐가면서 다시 할머니한테로 보내는 것도 괜찮지 않겠나?

– 그건 어렵지 않네만, 그렇게만 하면 되는 건가? 그런데 그 약이 아이한테 해로운 건 아닌가?

– 뇌신경 전달 물질의 균형을 바로 잡아주는 약인데 아이 나이에 맞게 조제해야겠지 그러니 너무 염려하지 말게나, 허~ 이 친구, 언제는 이 아이만 보면 정수가 생각나서 괴롭다고 피하기만 하더니, 자네 달라졌구만~

– 이 아이까지 잃고 싶지 않네, 만약 이 아이까지 잘못되면 나중에 하늘나라에서 정수를 무슨 낯으로 대하겠나.

송이는... 잠이 다 깨었는데도 의사 선생님과 아부지가 송이 이야기를 하는 것만 같아서 일어나지 못하고 자는 척 했습니다. 아부지는 자꾸만 의사 선생님한테 송이가 괜찮겠냐고 물으셨고, 선생님은 걱정하지 말라고 하시는 것 같았습니다. 송이는 이제 아부지가 별로 무섭지 않습니다. 처음 서울에 올 때만 해도 송이는 아부지가 무서웠고, 말도 잘 못했는데 이제는 아닙니다. 어제도 아부지는 하루 종일 일도 안 가시고 송이의 손을 꼭 잡고 송이가 검사를 받는 곳을 따라 다니셨거든요. 그리고 지금도 아부지는 송이를 걱정하고 계시는 것이 분명했거든요. 송이는 아부지가 이렇게까지 송이를 걱정해 주시는구나 생각하니까 마음이 뿌듯해 졌습니다. 송이는 어디가 아파서 병원에 온건 지는 잘 모르겠지만 어쩌면 아프길 잘 한 것 같다는 생각도 했습니다. 송이는 살그머니 눈을 떠보았습니다. 아부지가 그런 송이를 보고는 얼른 다가와서 송이의 머리를 쓰다듬어 주시며 말했습니다.

– 우리 송이 잠 깼구나

– 어이구 꼬마 숙녀님 오래도 주무시더니 깨셨구만~

의사 선생님도 웃으시면서 말씀 하셨습니다. 그래서 송이도 기분이 너무 좋아져서 빙그레 웃었습니다.

– 그럼 부녀간에 이야기들 나누게 난 가봄세, 송이 이따가 보자 ~

선생님이 나가시고 바로 또 병실문이 열리며 학교 선생님이랑 몇몇 아이들이 들어 왔어요. 아이 중에는 짝꿍 새별이랑 하늘이도 있었고요. 이쁜 은비의 모습도 보였어요. 송이는 기분이 좋아져서 침대에서 벌떡 일어나며 말했습니다.

– 선상님 예~ 워예 왔습니꺼 ~ 야들은 우얀 일이가~ 은비야 니도 왔나? 아부지는 선생님과 묵례를 하신 후 은비를 보고 웃으시며 말했습니다

– 우리 은비가 언니 병문안 왔구나, 친구들도 오고 잘했다 어서들 와라~ 그러나 은비는 병실에 있는 아부지를 보자 표정이 새쭉해져서는 골이 단단히 난듯 고개를 싹 돌렸습니다.

– 송이 인제는 괜찮니?

선생님은 송이에게 다정하게 말하시면서 선물 같은 걸 한 보따리 침대 위에 올려놓으셨어요.

– 송이가 얼른 다 나아서 학교 나오라고 친구들이 보낸 선물이야~

하늘이도 멋쩍은 듯이 다가와서는

– 송이야 미안해, 앞으로는 잘 지내자. 했고, 새별 이도 멋 적은 듯이 웃으며 말했습니다.

– 나도 이젠 자리 바꿔 달라고 안 할게 미안해~

송이는 기분이 너무 좋아져서 하늘이라도 날아갈 것만 같았습니다. 친구들이랑 선생님은 금방 돌아갔고, 아부지도 회사에 잠깐 갔다 오신다고 가셨습니다. 또다시 병실에 혼자 남게된 송이는 그래도 기분이 계속 좋아서 아이들이 주고간 선물도 뜯어보고 하면서 콧노래까지 불렀습니다. 그러다 송이는 정아가 생각났습니다. 정아도 몸이 아파서 이 병실 어딘가에 있는 것이 분명 했거든요. 송이는 선물을 창문쪽에 나란히 쌓아 놓고는 가만히 일어나서 병실을 나왔습니다. 507호 '송이는 병실 번호를 맘속으로 외웠습니다. 송이는 엘리베이터 옆에 길다란 의자에 앉아서는 여기서 정아를 기다리면 정아가 한번은 지나칠 거라는 생각을 했습니다. 그래서 송이는 엘리베이터 문이 열릴 때마다 송이는 한 번 두 번 하고 숫자를 세어 보았어요. 엘리베이터에서는 목발을 집은 사람도 나오고 휠체어 같은 거를 탄 사람도 나오고요, 송이처럼 작은 아이도 엄마 손잡고 나오기도 했습니다. 송이는 엘리베이터 문이 20번이나 열리고 닫치는 걸 세면서 이젠 그만 돌아갈까 하고 막 일어나려는데 엘리베이터 문이 다시 열리고 그토록 기다리던 정아가 엘리베이터 안에서 쏙 나오는 것이 보였어요. 송이는 너무나 반가워서 벌떡 일어나면서 소리 쳤습니다.

– 정아야~ 내 니 지달리고 안있었나~~

– 송이야~ 안녕~

정아도 반가운지 웃으며 송이에게 손을 들어 보였습니다

– 정아야, 내 있는 방에 가자~ 거기는 묵을 것도 디게 많고~ 아까참에 애들캉 선상님이 오셔서 선물도 많이 주고 갔다.

송이는 정아의 손을 꼭 잡고는 507호라고 쓰여진 병실로 찾아서 들어갔습니다. 정아도 병실에 들어서더니 몹시 즐거워했습니다.

– 와! 선물 많네~ 꽃도 많고~

– 아이다 묵을 것도 많다~ 이기 봐라~

송이는 자랑스럽게 냉장고 문을 확하고 열어서 보여 주었습니다. 아부지가 병원에 오실 때마다 맛있는 것을 잔뜩 사 놓았거든요. 정아도 신이 났는지 펄쩍펄쩍 뛰며 좋아했습니다.

신 박사님과 다른 의사 선생님들은 무슨 검사실 같은 데서 비디오로 송이의 방을 심각하게 지켜보고 있었어요. 그러다가 선생님들은 무엇을 적기도 하고 서로 이야기도 하면서 송이가 정아와 놀고 있는 모습을 보고 있었습니다. 그러다가 신 박사님이 먼저 일어나서 다른 선생님들께 뭐라고 말씀하신 후 송이에게 왔어요.

– 송이 친구가 온 모양이구나 ~

신 박사가 병실을 들어서며 침대에 걸터앉아서 다리를 흔들며 정아와 놀고 있던 송이에게 말했어요.

– 야~ 아 선상님~ 야 이름은 정압니더 정아야, 인사 드리라~

송이는 침대 한 쪽에 서 있는 정아에게 말했습니다. 그러나 정아는 수줍음이 많은지 고개만 까닥 하고는 선생님을 쳐다만 볼 뿐이었습니다.

– 선상님~ 정아는 예~ 선상 님이 부끄런 갑네 예 ~

– 그래~ 괜찮다 그런데 정아는 어디가 아파서 왔는지 물어 보았니?

– 어데 예~ 정아야 ~ 니는 어데가 아프고?

그러다가 송이가 침대에서 벌떡 일어서며 말합니다.

– 와? 정아야 니 고마 갈라카나~? 괘안타~ 가지 마라 정아야~

송이는 황급히 문으로 가려 했고, 신 박사는 그런 송이의 팔을 잡으며 다정하게 웃으며 말했습니다

– 정아도 부모님이 걱정하시니까 그만 가야지 안 그렇나?

송이는 의사 선생님이 송이의 목소리를 흉내 내시자 웃음이 나왔습니다.

– 알았다 그럼 정아야 잘 가래이~ 내일 또 온나~~

– 자~ 우리 이쁜 숙녀님 앉으실까요.

그리고 선생님은 송이를 번쩍 안아서 다시 침대에 앉혀 놓고, 그 앞에 선생님도 다가앉자 송이는 기분이 좋은지 다리를 흔들며 큰소리로 말했습니다.

– 선상님요~ 정아 디게 이쁘지예~

선생님은 대답대신 송이의 손을 꼭 잡고는

– 선생님 보기엔 송이가 훨씬 이쁜데...

– 아입니다 말도 안돼 예~

송이는 손까지 내저으며 말했고, 선생님은 그 손을 다시 잡으며 말을 했습니다.

– 송이야 정아는 오늘 퇴원 할거야~

– 와예~ 정아는 그런 말 안 했는데 예~ 선상님이 정아 우예 압니꺼?

– 다~ 아는 수가 있지 그러니까 이젠 이 병원에는 정아는 없는 거야, 그리고 정아는 아마 멀리 이사 갈 것같애

– 그라믄 핵교도 전학 가닙겨~

– 그렇지~ 이제 송이가 건강해져서 퇴원하면 다른 좋은 친구들이 많이 생길 거야 송이는 착하니까 말이야.

– 어데예~ 시러예~ 지는 안 착해도 괘안아예 ~ 지는 정아가 참말 좋아예~

송이는 금방이라도 울 것 같은 표정으로 말했고, 선생님은 그런 송이의 머리를 꼭 안아 주었습니다.

선생님이 나가시고 다시 혼자 남게 된 송이는 핸드폰만 만지작거리고 있었습니다. 그러다가 문득 자신이 그 동안 하늘이랑 새별이를 미워하고 많이 잘못해서 정아가 멀리 떠나는 것 같은 생각이 들자 송이는 혼자 말처럼 말했습니다.

– 부러 켓어예~ 부러 켓어예~~부러 켓어예~

송이가 한 번 '부러켓어요'을 할 때마다 거짓말했던 것이나 잘못했던 것들이 하나씩 용서가 되는 느낌이 들었습니다. 그래서 송이는 조금이라도 맘에 걸리는 일이 없는 가 생각해 보고 그것이 생각 날 때마다 '부러켓어요'를 반복했습니다. 그러다가 송이는 한 번에 한 20번쯤 '부러켓어요'를 해놓는 게 나을 것 같다는 생각이 들어서 계속해서 말합니다.

– 부러켓어예~ 부러켓어예~ 부러켓어예~

그렇게 20번쯤 '부러켓어요 하고 난 송이는

– 2번을 누르면 할머니가 받으실 거야.

언젠가 핸드폰을 주시면서 하신 아부지의 말씀이 떠올라 핸드폰을 열고 2번을 길게 눌렀습니다. 갑자기 할머니가 갑자기 너무 보고 싶었거든요. 그러나 아무리 2번을 누르고 있어도 할머니는 전화를 받지 않으셨어요.

– 할무이 어디갔노 와 전화 안 받나 할매야~~

몇 번을 더 2번을 누르던 송이는 침대에 벌렁 누웠습니다. 그리고 내일 혹시 잘못한 일이 없을까 싶어서 미리 또 말합니다.

– 부러켓어예~ 부러켓어예~ 부러켓어예~

그리고 또 그 다음날 것도 부러켓어요를 해 놓습니다.

정아는 인제 다시 못 만날 것같습니다. 의사 선생님이 부러카실 리는 없으니까요. 그러고 보니까 아까 만난 정아는 송이와 같은 병원 옷을 안 입었던 것 같았어요. 그래도 송이는 나쁜 짓 거짓말 안하고 착하게 살면 언젠가 정아를 다시 만날 것 같은 생각이 들어서 계속 해서 "부러켓어요"를 또 여러 번 반복 했습니다. 그러다가 송이는 옷을 갈아입고 냉장고에서 과자랑 음료수를 꺼내서 가방에 담고 아빠가 주신 용돈이랑 핸드폰을 손에 꼭 쥐고는 병원을 나왔습니다. 할머니한테 가고 싶었습니다. 병원앞에는 택시들이 쭉 줄 서 있었습니다. 송이는 그 중 맨 앞에 있는 택시에 올라타고는 이렇게 말했습니다.

– 아저씨예~ 경상북도 상주군 공성면 '옥산'이 예~ 우예 갑니꺼?

그러자 아저씨는 송이를 돌아보며 걱정스러운 눈으로 말하십니다

– 그 먼델 너 혼자 가겠다고?

– 야~아 ~ 그게 예 우리 할매가 있심니다~

– 그래도 너 혼자서는 그곳에 못가 ~얼른 내려 ~

– 아입니더~ 지는 돈도 있어예~ 울 할매가 오라고 했어예~ 이걸로 시방 전화 했어예~

송이는 아저씨에게 핸드폰을 흔들어 보이자 거짓말이 술술 나왔습니다.

– 그래~ 정말이냐~ 너 혼자 정말 갈수 있겠어?

– 야~아~ 문제 없심다. 서울올 때도 혼자 올라 왔어예~ 상주가는 버스 타는 데만 데려다 주면 되예~"

– 그러면 강남고속 터미널 상주가는 고속버스있는 데까지 태워다 줄 테니까 거기서 사람들한테 또 물어봐서 가도록해라, 할머니하고 계속 통화하면서 가야된다 근데 네 이름이 뭐냐~

– 송입니더 김송이예~

– 그래~ 그러고 보니 너 참 똑똑 하게는 생겼구나~

택시 아저씨는 그렇게 송이를 터미널까지 태워 주시고는 다시 한 번 당부하셨습니다.

– 길을 물을 때는 꼭 아줌마나 언니들한테 물어야 된다 그리고 길을 혹시라도 차를 잘못 타거나 길을 잃어버리거나 하면 경찰서로 가서 집에 전화하고 알았지.

– 야~아~

송이는 택시 아저씨가 참말로 고마웠습니다. 그러나 송이는 그렇게 바보가 아닙니다.

– 상주가는 버스표 한 장 주이소.

상주로 가는 버스에 탄 송이는 가슴이 마구 뛰었습니다. 인제 상주로 가면 송이는 길을 훤하게 압니다 할매하고 상주에는 자주 나와 봤거든요. 상주 터미널 옆 떡볶이 아줌마도 잘 알고요. 할매가 송이를 보면 울매나 기뻐하실까요. 송이는 인제는 절대로 서울로는 오지 않을 거라 다짐합니다. 차가 흔들리고 떠나기 시작하자 송이는 눈을 감고 '부러켓어요'를 연속으로 말 합니다. 아까 택시 아저씨한테 거짓말한 것 넉넉하게 다섯 번, 그리고 또 미리 잘못한 것 있을까봐 ' 부러켓어요' 를 여러 번씩 중얼거리고 있었습니다.

– 부러켓어요~

– 부러켓어요~

– 부러켓어요~

그때, 유리창으로 밖에서 송이를 바라보고 손을 흔드는 아이가 보였어요. 송이는 두 눈이 커지고 금세 입가에 하나 가득 미소가 번졌습니다. 그리고 송이는 자리에서 벌떡 일어나며 큰소리로 말합니다.

– 정아야!

버스는 떠나고, 손을 흔드는 정아가 멀어지고 있습니다. 정아가 송이가 간다고 배웅하려온 것같습니다. 정아랑 헤어지는 것은 섭섭하지만, 그래도 송이는 괜찮습니다. 이제 조금 있으면 할머니도 만나고, 미경이도 만나고 준석이도 만날 것이기 때문입니다.

송이는 활짝 웃으며 멀어지는 정아를 향해 손을 흔들었습니다.

CHAPTER 5

세상속으로

'금순이 엄마 , 영순이 엄마, 싱싱한 동태가 왔어요~ 동태가 왔어요
눈을 떴다~ 감았다, 하는 동태가 왔어요"

아침 10시.

눈을 떴다 감았다 하는 동태는 어김없이 오늘도 이 허름한 빌라 한 구석을 차지하고 있다가 간다. 나는 이불 속에서 손만 뻗어 컴퓨터를 켠다. 요즘 들어 부쩍 몸을 움직이는 것조차 힘들다. '꼬마세상' 을 클릭 했다. 어제 인터넷으로 판매된 것은 모두 다 해서 2건, 요즘은 불경기인데도 겨울이 오고 있는지 그래도 아이들 코드가 한 두 벌씩 팔려 나가고 있다. 목소리를 가다듬고 습관적으로 전화를 한다.

– 꼬마세상 불광점인데요. 7호 엔젤 분홍잠바 1개, 갈색 코트 한 개 인터넷에 올려진 주소를 보내주세요. 택배비는 착불로 해 주세요 ...

수화기를 던지듯이 놓고는 다시 이불 속으로 기어 들어간다 '꼬마세상' 은 아이들의 모든 용품을 취급하는 제법 이름 있는 인터넷 상품 아이템이다. 본사에서 신상품이 나오면 인터넷 영업점에 파일로 해서 메일로 온다. 그렇게 물건의 샘플까지도 인터넷에 올려진 것을 보고 고른다. 그것을 지정하여 인터넷 쇼핑몰에 1년 계약 단위로 일정한 돈을 지불하고 올린다. 모든 거래의 돈은 인터넷을 통하여 오고 간다. 그것 뿐인가, 우리동네는 대형마트가 나란히 두 개가 붙어있어서 치열한 경쟁 덕에 껌 하나라도 배달이 되어온다. 좋은 세상이다.

– 야, 여편네야, 어떤 년인가 했더니 이년이 양심이 똥구멍에 붙었나~ 저 처먹은 쓰레기를 어디다 몰래 갔다 버리는 거야, 너 오늘 아~주 잘 걸렸다~

– 뭐~야, 이년이 어따 대고 아침부터 재수 없게 이년 저년, 하는 거야! 야, 이년아! 이 골목 니가 다~아~ 전세 냈냐, 이 골목이 니년 안방이라도 되냐,

– 머~ 여, 이년이 똥뀐 놈이 성 낸다더니 미안하다고 싹싹 빌어도 시원찮을 판에 시방 나하고 한 번 해보자는 겨

어떤 여자가 남의 빌라 옆에다 쓰레기를 갖다놓다 한 방에 걸린 모양이다. 그러니까 오늘 한 바탕 빌라가 시끄러워질 것 같다. 나는 궁금하기는 한데 몸이 귀찮아서 몸을 질질 끌고 창문으로 가서 목만 쭉~ 빼고 내다보았다. 2년 전 이 빌라로 세들어 올 때만 해도 69~70키로 정도 나가는 몸이었다 그땐 그냥 봐줄 만은 했다. 그러나 지금은 100킬로를 넘나드는 몸이 되어 버렸다. 한 2년 간을 집안에서 먹고 뒹굴고 거의 움직임이 없다보니 느는 건 몸무게 뿐이었다. 이미 발빠

른 동네 아낙들이 삼삼오오 짝을 짓고 팔짱을 낀채 싸움을 말리자는 건지 부치자는 건지 모르게 한 마디씩 거들고 있었다.

– 그래도 넘의 집앞에 쓰레기를 갖다놓는 사람이 염치가 없는 거지 뭐~ 1층 사는 사람들 창문으로 그 냄새 다 들어오고 얼마나 불결해

– 아니~ 영준이 엄마, 그럼 이삼 층 사는 사람은 어떡하냐~ 냄새나는 쓰레기 계단에 놓기도 머 하잖아, 좁은 빌라 살면서 서로 이해도 좀 해줘야지

나는 4층에 산다.

쓰레기는 한밤 중에 1시 넘어서 빌라 입구에 살짝 갖다 버리고 온다. 한 번도 걸린 적은 없었다. 어쨌든 나는 한 달에 한두 번 쓰레기 버릴 때 말고는 이 빌라를 벗어나 본적이 없다. 그래서 옆집에 누가 사는 지도 모르고 관심도 없다.

남편과는 중매로 선을 보고 만나지 3개월만에 결혼했다. 남편은 고졸인데 비해 나는 지방 대학이라도 나왔다는 것이 시어머니에게는 자랑거리였다. 그래서 기왕에 할 결혼이면 커피값 축낼 것 없다는 시어머니의 말씀대로 나와 결혼한 남편은 조그만 방직공장에 10년을 넘게 근무하는 착실한 남자였다.

남편 고향에서 살았다던 사돈에 팔촌쯤되는 여동생이 나타나기 전까지는 그래도 우리부부도 남들처럼 평범하게 잘 살았던 것 같다. 결혼 5년 동안 아이가 없었던 것만 빼면 말이다.

– 취직할 때까지만 우리 집에 있게 해 달라는데 어떻게 거절을 해~ 외할머니 먼 조카뻘인데 나하고는 어릴 때부터 한 동네서 살았어 강순이 할머니댁 '순자 라고 들어봤었지?' 오 순자..

– 언니 미안해요~

오 순자' 그녀는 눈꼬리가 올라가도록 생글거리며 말했다. 시골에서

취직하러 올라온 아가씨 치곤 꽤 세련되었다 싶을 만큼 옷매무새도 이쁘고 허리도 잘숙한 것이 얼굴 또한 조막만 [내 얼굴의 딱 반정도] 밖에 안되었다. 나는 골격이 남자 같아서 큰 편인데 비해 '오 순자' 는 키도 별로 크지 않고 올망종말하니 모든 것이 나하고는 대조적이었다. 나는 남편과 둘이만 사는 집에 아무리 먼 친척이라지만 오순자가 끼여드는 것이 좋을 리 없었지만 무엇보다도 이상하게 첨부터 '오순자'가 싫었다. 그래도... 남편의 사돈의 팔촌이라는데 먼 일이야 있을라구, 취직할 때까지라는데 참아야지 했는데, 그러나 '오 순자' 한 달이 가고 두 달이 가도 취직을 하지 않았다. 취직을 하지 않은 것인지 아예 처음부터 취직할 맘이 없었던 건지 잘 모르겠지만 어느날부터인가 '오순자'는 나만 좀 안 보였다 하면 말 수도 별로 없던 남편과 붙어서 뭐가 그리 신나고 재미있는지 숨넘어가게 웃어 제끼거나 까르르대곤 했다. 그리곤 우리집 부엌일도 거들고 빨래까지 하면서 남편의 식성 또한 이러쿵,저러쿵, 하면서 간섭을 하기 시작했다.

– 어머~ 언니 오빠는 양파 안 먹어요 음식에 양파 넣는 거 디게 싫어하는데~

나는 5년 간 살 맞대고 살은 나한테 이 무슨 귀신씨나락까잡수는 소린가 싶어 오순자를 힐끗 보았다. 오순자는 아무리 여름이라지만 너무하다 싶을만큼 어깨에 끈 하나 걸친 배꼽 나시티에다가 팬티가 보일 만큼 짧은 반바지 차림으로 그 큰 엉덩이를 흔들어 댔다.

– 아가씨가 오빠 식성을 어떻게 그리 잘 안데, 근데 취직은 안 하는 거유~ 그리고 옷 차림이 그게 뭐래여 아무리 덥다지만 가릴 건 좀 가려야 하잖아요~

내가 참다못해 말을 하자 '오 순자' 는 오히려 내 말에 샐죽하는 표정을 지으며 톡 쏘듯 말했다.

– 어머머~ 이상하네~ 언니 무슨 자격지심 있수~ 내가 옷을 다 벗

은 것도 아니고 요즘 누가 이 여름에 언니처럼 옷이란 옷을 다 껴입고 살아요~ 하긴 언니도 덩치가 웬만해야 벗겠지만서드 밥 좀 축낸 거 있다고 남의 사생활까지 간섭하고 난리야 정말 너무하네~

– 뭐요, 덩치.. 자. 격. 지. 심, 아니, 이 아가씨가 못 하는 말이 읍네

그때 하필 남편이 퇴근해서 들어오다 이 광경을 보고 나는 공연히 죄진 사람 마냥 머쓱해져 있는데 그 '오 순자는 날쌔게도 내 남편의 팔을 붙잡고 서럽게 어깨까지 들먹이며 울기 시작했다. 나는 그때 알았어야 했다. 남편이 울고 있는 '오 순자' 를 두둔하여 나를 속 좁은 여편네 취급을 할 때 그때 알았어야 했다. 그렇게 한두 달이 더 가고 어느새 '오 순자' 의 배가 불러오기 시작하면서 나는 좀 둔한 편이라 뒤늦게 모든 사실을 알고는 경악했고, 그나마 있던 자존심이 송두리째 꺾어지는 느낌에 미친 듯이 온 집안을 수라장을 만들며 결혼후 처음으로 남편과 온몸으로 싸웠지만 이미 그들은 나와 싸울 맘이 없는 상태였고, 나 또한 그 상황에서 더 버틸 힘도 없었다.

그렇게 나는 이혼을 당했다. 위자료라고 해야 워낙에 남편이 돈이 없는 남자이고 보니 지금 이 낡아빠진 빌라로 이사올 전셋돈 정도를 받고 옷 보따리 달랑 두 개 들고 쫓겨나듯 나오는 내게 그 잘난 남편에게 영원한 취직을 한 오 순자는 어디까지나 당당했다.

– 어차피 인연이 아니었다고 생각해요 언니~ 인연이었으면 결혼 5년 동안 아이가 안 생겼겠어요~ 나 그렇게 죽일 년 아니에요 언니가 좀 이해 해줘요 ~

나는 그렇게 5년 간 믿었던 남편에게 버림받고 세상이 싫어졌다 죽어 버리는 일이 조금만 더 쉬웠어도 나는 이미 이 세상 사람이 아니였을 것이다.

밖에서는 그새 싸움이 끝났는지 조용했다. 그리고 비가 오려는지 하늘이 컴컴해 지고 있었다. 그때, 초인종이 울렸다. 초인종은 일정한

간격을 두고 계속 울렸다. 나는 언제나처럼 못들은 척했다. 나를 찾아올 사람도 없을 뿐더러 오늘 나는 슈퍼에 무얼 시킨 적도 없다 아마도 무엇을 팔로 온 사람이거나 학습지, 신문이나 우유, 기타 등등 일 것이다. 그런 사람들은 대게 한 두어 번쯤 반복해서 누르다가 제풀에 지쳐 곧 조용해지기 마련이다. 그러나 이번에 좀 달랐다. 초인종은 계속해서 울렸다. 나는 짜증이 좀 났다 그래서 몸을 조금 움직여 보았는데 요즘들어 살이 더 쪘는지 몸이 더욱 둔해진 느낌이 들었다. 나는 10평 남짓되는 빌라에서 거실이나 현관문이 엎드리면 코닿는 곳임에도 불구하고 한 5분 가량 뭉그적거리며 갔다. 초인종은 5분여 동안 끈질기게 울렸다. 나는 현관문에 붙어있는 구멍을 통해 밖을 내다보았다. 아무도 안 보였다.

– 갔나? 싶어 돌아 서려는데 또 초인종이 눌렀다.

나는 또다시 구멍을 통해 밖을 보았다. 역시 아무도 안보였다 나는 누가 장난을 하는가 싶어 현관문 열쇠를 살짝 풀었다 또다시 초인종이 울리자 나는 기다렸다는 듯이 문을 확' 하고 열어 제쳤다. 참으로 오랜만에 확' 하고 열어보는 현관문이었다. 그곳엔 뜻밖에는 웬 여자가 다소곳이 서 있었다

– 누...누굴 찾아 왔나....요...

나는 갑자기 말을 더듬고 있었다 사람 얼굴을 직접 마주하고 이야기해 본적이 1년도 넘은 것같았다.

– 저... 이 집에 강 호연..씨라고 살죠 ..

여자가 조심스러운 듯이 작은 쪽지 하나를 들고 서서는 말했다. 나는 이 여자가 전에 살던 사람들을 찾아왔나 싶었다

– 그..그런..사람.. 여긴 안, 살아요.. 이.. 이 년.. 전에 이사갔어요..

내가 더듬거리며 말하자 그 여자는 갑자기 얼굴이 어두워졌다 그러자 그 여자 뒤로 보이는 하늘이 갑자기 어두워지면서 초겨울 비가 여

름 장마 비처럼 '후드득' 대며 쏟아지기 시작했다. 하늘은 어느새 검은 먹구름으로 가득 채운 뒤 우박까지 동반하여 '우르릉 쾅'쾅' 하면서 천둥까지 치고 있었다. 순식간의 일이었다.

– 저.. 죄송하지만 비가 그칠 동안만 쉬었다 가면 안 될까요 ..

어렵게 말하는 여자는 먼길을 와서 인지 몹시 피곤해 보였다. 그리고 옷도 여름옷처럼 얇아 보였다. 나는 잠깐 망설였다 이곳에 이사온 지 2년 동안 이 집에 아무도 들어온 적이 없었다 그러나 얼떨결에 나는 여자를 집안으로 들였고, 그 여자는 거의 사람이 살지 않는 듯 싶은 10평 정도의 나의 공간에 들어와 잠시 서 있었다

– 추우신 것 같은데 커피를 좀 드릴까요..

여자는 고개를 약간 끄덕여 감사하다고 했으나 내가 커피를 타오자 이미 그 여자는 거실 한 쪽에.. 그러니까 좀 전까지 내가 뭉그적거리던 자리에 가서 강아지처럼 쭈그리고 누워서 잠이 들어 버렸다 여자는, 참 고은 얼굴을 하고 있었고 몸도 가랑잎처럼 가벼워 보였다. 나는 커피를 든 채 잠시 멍멍한 기분이 되었다. 사람을 이렇게 가까이 대해 본적이 도대체 얼마 만인가... 그 여자에게서는 알 수 없는 꽃향기 같은 것이 나는 듯 싶었다. 나는 안방으로 가서 새 이불을 꺼내서 그 여자에게 덮어 주었다 1시간 전 만해도 나의 이런 행동은 상상도 할 수없는 일이었다. 나는 이혼을 한 후 혼자 살기 시작하면서 점점 혼자에 익숙해져 갔고 무엇보다도 언젠가부터 사람이 싫어졌다 어쩌면 싫다는 표현보다는 사람이 무섭다는 표현이 더 정확할 지도 모른다 그리고 살이 부쩍 찌기 시작하면서 나는 거의 움직임이 없어졌고 인터넷을 통해 쇼핑몰을 하면서부터는 모든 것이 인터넷을 통하여만 거래되었다 식용에 필요한 모든 것은 전화 한 통으로 슈퍼에 주문을 하고 돈은 미리 계좌로 넣어주는 방식으로 한다. 이 얼마나 편리한 세상인가. 어쨌든 나는 사람들과 단절하여 산지가 2년이 되어가고 있었다.

언제 잠이 들었는지 꿈결처럼 달그락' 거리는 소리에 나는 눈을 떴다. 분명히 '달그락' 거리는 소리는 주방 쪽에서 나고 있었다 나는 잠시 생각해 보았다. 혼자 사는 내 집에 누가 온 것일까, 도둑이 들었나?! 아! 그렇구나 어떤 여자가 방문했었구나 그리고 장대같은 비가 왔었지 그 여자는 거실에서 잠이 들었었고 특별히 할 일이 없는 나도 서성대다가 어두워지는 하늘을 감당키 힘들어 잠을 청했었지.

얼마를 잤는지 하늘은 언제 비가 왔었냐는 듯 말끔히 개였고 어둑어둑해지고 있었다. 나는 고개를 천천히 돌려 주방을 보았다. 거기 가랑잎보다도 더 가벼워 보이던 그 여자의 뒷모습이 보였다 여자는 단순히 자다가 목이 말라서 싱크대 앞에 있는 것처럼 보이질 않았다 가스불 위에서는 이미 무엇인가가 보골 보골' 소리를 내며 끓고 있었고 여자는 조심스럽게 무엇인가를 만들고 있었다 그러다가 인기척 느꼈는지 여자가 나를 돌아보았다 그리고,

– 어머~ 일어나셨네요~ 너무 곤히 주무시길래 먹을 것을 좀 만들어 보고 있었어요 죄송해요 허락도 없이

죄송하다고 웃으며 말하는 여자는 마치 이 집주인이라도 되는 듯 너무도 자연스러웠고 얼떨떨한 건 오히려 나였다. 여자는 어쩌면 긴 여행에 배가 고팠던 것 같다 그래도 생면부지의 여자가 이렇듯 자연스러울 수가 있나 싶었다. 보통 남의 집에서 물 한 컵만 먹으려해도 어디에 뭐가 있는지 더듬는 것일텐데 여자는 한 번에 필요한 것을 찾아내어 사용하는 노련함을 보였다. 하기야 주방이라고 해봐야 손바닥만하니 그리 어려울 것은 없겠다 싶기도 했다.

– 저녁을 차릴까요? 지금 드시겠어요?

여자는 말하며 어느새 식탁을 차리고 있었다 언제부터인가 나는 귀찮아서 식탁을 사용하지 않았다 설거지도 별로 없었기에 며칠에 한 번 모았다가 하곤 했고, 거의 큰 대접에 몇 가지 있는 반찬을 넣고는

바닥에 앉아서 비벼 먹거나 했다. 나는 참으로 오랜만에 식탁에 앉아서 밥을 먹었다 무엇보다도 누가 해 준 음식을 먹어보기는 얼마만인지 기억조차 가물가물하다 음식은 내 입맛에 꼭 맞았다. 이미 밖은 어두워 졌고 나는 여자를 내보내지 못했다. 그 밤에 우린 많은 이야기를 했다. 여자는 중국계 조선인이었고 중국 길림성에서 왔다고 했다. '강 호연 씨는 아버지가 다른 언니인데 엄마가 많이 아파서 찾으러 왔다고 했다.

– 엄마는 언제나 한국에 있는 언니 이야기를 했어요 언젠가는 꼭 언니를 찾겠다구요 그래서 언니하고만 살겠다고 했어요

천천히 말을 하는 여자는 왠지 슬퍼 보였다 그러니까 여자는 이곳 한국에서는 '강 호연' 이라는 사람 말고는 아무런 연고가 없고 당장 머무를 곳도 없는 처지였다.

나는, 엄마가 누군지도 모른다. 어려서부터 할머니를 따라 이리저리 이사를 다니며 살았다 그래도 가끔은 엄마라는 사람이 나를 찾아 줄 것 같은 기대도 있었다. 어릴 때는 어떤 아줌마가 내 이름만 물어봐도 우리 엄마 아닐까 했고, 사춘기 때는 엄마를 미워하면서도 엄마가 내 앞에 나타난다면 무어라고 말할까 할 말을 준비해 놓기도 했었다. 그리고 혼자 거울보고 1인 2역하며 연습도 했다. 그런 내 모습이 안쓰러웠는지 할머니는 그 앙상한 손으로 내 얼굴을 쓰다듬으시며

– 에혀, 불쌍한 거, 다 지애비 잘못 만나서 어린 니가 고생이다~ 엄마 기다리지 마라 니 엄마는 한국에 없다. 에구, 불쌍한 내 새끼 오죽 에미가 그리웠으면~

그러나, 17세가 되던 해 할머니가 돌아가시자 그렇게 그리워하던 엄마대신 아버지란 사람이 나타났다. 나는 아버지란 사람을 처음 보았는데도 의심하지 않았다. 아버지란 사람은, 작은 눈이며 두툼한 입술 심지어 얼굴에 광대뼈와 네모난 골격까지 나와 너무나 닮아있었기 때

문이었다. 아버지는 배를 타는 사람이었고 한 달씩 두 달씩 집을 비웠다 나는 자취를 하며 공부를 했다 그리고 지방에 있는 사범대를 어렵게 들어갔다 아버지는 학비는 꼬박꼬박 부쳐주었다. 그렇게 졸업을 하고 중매가 들어왔고 사람이 정이 너무 그리웠던 나는 결혼을 했었다. 결혼 후 아버지와 나는 누가 먼저랄 것도 없이 서로 연락하질 않았고 그후로는 아버지와 연락이 끊어졌다.

나는, 그 다음 날도 또 그 다음 날도 그녀를 내 보낼 수가 없었다. 그녀가 조심스럽게 말했다 .

– 언니를 찾을 때까지만 신세를 지면 안될까요. 한국은 처음이라 길도 모르고, 숙박비는 충분히 드리겠어요 그리고 대학에서 한국 음식을 연구했거든요 제가 있는 동안은 실습한다 생각하고 부엌일도 열심히 거들겠습니다

부엌일을 거들겠다는 여자의 말에 나는 얼굴이 조금 붉어졌었다 부엌일' 이 집은 부엌일이랄 것이 따로 없는 살림 사는 집하고 거리가 멀었기 때문이었다 그러나, 무엇보다 한국에 처음인 이 여자를 내 보낼 구실은 내게 없었다. 그렇게 여자는 내게 물처럼 스며들었다 아침잠이 많은 나를 방해하는 법도 없었다 여자는 아침이면 소리 없이 어디론가 사라졌다가 오후 3~5시쯤 되면 찬거리를 잔뜩 사 들고 들어오곤 했다 그리고 여자가 있는 동안 우리 집은 구석구석 빛이 나기 시작했다 여자는 어둠에서 밝은 빛을 가져오는 신비한 능력이라도 있는 듯 여자의 손이 닿는 곳이면 빤짝거리며 윤기가 흘렀다. 나는 잠에서 깨어나면 여자가 정갈하게 차려놓은 식탁의 음식을 먹었고 어느 사이에 나도 모르게 자꾸만 시계를 보며 여자를 기다리는 습관까지 생겼다.

– 고장난 컴퓨터 티브이 삽니다, 냉장고 에어컨 컴퓨터 삽니다

– 자~ 아구 왔어요 아구, 얼큰한 메운 탕 거리 아구나 참조기가 10

마리 5,000원 팔뚝만한 갈치가 골라잡아 10마리 무조건 골라잡아 3,000원 ~~

저 아저씨는 아침에 눈을 떴다 감았다 하는 동태를 파는 아저씨는 아니다 저 아저씨는 항상 오후 3시~4시 사이에 온다 나는 누워서 시계를 보지 않아도 대충 밖에서 나는 장사꾼의 소리에 시간을 잴 수 있었다 그러그러한 것들은 내게 아무런 의미도 되지 못했었다. 그러나 이젠 다르다 저 아저씨가 지나갈 때쯤이면 어디론가 언니를 찾으러 갔던 그 여자가 돌아오곤 했다.

– 아구가 10마리 3,000원 이라서 사봤어요 정말 싱싱한 것 같아요. 매운탕 좋아하세요?

현관문이 열리고 여자가 머리에 눈을 툭'툭' 털며 들어섰다.

– 눈이 오나..요?

– 어머 모르셨어요? 지금 밖엔 함박눈이 오고 있어요

나는 그제야 컴컴한 방안에서 뭉그적거리며 밖으로 나왔다. 여자가 오고부터 나는 방에서 잠을 자고 여자는 거실을 사용했었다. 방안에 원래부터 창문이 없었던 것은 아니었는데 내가 밝은 것이 싫어서 장롱으로 가려 놓았었기에 방안은 언제나 전등을 켜지 않으면 어두웠다.

– 방안이 어두워서 그래요~ 언니, 그 장롱을 옆으로 치우는 게 어떨까요? 이렇게 어두운 곳에 있다보면 움직임도 적어지고 건강에도 해로워요 ~

나는 썩 내키지 않았지만, 여자가 하라는 대로하고 있었다 여자는 보기보다 기운이 좋았다. 나와 여자는 반쪽 짜리 장롱을 거뜬하게 옆으로 옮겼다 갑자기 방안이 눈부시게 환해졌다. 그러자 밖에는 정말 함박눈이 펑'펑' 쏟아지고 있었다. 나는 오랜만에 정말 오랜만에 가슴이 설렘을 느꼈다.

– 내일은 내가 시장에 들러서 커튼을 사 올게요 안방에 걸면 딱 좋은 걸루다요~ 곧 크리스마스인가 봐요 거리엔 캐럴송이 벌써 굉장해요 크리스마스 때에도 눈이 많이 왔으면 좋겠어요~

– 그.. 근데. 어..언니는 어떻게 연락이 되고 있나요 동사무소에 가서 주소 이전한 것 띄어봤나요?

내가 그 동안 궁금했던 것을 묻자 여자는 갑자기 얼굴이 어두워 졌다. 그리곤

– 죄송해요 ~ 제가 너무 오래 있었나봐요~

– 아, 아니에요.. 아니에요..

나는 놀라서 손까지 흔들며 말했다. 정말 그건 아니였다. 나는, 어쩌면 여자가 어느 날 언니를 찾았다고 훌쩍 가 버릴 것을 염려하고 있는지도 몰랐다. 오히려 나는. 여자가 오고 나서 내가 아직 살아있다는 것을 조금씩 느끼고 있었다. 여자는 당황해 하는 내 포즈가 우스웠는지 손을 입으로 가져가며 조금 웃었다.

– 언니, 고마워요~ 그럼 제가 크리스마스 때 영화구경 시켜 드릴게요~

– 여..영. 화. 구경이요?

영화구경, 내게는 참 생소한 말이었다. 내..내가 사람들 속에 섞여서 영화구경을 본다... 이 큰 덩치의 남자같은 아줌마와 저 가랑잎 같은 여자가 함께 거리를 걷는다면 사람들이 분명히 힐끔거릴 것이다. 그리고 어쩌면 쿡'쿡' 거리며 웃을 지도 몰라..

– 왜요, 언니 영화구경 싫으세요 ?

– 네? 아, 아니 저 그게 아니고 하..한 번도 가본 적이 없어서요..

– 음~ 그럼 우리 그날 근사한 데서 저녁 먹고 차 마시고 해요 그건 어때요 괜찮죠? 여자는 내게 속삭이듯이 꿈같은 이야기를 하고 있었다. 그러나 나는 여자의 이야기에 가슴이 뛰고 얼굴까지 불거지고 있

었다.

며칠째 여자가 오질 않았다. 나는 처음엔 언니를 찾았나 했지만 그래도 전화라도 해줘야 할 것 같은데 여자는 전화도 하지 않은 채 벌써 3일 째 감감 무소식이다. 방안에 그 여자가 걸어놓고 간 분홍색 커튼이 그 여자가 있었던 사실을 증명이라고 하려는 듯이 걸려있었다. 나는 조금씩 불안해지고 있었다. 한국 지리를 잘 모르는 그 여자가 언니를 찾으러 다니다가 무슨 변이라도 당한 것은 아닐까 싶었다. 달력을 보니 오늘이 수요일. 다음 주 토요일이 크리스마스 이브였다 그 여자는, 크리스마스 이브를 근사한데 가서 저녁을 먹고 차도 마시자고 했다. 나는 용기를 내어 밖으로 나왔다 정말 얼마만의 외출인지 모르겠다. 밖은 겨울인데도 춥지 않았다. 나는 정말 오랜만에 용기를 내어 집밖으로 나와서 동사무소에 갔다. 나로서는 정말 2년 가깝게 처음 밖을 나온 것 같았다 동사무소에서 나는 우리 집 주소를 보이며 이러이러한 여자가 와서 전에 살던 사람 주소를 묻지 않았냐고 물었다 동사무소 직원은 의아하다는 듯이 나를 위 아래로 훑어보았다 그리곤,

– 무슨 일이신 데요 내가 담당이긴 한데 그런 기록은 없는데요 그런 경우 만약을 대비해서 신분증을 받고 기록을 남겨 놓긴 하거든요

– 외...외국이..인데요. 중.. 중국인이요..

– 아무리 외국인이라도 예외는 없습니다. 여권이 있지 않습니까.

동사무소에는 나 말고는 모두다 직원뿐이었다. 그래서 인지 모두가 나를 쳐다보는 느낌에 나는 몸둘 바를 몰랐다 그리고 창구에 여직원 둘은 아까부터 나를 쳐다보며 둘이 뭐라고 하며 쿡'쿡 거리는 것 같았다. 나는 더 이상 있을 수가 없어서 꾸벅 인사를 하곤 쫓기듯이 동사무소를 나왔다.

– 어~머, 안녕하세요 동사무소에 오셨나봐요~

같은 빌라에 사는 영준이 엄마였다. 나는 거실에서 저 여자를 여러 번 내려다 본 적이 있었다. 그러나 직접 얼굴을 대하거나 말을 해 본 적은 없는 것 같은데 그런데도 저 여자는 나를 아주 잘 아는 것처럼 인사를 하고 있었다. 나는 깜짝 놀래서 말을 더듬었다.

– 아..네.. 아..안녕 하세..요

– 저도 등본 하나 뗄 일이 있어서 왔어요~ 영준이 아버지가 이번에 아파트 경비로 취직을 했거든요~

영준이 엄마는 남편의 취직이 자랑스러운 듯이 물어보지도 않은 말까지하며 친절하게 굴었다. 나는 온몸에 벌레가 한 두어 마리 스물 대며 기어갔다 그뿐 아니였다 동네 슈퍼 앞에서도 슈퍼 주인인 듯한 여자가 나와 눈이 마주치자 반갑게 눈인사를 건네 왔다.

– 어디 다녀오시나 봐요~

– 네? .. 네.. 네에~

나는, 엉겁결에 대답하곤 발걸음을 재촉하여 빌라를 향했다 저 사람들은 나를 어떻게 알까? 아니면 그저 누구에게나 하는 인사인가? 그렇다면 영준이 엄마는 나를 언제 보았을까? 같은 빌라에 사니까 보았을라나?

– 아줌마~ 나오셨네요 커튼 길이 잘라 가신 것 어땠어요? 길이가 맞아요?

– 예쁘다 커튼 집 여자가 또 아는 척을 했다.

– /커튼?/

나는 무슨 소린가 싶어 커텐집 여자를 보았다. 나는 마치 다른 세상에 잠시 와있는 착각이 들었다' 전혀 나하고 상관없던 그 무엇들이 일제히 일어나서 갑자기 나하고 상관 있다고 다그치고 있는 느낌이었다. 그래도 이상하게 그게 싫지가 않았다.

–엊그제 분홍색 커튼 해 가신 거요~ 제가 찾아가서 재보고 해 드린

다고 했더니 한사코 괜찮다고 수선해 가셨잖아요~ 길이는 잘 맞았어요?

그제서야 나는 안방에 분홍색 커튼이 떠올랐다.

ㅡ네.. 자.. 잘 .맞는데요..

ㅡ어머 그럼 다행이에요 ~거실에도 커튼 하셔야 할 것 같다고 하셨는데 생각해 보셨어요 ~

ㅡ거..거실이요.. 그..글..쎄.. 아직..

ㅡ나오시기 귀찮으시면 전화만 해 주세요 내가 샘플 가지고 찾아뵐게요 이거 우리집 전화번호 스티커인데 하나 가지고 가세요~

집으로 돌아온 나는 뭐가 어떻게 된 건지 정신을 차릴 수가 없었다 . 그러고 보니 이 집도 예전에 우리 집이 아닌 것 같다. 신발장은 가지런하게 정돈되어 그 위엔 모조 꽃 화분 한 개가 단정하게 있었고, 주방 또한 정리정돈이 말끔히 끝난 상태였다. 안방도 문이 활짝 열린 채 밝은 빛이 들어오고 있었고 분홍 커튼이 아름다움을 더해 주었다. 무엇보다도 거실은 안락한 느낌마저 주는 흐린 갈색톤으로 깔끔했다 거실은 원래가 벽지가 저런 색이었을 것이다 그런데 그동안 너무 청소를 안한 탓에 오히려 컴컴해 보였었는데 그 여자가 틈만 나면 닦아 대고 정리하고 다듬고 해서 구석구석 청소가 잘된 거실은 오히려 안정감이 있어 보였다. 나는 문득, 내 손에 쥐어져 있는 '예쁘다 커텐집' 전화 번호를 내려다보았다 그 여자는 거실에 어떤 색 커튼을 하려고 했을까? 그러자 그 여자라면 아마도 엷은 베이지색 레이스 커튼을 하지 않았을까 싶었다. 나는 망설임 없이 커텐집 전화번호를 눌렀다. 그 여자가 다시 올 때 기쁘게 해 주고 싶었다. 크리스마스 때까지는 그 여자가 와 줄 것만 같았다.

나는 이제 집안에서만 갇혀 지내지는 않는다. 혹시 누구라도 그 여자를 기억하고 나에게 물어봐 줄 것을 기대하면서 사람들 사이에 섞여 보기도 했다. 나로서는 대단한 용기였다. 그렇다고 쓸데없이 여기저기를 돌아다니는 것은 아니라도 꼭 필요한 것은 전화를 하지 않고 찾아가서 사 오곤 한다. 생각보다 동네 사람들은 친절했다 마치 오래 전부터 나를 아는 것처럼 대했다. 처음에 그것이 부담이 되었는데 시간이 흐르면서 자연스럽게 받아들여지고 있었다 그러나 아무도 나에게 그 여자에 대해서는 물어봐 주질 않았다 나는 그게 이상했지만 누구에게 물어 볼 수도 없었다 그래도 날마다 자다가 깰 때면 습관처럼 여자가 오지 않을까 싶어서 현관문을 바라보았다 어느 날 아무렇지도 않게 내게 왔던 그 여자가 저 현관문을 열고 또다시 아무렇지도 않게 와주길 기다리고 있었다. 벌써 내일이 크리스마스이브라고 티브이에서 몹시 흥분한 듯한 물결이 넘친다 나는 혹시나 하는 마음에 오늘도 하루종일 그 여자를 기다렸다. 그렇게 하루종일 그 여자를 기다렸다 바람소리에 현관문이 덜컹 소리만 내도 가슴이 뛰곤 해서 현관문을 바라보았다. 그 여자가 우리집 전화번호를 알던가 모르던가 싶어 전화기도 수시로 쳐다보았다.

그때 전화벨이 울렸다.

나는 엎어지듯이 단걸음에 수화기를 낚아챘다.

–여...여. 보세요?

–. . . . . .

–여..여..보세요~?

– . . . . . .

수화기 저 쪽에서는 말이 없었다 나는 가슴이 뛰기 시작했다 그리고 생각했다. 그 여자일지도 모른다.. /그 여자의 이름이 뭐였던가? / 그러나 나는 그 여자의 이름을 안 적이 없었다 .

–호연이냐?

순간, 나는 쇠망치로 뒤통수를 한 대 세게 맞은 듯 정신이 멍해졌다.

아버지란 사람이었다. 결혼식때 잠깐 내 손을 잡아 남편에게 전해주고는 사라져 버린 아버지..

-호연이. 호연이 맞냐?

-......

-호. 연. 아.

내 이름이 호연이었나? 너무나 생소해서 마치 남의 이름을 듣고 있는 듯 싶었다. 캐럴송이 퍼지는 크리스마스 이브에 백발이 성성한 노인이 되어 7여 년 만에 나타난 아버지는 담담하게 말했다.

-니 엄마가 죽었다.

나는 실감이 나질 않았다. 처음부터 없었던 엄마가 어떻게 죽었다는 말인가? 그 여자가 말했다

-크리스마스 때 눈이 왔으면 좋겠어요.

나는 이상하게 눈이 시려서 창밖을 보았다. 사람들은 무엇이 그렇게도 신이 나는지 모두들 행복하게 웃으며 지나치고 있었다. 이번 크리스마스엔 그 여자가 기다리던 눈은 오지 않을 것 같았다. 너무나 외로워서.. 너무나 사람이 그리워서 나는, 결혼하면 아이를 한 10명 쯤 낳으려고 했었다. 그러나 결혼 5년 동안 내게는 아이가 생기질 않았다.

-이 집에 강. 호연 씨라고 계시죠?

그 여자가 이 집에 와서 처음으로 묻던 이름이었다.

-혹시.. 제게 여동생이 있나요?

내가 느닷없이 묻자 아버지는 고개를 돌려 나를 보았다. 그리곤 담배를 한 개피 피워 물고는 허공을 향해 후하고 뿌렸다. 그리고 천천히 아주 느릿느릿 말을 이어갔다.

-네 엄마는 중국계 조선인이었는데 아주 아름다운 여자였다. 죄 많은 인간인 나한테 버림받았다고 생각한 네 엄마는... 내가 너를 데리고 한국으로 건너오자 중국인과 다시 결혼을 했는데 몸이 너무 약해서

인지 너를 낳고는 더 이상 아이를 낳을 수 없었단다. 네 엄마는 언제나 한국에 오고 싶어했고 너를 몹시 그리워하며 살았다고 하더구나 그러다가 네 엄마는 마음에 병을 얻어 몇 년을 병석에 있다가 한 달 전부터는 거의 의식이 없었는데 며칠 전 세상을 뜨고 말았단다. 죽기 전에 정신이 잠시 돌아 왔다는데... 네가 너무 많이 보고 싶어서 한국에 가서 보고 왔다고 알 수 없는 말을 했다더구나.

– 엄마가 많이 아파서 언니를 찾으러 왔어요. 엄마는 언제나 한국에 있는 언니 이야기를 했어요. 언젠가는 꼭 언니를 찾겠다구요. 그래서 언니하고만 같이 살겠다고 했어요.

나는 남편에게 이혼을 당할 때도 울지 않았다. 17세 때 할머니가 돌아가셨을 때도 눈알이 뻑뻑할 뿐 눈물은 나지 않았었다. 그런데... 지금은 이상하게 눈물이 자꾸만 흐르고 있었다. 눈물을 보이지 않기 위해 고개가 뻑뻑해 지도록 창 밖만을 노려보고 있었다. 그 밤에 아버지를 보내고 집으로 돌아오는 데 커텐집 여자가 나를 불렀다 .

–어머, 아주머니~ 잘 만났네요. 안 그래도 한 번 찾아뵐까 했는데 지난 번 방안에 커튼 구입하실 때 카드로 하신 거요, 그거 영수증을 안 가져 가셨더라고요~ 두 장이예요. 한 장은 거실 커튼 사실 때 그었던 것이고요. 나도 나이를 먹는 지 정신이 없어요~ 오호호~

커텐집 여자가 내미는 카드 영수증 두 장에는 한문으로 강이라고 휘갈겨 쓴 필체가 내 글씨체와 똑 같았다. 나는 머리가 윙윙거렸다. 그 때 컴컴한 하늘에서는 흰눈이 소리없이 내리고 있었다. 거리에는 캐럴송이 울려 퍼지고 그 여자가 기다렸던 눈이 오고 있었다. 그러나 나는 이제 알 것 같았다

그 여자는 어쩌면 다시는 내게 오지 않을 것을.

2005. 05. 15.

CHAPTER
6

서른 세 살 임 봉숙

원피스랑 레깅스 신은 여자, 그냥 기본 화이트 셔츠에 진만 걸쳤는데도 간지폭풍인 여자도 있고 실크 블라우스부터 시작해서 로맨틱 스커트, 어깨가 훤히 비치는 원피스, 샤링 칠부 소매 셔츠부터 게다가 짧은 스커트 입은 여자, 오우~ 허벅지 장난 아닌 거다, 아주 기린 허벅지다. 정말 일번가의 거리는 대단하다.

-/그래도 다리보다 나처럼 허리 기럭지 더 긴 여자 있으면 나와 보라고 해라. 쩝./

점심 시간에서 두어 시간 비껴 간 스타벅스는 비교적 한산했다. 바로 앞자리에서는 20대 중반으로 보이는 남자 한 사람과 제법 중후

한 느낌을 풍기는 중년의 남자 두 사람이 커피를 마시고 있었다. 정확히 말하면 중년의 남자 둘이 커피를 마시고 있었고, 젊은 남자는 존재했지만, 마치 존재하지 않는 듯한 묘한 분위기였다. 그 옆자리엔 친구로 보이는 두 남여가 앉았다. 여자는 뱅 헤어가 잘 어울리는 귀여운 인상이었고, 남자는 폴로티에다 청바지를 나쁘지 않게 소화해 내고 있었다. 그들은 무척 큰 소리로 떠들었는데 대화 내용이 지나치게 산만하고 어중간해 그들의 이야기는 잘 들리지 않았다. 다만 밝고 경쾌한 그들의 모습에서, 그들만이 누릴 수 있는 톡톡, 튀는 에너지가 느껴졌다. 개개인의 소소한 이야기를 훔쳐 듣자면 다 흥미로운데 어느 날부터인가 영화 한 편, 뮤지컬 한 편 보지 못한 채 삭막하게 살고 있는 나에게는 그래도 가끔이나마 여유를 가지고 즐기는 '비버러지 한 잔' 에 꿈틀거리는 나의 두통이 해소되기도 한다.

담배를 한 대 빼어 문다.

에쎄 0.5 대나무 숯 필터 연기를 길게 들이마신다. 사람들이 힐끔거린다. 뭐, 요즘도 공공장소에서 담배를 펴? 그런 호기심 어린 관찰, 이랄까. 오오, 강심장인데, 더군다나 여자가? 하는 듯한 묘한 눈길들이 힐끔거리며 내 몸을 훑고 지나간다.

—/스바, 끊어야 하는데… /

뿜어낸 담배연기 때문인지 눈물이 찔끔 난다. 최대한 건방진 포즈로 다리를 꼬고 앉은 나는 슬쩍 시계를 본다. 4시 44분. 핸드폰의 시계가 444. 쓰~ 오늘도 재수 지대 예감이다.

서둘러 담배를 비벼 끄고 일어나 스타벅스를 박차고 나와서 사무실로 향했다. 사무실은 어느 새 열댓 명의 직원들이 30분 간의 짧은 휴식 시간을 마치고 동그랗게 원을 그리고 한 손을 쭉 뻗고 섰다. 그리고 황급히 들어서는 나에게 왜 이제 오냐는 듯한 눈길을 보낸다. 그리곤 그들은 내가 그들 무리에 합세하자 기다렸다는 듯이 합창을 했다.

–아자, 아자, 파이팅! 별, 별, 별, 파이팅!

이게 뭐 개 뼈다귀 흘리고 가는 소리냐고, 흐~ 말 그대로 칠판에 별을 그리자는 뜻이다. S뭐 하는 핸드폰 TM 사무실, 전화로 핸드폰을 팔아대는 건데 한 대 팔면 칠판에 별 하나가 뜬다. 아침 9시 45까지 출근, 12시 30부터 1시간 동안 점심시간, 그리고 3시 30분에서 30분 휴식시간.

–핸드폰 꽁짜라면서요 왜 돈을 받아요? 처음부터 그런 말 없었잖아요. 말도 안 돼, 어케 그 많은 숫자를 번호 앞에다 눌러요? 무조건 꽁짜라고 했잖아요.

전화기 속에서 빽빽거리며, 어느 고객님께서 총알을 쏟아붓는다. 이 세상이 워떤 세상인데 자다가 봉창이냐, 완전 공짜라니 쩝, 대가리가 순진 강력 본드냐, 하고 싶지만 직업이 직업인지라, 점잖게 한마디 했다.

–고객님. 맘에 안 드시면 반품하셔도 되는데요.

그러자 고객님은 무엇이 그리 분한지 더욱 더 꽥꽥 거리며,

–지금 저하고 장난하자는 거예요? 그럼, 택배비는 어카고요. 택배비도 물어 줄 거예요?

내가 오늘 핸드폰 시계 444 뜰 때부터 알아봤지만, 내가 왜 니 택배비를 물어야 되니 아가씨야, 글게 좀 잘 알아보고 덤비지 공짜라니까 덥석 달겨 들어 놓고 이제 와서 왠 남의 허벅지는 물고 늘어지냐, 늘어지길 하고 싶은 맘 굴뚝인데 그래도 고객님이신지라,

–고객님. 이미 내신 택배비는 어쩔 수 없지만 반품하실 때는 착불로 보내주세요.

–뭐가 어쩌고 어째요, 지금 말이 되는 소릴 하는 거예요? 어쩔 수 없다니요? 이것들 순사기꾼들 아니야, 내가 가만있을 줄 알아. 당신

네들 인터넷에 올리고 사기죄로 당장 고소할 거야.

쩝, 인터넷에 도배를 하시던지 고소를 하시던 지 내 알바 아니고. 그렇게 고객님은 그야말로 지랄을 블루스로 떨다가 제풀에 지쳤는지 전화를 끊었다.

–임 수정 씨, 휴식시간 지난 지가 얼마나 됐다고 벌써 화장실이야?

전화를 끊고 기분 꿀꿀하여 일어서는 나를 보며 실장이란 여자가 못 마땅한 듯 찍, 갈긴다.

–나, 지금 생리중인데요.

다른 남자직원들도 있는데 워낙에 큰 소리로 내가 퉁명스레 말하자 실장이 같은 여자인데도 부끄러운지 얼른 고개를 돌린다.

–/스바, 이러니 내가 담배를 끊을 수가 있냐고…. /

임 수정? 내 본명은 임 봉숙인데 이름이 뭐, 너무 토속적이라 고객님들한테 어필이 잘 안된다나, 어쨌다나 하믄서리, 실장이란 여자가 어디서 이름 개명을 하다가 왔는지 즉석에서 지어준 이름이다.

–어때요 임 봉숙씨, 임 수정. 괜찮죠? 이쁘죠? 부르기도 좋고

–어차피 임 봉숙 아니고서야 세상 이름 다 거기서 거기니까 아무거나 나는 상관없어요

그렇게 해서 생긴 임 수정,

–저는 강 석우라고 합니다

풋, 너도 가명이냐? 싶어 웃음이 불쑥 나왔다.

–하하, 봉숙 씨 웃는 모습이 더 아름다우신데요. 저는 사실 오늘이 자리에 안 나오려고 했는데 봉숙 씨를 보고나니까 나오길 정말 잘 했다는 생각이듭니다.

일찌감치 시집가서 딸만 내리 셋 씩이나 낳은 하나 밖에 없는 자랑스러운 언니, 임 봉자가

−이년아, 니가 나이가 적냐, 직장이 변변하냐, 그렇다고 학벌이 남만하냐, 얼굴 좀 반반한 것도 20대에나 먹어주는 거지 여자 나이 서른 세 살이면 이제 제춰 자리 들어와, 알아들어? 이번 남자는 키가 좀 작아서 그렇지 강남에서 부동산으로 돈도 좀 벌었다고 하닌까 남자가 좋다고 하면 무조건 네네, 하는거야, 알았어?

해서 나온 맞선자리에 36살의 몸집 왜소한 살짝 대머리 강 석우,

그런데 야, 임 봉자, 이게 어디 키만 작냐, 우띠, 2, 3년 안에 아주 대머리되겠다. 그리고 눈은 있는 거냐, 없는 거냐, 거기다가 남자가 얼굴이 우와, 나보다도 작냐, 덩치도 내 품 안에 아주 쏙 들어 오겠네 그리고 그 작은 얼굴에 땀구멍은 좀 봐라, 으~ 어떤 여자인지 저 남자랑 살 부비고 살 여자, 불쌍하다 불쌍해, 나는, 왠 만한 건 다 참아도 남자 대머리 벗겨진 거랑 키 작은 거, 그리고 뒤로 넘어지고 똥 밟는다고 거기에다 얼굴에 땀구멍까지...

아무리 언니 임 봉자의 말대로 나 죽었소, 하고 네, 네, 하려고 해도 내가 내시 사촌 여동생도 아니고 이건 해도 너무하시네,

−아, 박복한 년...

그러나 나, 천하의 임 봉숙의 이런 절망감도 아랑곳 하지 않은 채 강 석우는 몸짓에 비해 목소리 하나는 어느 성우 못지않게 우렁우렁 말하고 있었다.

−제가 여태 장가 못간 것이 봉숙 씨를 만나려고 그랬던 것 같습니다. 사실 이 나이 되도록 선을 처음 봤다면 믿지도 않으시겠고 새파란 거짓말이겠죠. 그런데 사실 지금까지 여러 번 선을 보았지만 한 번도 이 여자다 하고 마음이 가는 사람이 없었습니다. 물론, 집에서는 장가 가라고 부모님의 성화가 말도 못하지만 장가 간다는 게 그게 쉬운 건 아니 잖아요. 하기사 친구 놈들은 벌써 장가가서 아들이 유치원 들어간 놈도 있거든요 하하하~

—/ 여보세요 왜 이러세요 젭, 어쩌라고요, 시집가고 장가가는 일이 쉬웠으면 나 천하의 임 봉숙이 이런 자리까지 와서 그대와 시답잖은 이야기하고 있겠습니까? 그리고 그대가 장가 못간 것이 어째서 내 탓이란 말이오, 그대 그렇게 낳아준 책임감 읍으신 부모님 탓을 해야지, 글고, 친구 아들 유치원 간 게 뭐 대숩니까? 내 친구 중 왕 날라리 하나는 고등학교 때 사고 쳐서 애가 지금 중학생이구만, 끙~ ,/

—봉숙 씬 항상 그렇게 말씀이 없으세요?

—/끙~말이 없는 게 아니라 하루 왼종일 전화기 붙들고 핸드폰 한 대 못 팔고 씨름만 하다 와서 입안이 컬컬해서 말 할 기운이 없는 겁니다. 글고 말이 나와서 말이지 맛선이라고 당신 같은 사람 앞에 앉혀놓고 뭐 신난다고 ㅎㅎㅎ 웃어 가면서 말하고 싶겠습니까/

이렇게 말하고 싶어 목구멍까지 넘어오지만 임 봉자, 눈에 쌍 불 켜고 달려들 생각을 해서 애써 썩은 미소 속에 감추며 우아하게 참고 있는데

—봉숙 씨 다음에 또 만날 수 있겠죠, 이건 제 명함인데요 봉숙 씨가 콜, 하시면 언제든지 저는 오케이입니다.

서른 세 살의 임 봉숙,

내게도 딱 한 번의 사랑이 있었다. 스물여섯 쯤이었을까. 햇살이 눈이 부시던 그 어느 봄 날, 이자가 가장 센 적금이 어떤 것이 있냐고 하면서 내게 다가선 그 남자 민 상태, 웃을 때는 하얀 이가 박꽃 같던 남자, 다리가 길어서 엉덩이가 내 허리 위로 올라오던 그 남자, 처음엔 사랑인 줄도 몰랐는데 그 남자는 어느 날인가부터 물처럼 내게 스며들어 있었고 나는, 늘 그 남자로 인해 목말라 있었다. 사람이 사람을 사랑한다는 것이 그렇게 행복한 것인 줄 처음 알았고 그 때는 하늘도 너무 아름다웠고 세상이 온통 꽃빛이었다. 그 남자의 키스는

어느 꿀보다 달콤했고 어느 위스키보다 짜릿했다. 그 남자는 언제나 내가 돌아보면 거기 있었고 늘 그렇게 환하게 웃는 얼굴로 사랑한다고, 사랑한다고 속삭여 주었었다. 언제나 헤어지고 나면 뒤돌아 쫓아가 다시 안기고 싶었고, 애꿎은 핸드폰만 눈 빠지게 힐끔거렸고... 그렇게 낮에도 보고 싶고, 밤에도 보고 싶고, 눈감아도 보고 싶고, 눈떠도 보고 싶고 ... 보고 싶고 보고 싶어 생각만해도 눈물이 나던 그 사람. 우리는 서로가 아무것도 원하는 것이 없었다. 그 사람과 함께라면 지옥불에라도 뛰어들 것 같았다. 그랬는데 그러던 어느 날 갑자기 씩씩한 여자 두 명이 내가 근무하는 농협으로 쳐들어 왔고 [그때 나는 고등학교를 졸업 후 6년째 농협에서 근무하고 있었다] 그 여자들은 대뜸

−여기 임 봉숙이가 누구냐 하더니 창구에 앉은 여직원들의 명찰을 주욱~ 바람처럼 훑고는 어디서 한 싸움 하던 분들처럼 내가 저항할 틈도 없이 내 머리채를 탁, 잡아 휘휘~ 감고는 나를 걸레짝처럼 바닥에 내 동댕이를 쳤다 그리고 말했다.

−너 이년, 어디 남자가 없어서 대가리에 피도 안 마른 새파란 년이 멀쩡한 남의 남편하고 바람을 펴,

어쨌든 그렇게 나의 첫 사랑은 산산조각이 났고, 대가리에 피도 안 마른 새파란 나는, 그 날 농협 직원들이 말리지 않았다면 이리저리 끌려 다니며 이 세상에 있는 욕 다 뒤집어쓰고 길거리에 개보다도 못한 꼴을 당할 뻔했다. 그렇게 나는 그 농협을 그만 두어야 했다. 그래도 그건 누가 뭐래도 내겐 첫 사랑이었고 그 사랑 때문에 많은 걸 잃었다 해도 한 번도 후회한 적은 없다. 그건 정말 사랑이었으니까.

◆만족도 1위 방콕−파타야 9월 554,000원부터~ 자유롭게 일정 추가 가능 합니다~ 지금 예약 서둘러주세요 [방콕여행 동반자 50%

할인]

—아니, 동반자가 있으면 50% 할인이 되고, 혼자가면 다 내야 되요?

—스바, 혼자인 것도 서러운데 여행사까지 사람 차별 하냐,

—네, 고객니~임, 그래도 이 금액도 추석 여행 특선으로 할인이 되어있는 금액 인데요.

—좀 더 싼 거 없어요?

내가 퉁퉁 부은 목소리토 묻고, 여행사 직원께서는 어디까지나 친절을 생명으로 아시는지 더욱더 상냥한 목소리로 말했다.

—네네, 그러시면 고객님, 초특가 지역별 패키지가 있는데... 배낭여행도 있구요~

배낭여행, 내 꼴을 보고도 그런 소리가 나오냐, 내가, 지금, 이 나이에 혼자서 배낭여행하고 싶겠냐, 그것뿐이랴, 한 번은 쏘가리 매운탕에 쐐주 한 잔 생각이 나서 '한 번 드셔봐, 맛 없으면 돈 안 받아' 라고 대문짝만 하게 써 있는 쏘가리 매운탕 집에 갔더니

—손님 1인분은 안 되는데요 쏘가리 매운탕은 2인분 부터 되는데 2인분 드릴까요 하는 거라,

—아니 무슨 음식도 사람 차별합니까? 왜 1인분이 안 되는데요 혼자서는 쏘가리 매운탕도 못 먹나요?

—저, 그게 ... 손님 죄송한데 규칙이라서 ...

그래~ 규칙 좋지. 나도 나 나름대로 규칙이 있던 사람이야 이거 왜 이래, 누군 혼자서 청성 맞게 쏘가리 매운탕에 쐐주 까고 싶겠냐고요,

어느 날은, 기분 하도 꿀꿀해서 기분전환이라도 할까 싶어 돌아 댕기다 90% 세일 대박 세일이라고 광고가 하도 그럴듯한 모 백화점 매장에 들어가서 옷을 보는데.. 좀 구석에 스트라이프 남방이 이쁜

게 걸려 있는 거야, 그래서 내가 한 번 저 질러봐? 뭐 90%세일이라는데 지가 비싸면 얼마나 비싸겠어, 싶은 맘에 용기를 내서

-언니, 이 남방 예쁘다~ 이거 얼마예요?

이랬더니 갑자기 직원 언니가 난처한 얼굴로 다가오더니..

-손님~ 그건 저희 직원 유니폼입니다.

하는 거야, 우띠, 이건 또 머 하자는 황당 뻐근한 시츄네이션 이냐고요~ 그래도 난 썩은 미소까지 지으며 시크하게,

-그, 그래요? 하.하. 유니폼이 이...이. 쁘네요. 요즘 백화점 유니폼은 참 예뻐요 그쵸~ 하고 돌아섰지만, 아흐~ 빡 돌겠네, 그때 뒷통수 땡기던 느낌이라니, 나는 똥 마른 강아지처럼 부리나케 화장실에 와서는 애매한 벽만 찼어, 그 직원 유님폼이 왜 하필 거기에 걸려서 내 눈길을 사로 잡았더냐, 이거야. 아니 애매한 유니폼이 문제가 아니라 이제 이 임 봉숙이 보는 눈까지도 다 됐구나 싶으니 아, 증말 이렇게 살아서 뭐하냐 싶었다.

간질간질한 오후. 사무실의 휴식 시간을 알리는 "딩,동,뎅" 소리에 총알같이 튀어나와 유일한 나의 취미 생활인 다른 사람 인생 엿보기에 몰두하기 위해 난 또다시 습관처럼 스타벅스에 왔다. 나이 든 남자 중 한 사람이 거만하게 다리를 흔들다가 젊은 회사원에게 만 원짜리 지폐를 '틱' 내밀며 아메리카노를 한 잔 사오라고 했다. 공손함을 넘어선 비굴함이 느껴지는 야릇한 미소를 지은 젊은이는 카푸치노 그란데 사이즈를 주문해 종이컵을 접시에 담아 고이 테이블로 모셔왔다. 천 원짜리 신 권과 구 권, 백 원짜리, 오백원 짜리, 오십원 짜리 동전이 고루 섞인 거스름돈을 내미는 이십 대 남자의 모습이 처량했다. 그들은 어떤 관계일까.

옆자리에 앉은 사람은 '윤 사장' 이라는 사람이었는 데 옷차림과 구

두, 커피를 마시고 신문을 읽는 애티튜드가 지적인 인상을 주었다. '윤 사장' 앞에서 노무현이 살아 생전에 어쩌구 하면서 열심히 욕하는 아저씨는 큰 목소리와 반 박자 빠른 말의 템포, 세심하지 못한 어휘 선택이 조금은 경박해 보였다. 나는 둘은 친구가 아닐 것이라고 멋대로 생각하기로 했다.

내 뒷자리에는 여사원 두 명이 앉았다. 놀랍게도 둘은 똑같은 루이비통 가방을 들고 있었다. 이십 대 중후반 정도. 중견기업 사원. 연봉은 3000내외 정도 될까. 카드로 긁었겠군. 근데 왜 하필 같은 가방을? 그래도 루이비통은 좋은 브랜드지. 하지만 저건 너무 흔하잖아. 흔한 만큼 무난한 것도 사실이야. 보아하니 마시는 건 캬라멜 마키아또군. 맛있겠다. 나도, 한 잔 더 시킬까. 미쳤지. 애써 고객님~ 이 핸드폰은 요~ 하면서 배알 꼴릴대로 꼬이면서 피같이 번 돈을, 라고 생각하는 사이 그 두 아가씨는 시야에서 사라졌다.

–아니 임 수정씨 지금 시간이 몇 시인데 이제야 들어오는 거예요 실적은 그렇다치고, 최소한 시간은 지켜야 되는 거 아니예요

–아, 커피를 좀 길게 마시다보니... 쩝

내가 머리를 긁적이며 애매하게 답하자 실장이라는 여자가 내 뒷통수에다 툭, 한 마디 던진다.

–실적. 그래가지고 스타벅스에 갖다 줄 돈은 버나 몰라 한다

–/그래,그래, 당신 잘났다. 나는 스타벅스에 갖다 줄 돈 버느라고 티엠한다./

아~ 인생은 살아있는 자체가 우울하다. 그래, 어쩌면 나는 늘 인풋 대비 아웃 풋의 효율을 지나치게 의식한 나머지 무엇에 대한 전진은 없었다. 어떤 것은 얻는다는 성취감보다는 그것을 잃어버릴 지도 모른다는 것을 지나치게 두려워하는 수비형 인간, 불펜형 인생을 살아왔는지도 모르겠다. 결과가 노력을 배신하고, 투자한 땀과 눈물

이 앙칼지게 날 울려도 얻은 것 없는 듯 해도 훗날 그 무모함이 큰 결실이 되리라 믿으며. 공격이 최선의 수비이며 인생은 9회말 투 아웃에서 시작 된다는 걸 믿는다. 좋아, 핸드폰? 판다고 팔면 되잖아, 그래, 오늘은 기필고 저 칠판에 나도 별 하나 달자, 결심한 나는 허리를 쭉 펴고 당당하게 전화기를 들었다.

−고객님 ~겔럭시 노트3, 신형 핸드폰 시중에서 백만 원씩 하는 건데요 ~

목소리 가다듬고 마악, 들이대려 하는데,

−띠띠띠~~~

상대방이 갑자기 전화를 받다가 반가운 저승사자라도 만났는지 내 목소리를 듣기도 전에 뚝, 하고 전화기를 끊는거라,

−/스바 , 머가 급하다고 말하는 도중에 끝냐 끈길, TM하는 사람은 말 할 권리도 읍냐, 겔럭시 노트 2, 신형 핸드폰 놓고 심도있는 대화 좀 하자는데 그게 그렇게 듣기 싫냐, /

그래그래, 먹고 살기도 바쁜데 핸드폰이 뭐 그리 대수겠냐, 겔럭시 3 파는 내 핸드폰은 그 흔한 스마트폰도 아니고, 010으로 시작되는 것도 아니고 폴더 폰에 앞대가리는 017이다

−어머 ~ 임 수정씨 핸드폰 폴더예요? 대박, ㅎㅎㅎ 임 수정씨 핸드폰부터 바꿔야 될 것 같네요. 요즘 누가 폴더폰 써요~ 그리고 시위할 일 있어요. 아직도 017이예요? 말도 안돼, 그리고 그런 폴더폰 요즘은 시중에서 팔지도 않을 텐데 거의 박물관 수준이잖아요 ㅎㅎㅎ 곧 있음 추석인데 제가 선물로 겔럭시3, 신형 핸드폰 드릴테니까 저 한데 별 하나 달아주실래요.

내 바로 옆에서 핸드폰을 하루에 한 건 이상 팔아대는 이 사무실에서 없어선 안 될 막강한 존재, 김 항아 씨가 그 항아리 같이 큰 입을 열어 웃어가며 날 놀려대고 있었다. 그놈의 별, 별이 뭔지 이 사무실

에서 칠판의 별 하나가 그 사람의 인격을 대신한다 그래도 아직 나는 젊고, 하늘은 맑고, ...

근데, 머? 추석, 정신이 갑자기 번쩍 든다. 벌써 또다시 추석, 이놈의 추석이나 구정은 도대체 일 년에 몇 번씩인 것 같다 정말 너무너무 자주 돌아오는 것 같다 엇그제 구정이었던 것 같은데 벌써 추석이라니 ...

으~그래, 어째든 나는, 그 안에 어디론가 떠나야한다. 내 나이 버젓이 다 알면서도 볼 때마다 몇 살이냐고 들이대는 친척에 한 번 갔다온 사람은 어떠냐고 넌즈시 떠보는 친척, 너 왜 아직도 그러고 다니냐고 대놓고 핀잔 주는 친척까지...

서른하고도 세살이나 뽀사지게 먹고 나니 명절 때 친척보기가 저승사자 대면하기보다 두렵다 축의금을 도대체 얼마나 줄려고 너, 시집 안가니? 사귀는 사람은 있니, 이젠 가야지 하다가 이제는 아예 불쌍하다는 듯이 자기들끼리 츠, 츠, 츠, 눈 맞춰가며 힐끔거리다 내가 나타나며 쉬쉬, 한다. 나, 임 봉숙도 나름 필사적으로 잘 살아가고 있다고 자부하는데 남자 서른 셋이면 한창 나이고 왜, 여자 서른 셋이면 당신들 맘대로 궁지로 몰고 가서는 인생 막장 취급이냐 이거야,

–봉숙아, 강 석우씨가 니가 아~주 맘에 드나보더라 너만 괜찮으면 추석 전에 약혼이라도 하고 올해 안으로 결혼하고 싶다고 연락이 왔다더라 엄마, 엄마, 얘 잘 하면 올해 안에 치워버리겠어요.

얼씨구, 언니 임 봉자가 아주 애까지 들쳐 업고 때아닌 밤에 나타나서는 호들갑이다. 그 호들갑에 울 엄니 갑자기 입이 귀에 딱, 걸리시려고 하시는 순간, 내가 퉁명스럽게 말했다.

–내가 무슨 물건이야 치워버리게 난, 싫어

–뭐야, 얘가 배가 덜 고팠나 보네, 강 석우 씨가 어때서 키가 좀 작

아서 그렇지

－너는 밥 얻어 먹을라고 시집갔냐, 그리고 그게 어디 키만 작은 거냐? 얼굴은 아주 조막만 하고, 거기다 땀구멍은 용암 분화구더라

내가 빽, 질러대고,

－용암 분화구? 너, 아주 지랄을 한다 야, 그게 무슨 흉이라고 그러냐, 니가 지금 찬밥 더운밥 가릴판이야? 네 나이가 지금 스무세 살 꽃띤 줄 아니, 애가 둘 씩 딸린 것도 아니고, 남자가 땀구멍 좀 넓은게 뭐가 흉이 된다고 너 이 남자 놓치면 시집이고 나발이고 다 물 건너 간 줄이나 알아,

－물이 건너갔 건 건너오 건 어쨌든 난 싫으니까 그 남자 그렇게 좋으면 니가 한 번 더 가던가,

－머, 뭐야, 저. 저게. 말이면 다 하는 줄 알고 엄마, 저 웬수 말하는 것 좀 봐요 나보고 한 번 더 가래네, 하더니 분을 못 참겠는지

－야 이년아, 시집가는 게 동네 슈퍼 콩나물 사러 가는 건 줄 아냐, 하고, 언니 임 봉자가 입에 거품을 물자, 흠 없고 죄 없으신 울 엄니 머리와 손을 함께 휘휘, 저으시며 말했다.

－그 만혀, 지발 그만들 혀, 평양 감사도 저 싫으면 마다하는 겨, 냅둬, 냅둬, 저 미친년, 저라는 거 어제오늘 일 아녀, 펴~엉생 혼자 살구로 냅둬 부러, 그라고 너는 김 서방 밥은 안 주고 시방 왜 여그 와서 난리여, 아, 싸게 싸게 니집 안 가야, 얼굴에 땀구녕이 넓으면 울매나 넓겄다고 이자는 별 것을 다 가지고 지랄이여 지랄이, 에휴, 내가 팔자에도 없는 다 늙은 딸년 뒷바라지에 내 아주 신물이 난다 신물이 나,

늙은 딸 시집 못간 거 빼면 흠 없으신 울 엄니, 세상 만사 다 귀찮다는 듯이 말 하고 휑하니 안방으로 문 부서지게 들어가시자, 이 세상에 하나 밖에 없는 핏줄, 내 언니 임 봉자, 멀 쓱 해서는 안방 문쪽 힐

끔거리며 은근하게 다가와서는 다 늙은 동생에게 어디서 그런 힘이 나오는지 좔좔좔, 수돗물 틀듯이 말하고 꽁무니를 보인다.

ㅡ담 주 수요일 P호텔 레스토랑 7시야, 사람을 한 번 보고 어떻게 아냐, 생각하고 말고 할 것도 없어 딱, 세 번만 더 만나보고 아, 삼세 번이란 말도 있잖냐, 그래도 싫으면 안 하면 되잖아 누가 억지로 니 목 끌고 예식장 가자고 하겄냐, 그니까 너, 알았지? 남자 생긴 거 별거 아냐 내가 살아보니까 동서 막론하고 돈이 최고야 돈이, 니 형부 그 인간 허우대만 멀쩡했지 나, 지지리 궁상으로 고생하는 거 안 보이냐, 난 니 형부 그 잘난 얼굴 볼 때마다 염통이 저려, 두들겨 패고 싶어서, 돈도 못 버는 인간이 퇴근하기가 무섭게 저녁 7시면 꼬박꼬박 집에 기어 들어와서 저녁밥 내 노란다 어떤 집 남편들은 퇴근하고 한 잔 걸친다고 저녁에 늦게 들어온다고 성환데, 나는 니 형부 어디서 한 잔은 고사하고 저녁만 먹고 들어와도 소원이 읍것다 그 구두쇠, 돈 든다고 술도 끊었다, 남자는 그저 돈이 힘이야, 그 남자, 부동산으로 돈 좀 벌었다고 강남에 건물도 한 채 있다더라, 그만하믄 강남 오빠 아니냐, 야, 싸이 봐라 그게 어디 강남 스탈이니, 동두천 스탈이지, 그래도 뜨니까 때깔은 좀 나잖냐, 암튼 담 주 수요일이야, 난 그럼 그렇게 알고 간다.

ㅡ아줌마, 아줌마,

동네 입구 25시 체인점을 막 지나치려는데 체인점에서 총알같이 어떤 넘이 튀쳐 나오며 소리친다.

ㅡ아줌마 이 우산이요 그저께 아줌마가 담배 사시다가 놓고 간 거 맞죠,

뭐야, 이 시키는, 아예 스피크 갖다 대고 떠들어라 목소리는 화통을 삶아 처 먹었냐, 25시 체인점 알바 녀석 스물 남짓한 그 녀석 목소리

가 어찌나 커서인지 근처 버스 정류장에 서 있는 알음직한 두어 명 동네 인파가 "임 씨네 집 둘째 딸 너, 이제 담배도 피냐?" 하는 듯이 나의 위아래를 잠시 보고 지나간다.

어느 집에서 방귀 뀌면 똥 쌌다고 떠들어대는 이 말 많은 동네 우리 착하신 엄니 눈이 이 따만해지며 이젠 살다 살다 넘사스러워 몬 산다고 야구방망이 들고 쫓아오시는 게 보이는지라, 등골이 오싹하여 그 넘이 내미는 우산을 째려보는데 뭐여, 아줌마 소리도 좋고 담배 어쩌구도 좋은데 더 성질나는 돋구는 건, 내 우산이 아니더라 이거지,

–내 우산 아닌데요 사람 잘못 보셨네요

내가 톡, 쏘듯이 딱 잘라 말하고 [우산도 내 우산이 아니고 그러니까 나는 담배를 사러 간 적도 없다는 듯이 그러니까 니가 사람을 잘못 봤다, 뭐 이런 시위 같은 거랄까] 그리고 흘깃, 동네 인파의 눈치를 썩은 미소까지 보내며 살피니' 그럼 그럴 테지 아무리 그래도 임 씨네 둘째 딸이 담배를 피겄어' 하는 듯이 나와 눈을 맞추며 사람 좋아 보이는 눈빛을 보내주었다. 그랬는데 그 넘이 히죽거리며 다가서더니

–에이, 아줌마, 그저께 비 오는 날이요, 아줌마가 담배' 에세' 한 갑 사고 500원 거스름 돈 필요 없다고 황급히 나가면서 분명히 이 우산 놓고 간 거 맞는데요 제가 일 주일에 두 번 정도 담배 사러 오시는 아줌마 얼굴을 모르겠어요 아줌마, 담배 '에쎄 0.5' 피시잖아요"

–/머..뭐야, 누가 저 넘 입좀 막아라,/

–아, 글쎄 내 우산 아니라는데 아침부터 재수 없게 얘가 왜 이래, 증말 짜증 지대로네

내가 참다못해 성질을 버럭 내자, 적반하장 격으로 그 넘이 그 큰 주둥이를 불쑥거리며 대들었다.

-아니, 아줌마 왜 성질을 내고 그래요? 내가 뭐 잘못했다고 아니면 아니라고 하면 되잖아요

-아까 아니라고 했잖아,

-언제요, 아줌마가 언제 아니라고 했는데요,

흠마, 이 시키, 말 끝마다 아줌마, 아줌마, 하며 아주 누구 심장 맥박 수 재보자고 막무가내로 디밀어대네.

그러자 옆에서 보기에 딱 했는지 왠 40대로 보이는 남자 하나가 점잖게 끼어들었다.

-어머니, 어머니께서 참으세요. 어린 학생이 뭘 잘못 알고 그러는 거 같은데, 학생도 어머니 같은 분한테 그러면 안 되지 한다.

-어... 어머니, 아줌마도 아니고 애기 엄마도 아니고, 저, 시키의 어. 머. 니. 같. 은. 분.

저. 저. 살짝 늙은 시키는 또 뭐냐, 나는 갑자기 입 주변이 부들부들 경련이 일어나며 뒷 다리가 힘없이 풀리는 걸 느꼈다. 오늘 식전 댓바람부터 이게 왠 "왕재수, 세트메뉴" 냐고요

-/아, 놔!, 스바, /

내가 무얼 그렇게 잘못했다고 그러는 거냐고, 시집 못 간 것도 서러운데 왜들 나한테 이러는 거냐고요 내가 유럽 가서 학위 받은 남자를 원하는 것도 아니고, 키가 크고 미남인 가슴 탄탄한 베컴 같은 남자를 찾는 것도 아니고 나는 그저 나 하나만을 사랑해 줄 수 있는 평범한 남자를 찾는 건데 그게 그렇게 어렵다는 거냐구요, 아침부터 조신하게 출근하는 날 붙들고 25시 알바 녀석과 점잖은? 살짝 늙은 40대 남자까지 세트로 번갈아가며 나를 뒤집어 놓냐구요, 왜, 왜,

오늘은 출근길부터 예감이 안 좋더니 하루 종일 사무실에서 아침, 점심 할 것 없이 별, 별, 별을 외쳐대는 그 별 하나 칠판에 못 달고 온

갓 우거지상을 다 쓰고 있는 실장 눈치 보느라고 점심밥 먹은 게 아직도 소화가 안 되는지 꾸루룩, 꾸루룩, 하고 그야말로 재수 지대로인 하루가 별, 별하면서 영글어가고 있다. 마음, 하 수웅숭하여, 퇴근 후, 술 한 잔을 하고 싶어도 그 많던 친구들은 다 들 시집가고 장가 들더니 어쩌다 전화 한 통 걸리면 새끼 자랑 남편 자랑에 입에 침이 마른다.

–아유 얘, 며칠 전이 내 생일 이었잖니~ 근데 그 인간이 술이 곤드레가 되서 12시에 기어 들어오는 거야,

내가 아주 이참에 이 인간을 박살을 내버릴려고 벼르고 있는데 왜 늦었냐고 내가 눈에 독을 품고 입에 거품을 물었거등, 글쎄 근데 그 인간이 내 생일이라고 내가 준 용돈 모아서 샀다고 눈이 부시게 파란큐빅 박힌 반지와 꽃다발을 선물 하는 거 있지 ㅎㅎㅎ 그래도 남편밖에 읍더라~ 그리고 그날 어찌나 세게 안아주던지 아휴 오늘 까지 삭신이 다 뻐근해, 머슴 같은 인간이 힘은 또 좀 좋아야지 ㅎㅎㅎ

어.쩌.라.고. 그래, 나도, 나도, 결혼하고 싶다고요, 머슴같이 힘 좋은 남편 만나서 달덩이 같은 아들딸 쑹풍쑹풍 낳고, 삭신 며칠씩 쑤셔도 참깨 한 바가지씩 주워 담으며 그케 알콩달콩 살고 싶다고요

아아~ 된장, 가을이라고 하늘은 저렇게 청명한데 정말 임 봉숙, 꽉, 죽고만 시프다~ 그래, 임 봉숙 너 잘 생각했다. 죽자, 추석이 오기 전에 죽어버리자 이제 곧 추석인데 그 호기심에 어린 친척들의 뜨거운 시선들은 또 어찌 감당하것냐 그래 죽는 거야, 그런데 어디서 죽어야 그래도 폼 좀 그럴듯할까? 한강에 빠져 죽어서 졸지에 9시 뉴스에 난다? 아냐, 아냐, 그건 좀 그래, 그럼 어느 시골 여관에서 약 먹고? 아니야, 아니야, 그래도 이 천하의 임 봉숙이 그렇게 생을 마감할 수는 없어 그럼 어떻게 죽어야 잘 죽었다고 소문이 날까? ㄲ~응~ 이리 저리 머리 한참 굴리는데 문자가 ...

–전화왔 따~ 멧세진데 속았지? 한다.

–봉숙 씨 어디쯤 오고 계세요? P 호텔 레스토랑 3번 테이블입니다 천천히 오세요 ^*^

–뭐야, 오늘이 수요일이야? 근데 ^*^ ? 남자가 ^*^ 게 뭐냐, 아주 가지가지 해라 싶으면서도 그래도 이 천하에 불쌍하고 남자 복 지지리도 읍는 임 봉숙을 기다려주는 남자가 있다는 것에 새삼 감동이 되어 강 석우. 그를 두 번째 만나기 위해 P 호텔 레스토랑에 들어섰다.

그는 약속 시간보다 한 시간이나 늦게 나타난 나를 싫은 기색 하나 없이 환하게 웃으며 손을 번쩍든다. 그리고 내가 다가가자 벌떡 일어나서 [앉은 키나 선 키나 별 차이 읍지만서두 ㅠ.ㅠ] 어째든 친절하게도 의자까지 빼주는 매너를 보여준다.

–용암 분화구? 너, 아주 지랄을 한다 야, 그게 무슨 흉이라고 그러냐, 니가 지금 찬밥 더운밥 가릴 판이야, 니 나이가 지금 스물셋 인줄 아니, 애가 둘씩 딸린 것도 아니고 남자가 땀구멍 좀 넓은 게 뭐가 흉이 된다고 너 이 남자 놓치면 시집이고 나발이고 다 물 건너 간 줄이나 알아,

언니 임 봉자의 말씀 하나님 말씀처럼 두눈 질끈감고 앉는데 강 석우는 뭐가 좋은지 시종일관 싱글벙글거리며 다가선 웨이타에게 말했다.

–여기 예약한 A 정식 풀 코스 주세요

–/뭐여, A 정식 풀 코스? 강남에서 부동산으로 돈 좀 벌었다더니 비싸기로 소문난 P 호텔 레스토랑 A 정식 풀코스를 시키다니, /

나는 눈을 살포시 떠서 강 석우를 보았다. 이 남자 덩치보단 통이 좀 큰 모양이네, 거 왜 옛말에도 밥숟가락에 인심 난다는 말 있잖아, 그런데 가만 있어봐, 강 석우 이 남자, 전 날보다 앉은 키가 처음 볼

때보다 좀 커진 것 같다? 키 높이 구두라도 신었나? 그리고 얼굴에 용암 분화구, 어찌 된 일이니, 임 봉자 말대로 좀 작아 보이네, 웃는 모습도 그런대로 귀염성도 있는 거 같고 ...

−사람을 한 번 보고 어떻게 아냐, 생각하고 말고 할 것도 없어 딱, 세 번만 더 만나보고 그래도 싫으면 안 하면 되잖아 누가 억지로 니 목 끌고 예식장 가자고 하겄냐,

하기사 아무리 보기 좋은 떡이 먹기도 좋다고는 하지만 그래도 남의 떡이 아무리 크고 좋으면 뭐 하겠어, 좁쌀떡이라도 내 손에 든 내 떡이 최고지 또 누가 알아, 좁쌀떡이라도 씹는 맛이 쫄깃거리고 더 고소하고 달콤할지 그건 먹어보지 않고는 모르는 거 아니겠어,

그리고, 어머니 소리까지 들었는데, 아~ 놔, 할머니 소리 안 듣는다는 보장 있어, 어디 가서 죽는 게 폼 나게 죽는 거냐. 머리 굴릴 게 아니라 죽더라도 시집은 한 번 가봐야 할거 아녀, 그래, 기왕 이렇게 된 거 3번까지 만나 보는 거야 그러다 보면 저 얼굴에 용암 분화구가 참깨 같아 보일지 누가 또 알 것어, 키도 좀 작으면 워 때, 돈 적은 거 보담 백배 낫지, 글고 뭐 요즘 남자들도 키높이 구두 10센티까지 나온다던데... 머리는 어카냐고? 요즘 가발 진짜같이 나오던데 머, 우리 목사님 보니까 가발을 심은 거라고 마치 머리에서 난 것처럼 아~주 자연스럽더라구 잡아당겨도 안 벗겨진다던데, 여자도 아니고 남자가 머리 채 흔들면서 싸울 일이 있는 것도 아닐 테고...] 아, 그리고 이 남자, 목소리가 말이야, 목소리가 눈감고 들으면 장난이 아니야, 마치 안 성기나, 박 신양이 앞에 앉아있는 착각이 들 정도라구. 누군가 그랬잖아, 결혼은 두 눈 부릅뜨고 하고 결혼 후에는 한쪽 눈을 감고 살라고 했다는데 한쪽 눈감는 것 쯤이야 까짓것 미리 좀 감는다고 머 크게 달라 질 것 있겠어 그래도 천하의 이 임 봉숙 해도 후회하고 안하고 후회한다는 결혼은 한번 해 보얄 것 아니겠어, 그

케 맘 굳게 먹고 마악 눈을 지그시 감으려는 순간,

–봉숙 씬 가장 기분꿀꿀 할 때가 언제입니까?

강 석우, P 호텔 레스토랑 A 정식 풀 코스 시켜놓고 먹다가 왠 꿀꿀,

–그...글쎄요 머, 옆에 서 있는 여자 히프가 내 허리 위로 올라온 걸 볼 때랄까. 그런 강 석우 씨가 꿀꿀할 땐 언젠데요? 마지못해 시큰둥하게 내가 대답하자,

–흐 하,하, 역시 수정 씨와 전 천생연분인 것 같습니다. 저도 엘리베이터 탔을 때 옆에선 남자들 어깨가 내 얼굴에 닿을 때 그 기분 정말 그렇거든요.

남자들 어깨, 헉, 강 석우, 도대체 키가 얼마나 작은 거냐, 그런 말을 하면서 웃음이 나오냐, 키 작아서 좋기도 하겠다 용함 분화구에다 살짝 대머리, 거기다 키 까지 작은 것이 뭐이 그리 벼슬이라고 아무대나 천생연분을 갖다 붙이냐, 붙이길, 그래그래, 맘대로 해 봐라, 쪽 팔리는 건 결혼식 날 50분만 참으면 50년이 편하다더라. 하는데 강 석우, 연신 껄껄거리면서 팔을 쭉 뻗어 나한테 고기 한 덩어리를 건넨다.

–봉숙 씨 여기선 이 살짝 덜 익은 스테이크가 일품이거든요 한번 드셔보시죠

아, 근데 살짝 덜익은 것도 좋고, 일품도 좋고, 50분 쪽팔림도 좋은데...

강 석우, 그.. 그 팔, 그 팔 다 뻗은 거 맞냐? 키가 작어서 인가, 강 석우 이 남자, 아흐~ 팔도 디기...디기 짧다. 아, 아, 박복한 년, 다리 짧으면 팔이라도 길어야 하는 거 아니냐고요.

*서른세살 임 봉숙 마칩니다.

CHAPTER
7

우츄프라카치아

아프리카 세렝게티 평원에서 서북쪽으로 이어진 깊은 밀림으로 들어가면 '우츄프라카치아'라는 속명으로 불리는 이 식물이 살고 있다. 사철나무 잎을 닮은 초록색의 얇은 표면에 솜털이 보송보송 나있는 이 식물은 가시 덤불의 울타리 안에 숨어 공기 중에 있는 소량의 수분과 햇빛으로만 살아간다. 그런데 그 식물은 원숭이를 비롯해 어떤 동물의 손길이 닿기만 해도 금세 시들어 죽어버린다. 그러나 특이한 것은 어제 건들었던 생물체가 내일도 모레도 지속적으로 건들여 주면 죽지 않고 생존할 수 있다고 한다. 어떤 이는 우츄프라카치아는 상상의 식물이라고도 하고 처음부터 그런 꽃은 존재하지 않았다고도 한다.

그 여자를 처음 만난 날도 오늘처럼 이렇게 폭우가 쏟아졌었다. 그랬다. 그날 마치 하늘이 구멍이 뚫린 것처럼 폭우가 쏟아지던 날 그 여자를 만났었다. 그 여자는 눈동자에 초점이 없어 보였고, 휑하니 큰 눈은 알 수 없는 슬픔으로 가득 고인 채 쏟아지는 빗속에 마치 혼자 서 있는 느낌을 주었다. 그러나 그 여자는 혼자가 아니었다. 그 여자의 옆에는 그 여자의 아들인 듯 대 여섯 살쯤 되 보이는 사내 아이가 초롱초롱한 눈망울을 빤짝이며 나를 올려다보고 있었다. 그러나 나는 아무래도 상관이 없었다. 그 여자가 누구이든 또 그 여자에게 아들이 있든, 숨겨둔 남편이 있든, 어차피 나는 간단한 인사 절차만 거치면 되는 거였기에.

–앞으로 네 새엄마가 되실 분이다 인사해라.

강 문기 사장은 번들거리는 얼굴에 기름기가 줄줄 흐르는 웃음을 보이며 내게 말했다. 나는 그저 끄덕, 기계처럼 인사를 하며 그 여자를 힐끔 쳐다보았었다. 그러나 여자는 나를 쳐다보지도 않았고 표정도 흔들리지 않았다. 그래서인지 아주 잠깐이었지만 나는 이 여자가 마치 다른 세계 속에 있는 사람처럼 느껴졌었다.

–아, 그리고 얘는 네 동생이 될 아인데, 가만 네 이름이 뭐라고 했냐?

강 문기 사장이 그 큰 체구를 돌리며 고개를 숙여 아이에게 묻자 아이는, 네, 제 이름은 한 솔이고 8살입니다 했다.

–어~ 허, 고놈 참 영특하기는

아이는 연습이나 한듯이 또랑한 목소리로 말했고, 강 문기 사장은 뭐가 그리 좋은지 아이의 머리를 마구 쓰다듬으며 너털웃음을 웃어댔었다. 나는 그 순간 왜 그랬는지 모르지만 문득 얼굴도 모르는 어머니가 생각났었다. 어머니는 내가 세 살쯤 되는 해에 춤바람이 나서 집을 나갔다고 했다. 그리고 그동안 내가 서른 하고도 두 살이 되는 동안 열댓 명의 여자들이 이런 식으로 '새엄마' 라는 이름으로 내게 소개되었었다. 그러나 그 여자들은 길게는 3년, 짧게는 한달만에 보따리를 싸가지고 떠나곤 했다. 강 문기 사장은 남달리 돈버는 재주는 있는지 부동산 투기다 주식이다 뭐다 하면서 언제나 투자하는 곳마다 엄청난 떼돈을 버는 것 같았다.

대부분의 여자들은, 강 문기 사장의 그 돈 때문에 들어왔다가 강 문기 사장의 더러운 성질 때문에 못 버티고 나가기가 일쑤였다. 강 문기 사장은 평소에는 그런 대로 사람이 좋아 보이다가도 술만 먹었다하면 무슨 한이 그렇게 많은 지 온 집안을 쑥대밭으로 만들고도 성이 안차서 새엄마라는 여자들을 사정없이 때리곤 했다. 그래서, 껌을 짝짝 씹으며 호들갑스럽게 왔던 여자도, 언제나 입술이 쥐를 잡아먹은 것처럼 시뻘건 칠을 했던 여자도, 온 얼굴에 함박웃음을 지으며 나에게 과잉친절을 베풀던 여자도, 모두가 다 어느 정도 시간이 지나면 강 문기 사장과 악을 쓰며 욕을 하고 싸우다 지쳐서 떠나고, 또 다른 여자가 들어오곤 했었다. 그런 면에서 볼때 강 문기 사장은 여자 복은 더럽게도 없는 편이었다. 그래도 아들까지 달고 온 '새엄마'는 처음이었다. 나는 이상하게 웃음이 비실비실 나왔다. 아들같은 새로운 동생은 나와 눈이 마주치자 내가 같이 웃자는 줄로 알았는지 따라 웃어 주었다.

이 여자는 남편이 빚 때문에 못 견뎌서 괴로워하다가 사고로 죽고, 그러니까 빚 대신에 강 문기 사장한테 팔려온 셈이었다. 그래서 그런지 이 여자는 지금껏 보아온 다른 여자들과는 좀 다른 느낌이었는지도 몰랐다. 무엇보다도 여자는 껌도 씹지 않았고, 얼굴엔 화장한 흔적도 없었으며, 나에게 거짓 웃음을 보이지도 않았다.

나는 언제나처럼 집에 잘 들어오는 일이 없었으므로, 집안에 새엄마라는 여자가 있는지 없는지 또는 어느새 다른 여자가 새엄마로 바꿔어 있는 지 별로 중요하지 않았었다. 언젠가는 나보다 두 살이나 어린 여자가 '새엄마' 였던 적이 있었는데 그 여자는 강 문기 사장보다는 나한테 관심이 더 많아서 나를 재미있게 했던 적도 있었다. 그 여잔 강 사장이 없을 땐 나를 '오빠'라고 불렀으니까, 그 기분은 머랄까 똥 밟고 거실에 들어오는 느낌이랄까? 하여튼, 그 여자 또한 어느 날 몇 개월 만에 집에 와보니 어디론가 사라진지 오래였다.

아이까지 달고 온 이 여자를 보면서 나는, 이 여자는 과연 몇 달이나 이 집에서 버틸 수 있을까 생각했지만, 그건 잠시 생각이었고, 그 날도 나는, 그 길로 나는 집을 나와 늘 그랬듯이 도박에 미쳐 살았다. 돈 밖에 없는 잘난 아버지를 둔 탓에 하룻밤 도박판에서 어쩌다 판돈을 천만 원쯤 잃는 날이 있어도 돈 걱정은 크게 안 해도 되는 나는, 어둠의 자식이자 백수건달이었고, 또한 귀공자이었으므로 당장 돈 한 푼 없다 해도 먹고 잠자는 걱정은 안 해도 되었다. 요즘 티브이 무슨 선전인가 보면 한 남자가 카드 막 그어대고 거품 속으로 사라지면서 [당신의 신용이 사라지면 당신도 사라집니다."라는 게 있다.] 그러나 나는 내 몸 자체가 온통 신용이므로 그런 걱정 또한 할 일이 없었다. 그런 면에서 강 문기 사장은 내겐 없어서는 안 될 막강한 돈줄이었다. 그 돈줄마저 없었다면 나는 아마도 조직폭력배의 졸개가 되었거나, 그것도 아니면 지하철 계단에 엎디어 돈이나 구걸하는 거지 신세가 됐을지도 모를 일이었다. 나는 놀고먹고 자는 일 외에는 아무런 능력이 없는 놈이었다.

–오빠~ 우리 아빠가 오빠 함 만나 자는데 오빠 은제 시간돼~

그래도 시현이는 이런 백수건달인 내가 어디가 맘에 드는지 틈만 나면 나를 피곤하게 했다.

–임마, 내가 너네 아버질 왜 만나냐,

–오빠 증말 그럴 꼬야~ 오빠 나 말고 딴 여자 있는 거 아냐?

—야, 임마 여자라면 너 하나도 지겹다 쓸데없는 소리 그만하고 집에나 가라 너희 집에선 과년한 처녀가 야밤에 안 들어가도 아무도 신경도 안 쓰냐?

—흥~ 오빠랑 있는다고 말했는데 머 괘 안아~

시현은 일 년전 호텔 나이트에서 만난 여자애인데 그곳에서 춤을 추고 있는 여자애 들 중에 유난히 키가 크고 눈에 띄던 귀여운 아이였다. 시현은 그곳에서 아르바이트를 하고 있던 거라고 했었다.

—여기서 너 하루 종일 춤추면 얼마나 버냐? 내가 물었고,

—오마, 오빠~ 왜 오빠가 내 하루 알바비 줄라공?

시현이 착 달라붙으며 말했었다. 그날 나는 백만 원짜리 수표 몇 장을 시현이에게 주었고, 시현은 무슨 대단한 봉이라도 만난 듯이 그날부터 내게 매미처럼 달라붙어 다녔다. 시현은 허영과 사치로 돌돌 말린 애였다. 나는 처음으로 도박과, 유흥비가 아닌 여자 옷이며 가방, 신발 , 또는 각종 액세서리 등을 사는데 돈을 써보았고, 그 기분도 꽤 괜찮다는 걸 알았다. 그러나 날이 갈수록 시현은 나에 대한 소속감이 더해서 어쩌다 내가 호텔 여종업원과 웃으며 이야기만 해도 난리가 나곤 했다. 시현은 그렇게 날이 갈수록 나에 대해 모든 걸 참견하기 시작했고, 마치 내가 자신의 소유물쯤되는 것처럼 굴었다. 그래서 이젠 시현에 대해서도 나는 자유롭고 싶다는 생각뿐이었다.

내가 두어 달 만에 다시 집에 갔을 때. 그때가 아마 밤 3시경 아니, 밤이라기보다는 새벽에 가까운 초가을이었다. 나무로 울창하게 우거진 정원 숲들을 가로질러 한참을 걸어 올라가야 현관문에 다다르는 이놈의 집은 영, 내 취향은 아니었다. 더구나 세상 것을 얼마나 도둑질을 해 놓았는지 누가 훔쳐 갈 새라 정원 중간 중간에 '세이콤' 장치까지 되어 있는 이 거대한 집은 내겐 마치 동굴 같았다.

그래도 나는 가끔 쉬고 싶을 때 핸드폰도 끄고 집에 와서 며칠씩 자고 가곤 했다. 집안에는 나를 '작은 사장님'이라고 부르는 정원사를 비롯해서 '금천댁'과 서너 명 일손이 더 있는 걸로 안다. 그러나 내가 내 방에 몰래 기어 들어와 2~3일씩 나자빠져 있어도 아무도 모를 때도 있었다. 2층 구석에 있는 내 방은 항상 잠겨져 있었고, 그 열쇠는 나만이 가지고 있기 때문에 일손들은 내 쪽으로는 거의 신경을 안 썼다. 그것이 나도 편했다. 그날도 나는 그저 한 며칠 푹 쉬고 싶다는 생각으로 집을 찾았는데 모두가 잠들었어야 하는 그 시각임에도 불구하고 거실은 불이 환하게 켜있었고, 일손들이 분주하게 오가며 청소들을 하고 있다가 젊은 아낙 하나가 나를 발견하고는 반색을 했다.

-아이고 작은 사장님 오셨네~ 작은 사장님 오셨어요 금천댁 아주머니~

나는 또 무슨 일인가 싶어서 거실을 둘러보았다. 아마도 강 문기 사장이 또 한바탕 지랄을 떤 모양이었다. 그제야 나는 두어 달 전 아들까지 달고 왔던 '새엄마' 라는 여자가 떠올랐다. 그러나 집안 분위기로 보아 내가 쉴 수 있는 상황이 안 되는 것 같아서 내가 도로 나가려고 하자, 중학교 때인가부터 우리 집에 들어와서 20년 가깝게 우리 집 일을 관리해주시는 금천댁' 이라는 아주머니가 내게 황급히 다가와 속삭이듯 말했다.

-얼렁~ 새 사모님한테 좀 가봐~ 작은 사장,

"금천댁' 이라고 불리던 이 아주머니는 어느새 할머니가 다 되어 있었다. 나는 가끔 이 아주머니에게서 엄마의 정을 느끼곤 했던 기억이 있다. 중학교 때인가 억수로 비가 쏟아지던 어느 날, 내가 강 문기 사장한테 온 몸이 피가 나도록 맞고 개새끼처럼 쫓겨 날 때도 금천댁은 나를 따라나와 안아주며 몰래 내 방으로 피신시켜 주었고,

고등학교와 대학을 다닐 때도 사고를 칠 때마다 강 문기 사장 몰래 경찰서를 쫓아다니며 빼내 주곤 했었다.

나는 '금천댁'이 눈으로 가리키는 방을 보았다. 나는 정말이지 강 문기 사장의 '사 생활'에 끼어들고 싶은 생각은 눈곱만치도 없다. 그래서 오늘 '날을 잘 못 잡아 집엘 왔구나' 라는 후회 뿐이었으나, '금천댁'이 무슨 일로 내 등을 밀며 '그 여자' 가 있는 방으로 나를 몰았다. 금천댁 또한 내가 알기론 수시로 바뀌는 여자들에 대해 관심이 없는 것은 물론이고, 오히려 그 여자들을 무시하고 경멸했던 걸로 안다. 그래서 그 여자들이 악을 쓰고 싸우다 피투성이가 된 채로 나뒹굴어도 뒤에서 혀만 끌끌 차며 상관하지 않았었다.

—아버지는요?

—큰 사장님은 서재에서 잠드신 것 같어~ 긍께, 얼릉 문 열어봐~ 어서,

금천댁이 하도 재촉을 해서 방문을 열어본 나는 입을 딱, 벌릴 수 밖에 없었다. 방안에는 한 줌도 안 되어 보이는 '그 여자가' 무슨 죄를 그렇게 지었는지는 모르겠지만 의자에 손을 뒤로하고 꽁꽁 묶인 채 고개를 옆으로 늘어트리고 있었다. 여자는 찢어진 얇은 잠옷 사이로 피가 엉켜지고 얼굴만 빼고는 사람의 몸이라고 할 수 없을 만큼 온통 혁대 자국으로 푸르둥둥하게 부어올라 있었다. 그래서인지 그 여자의 핏기 없는 창백한 얼굴이 더 하얗게 보였다. 그 여자의 모습에서 나는 이상하게도 결벽증이 강한 식물, 다른 사람이 만지기만 해도 곧 시들어 죽고 만다는 미모사 그 우츄프라카치아가 떠올랐다.

금천댁은 순간 '아이고' 하면서 손으로 얼굴을 가렸고, 나는 알 수 없는 분노로 몸이 부르르 떨리는 것을 느꼈다.

—아이고 세상에 사람이 저렇게 되도록 매질을 하다니 큰 사장은 술만 먹었다 하면 사람이 참말로 제정신이 아녀.

금천댁은 어느새 그 여자에게로 달려가서 묶인 끈을 풀어주면서 말했다. 금천댁이 의자에 묶인 끈을 풀자 그 여자는 허깨비처럼 금천댁 앞으로 폭' 하고 스러졌다.

−솔이 엄마~ 솔이 엄마, 정신 좀 차려봐. 아이구, 작은 사장 거 게서 있지만 말고 좀 어여 부축 좀 혀봐.

그제야 나는 정신이 들어 금천댁을 도와 그 여자 안아서 침대에 눕혔다. 그 여자는 가랑잎처럼 가벼웠다.

−아니 아주머니는 사람이 이 정도가 되도록 말리지 않고 뭐하셨어요. 어서 병원에 연락부터 하세요,

내가 화를 내며 말하자,

−아이구 안 되야. 큰 사장님 알면 큰일 나. 절대로 병원에 알리면 안돼,

−아니, 사람이 이지경인데 사람부터 살리고 봐야지 그게 무슨 말입니까?

−사람 목숨이 울매나 질긴 건디. 맞아서는 안 죽어 괜히 긁어 부스럼 맹글지 말고 오늘 진통제나 좀 먹고 내일 오 박사님 오시라고 하믄 되야~

금천댁은 눈을 크게 뜨고 나에게 손을 휘휘 내젓더니 그 여자에게 말했다.

−에혀~ 불쌍한 사람 같으니 아프면 아프다고 소리라도 좀 지르지 아들 꼘갑시 끽 소리도 못 하그 이 지경까지 되누~

여자는 기절을 한 것인지 아니면 그저 눈을 감고 있는 것인지 눈을 뜨지 않았다. 금천댁은 물수건과 비상약을 가지러 나갔고, 나는 그 여자의 얼굴을 한참 동안 내려다보고 서 있었다. 엉망으로 피멍이 든 몸에 비해서 여자의 얼굴은 깨끗했다. 아마도 강 문기 사장이 여자의 얼굴은 때리지 않은 듯 싶었다. 몸이 이렇게 되도록 아들이 꼘

까봐 소리 한 번 못 지르고 맞았다고 불쌍해하는 금천댁의 말이 떠올랐다. 나는 또 한 번 알 수 없는 분노로 주먹이 불끈' 쥐어졌다. 그렇다고 내가 나의 돈줄에 대해서 어떻게 해 볼 수는 없는 노릇이었다. 나는 갑자기 그 여자가 데리고 들어왔던 아이가 궁금해져서 방을 나왔다.

–그려~ 작은 사장 피곤할 틴데 올라가서 쉬어.

금천댁이 젊은 아낙 하나와 세숫대야를 들고 방으로 들어서다 나에게 말했다

–아주머니 솔이라는 아인 어디 있습니까?

–갸는 와? 갸는 지 방에서 세상 모르고 잘 텐데, 솔이 방도 2층 작은 사장 방 바로 옆이여.

나는 솔이라는 아이가 잠든 방을 들어왔다. 아이는 금천댁 말대로 세상모르고 잠들어 있었다 그나마 다행이라고 생각이 되었다. 잠든 아이의 모습을 본다는 건 참 평화스러운 일인 것같았다. 아이의 잠든 얼굴을 보는 사이 나는 좀전에 분노가 어느새 사라지고 있음을 알았다. 나는 아이의 이불을 제대로 덮어주고 나오려다가 아이의 머리 맡에 있는 노트를 꺼냈다 아이가 아마도 일기를 쓰다가 잠든 모양이었다. 나는 아이가 쓰다만 일기를 무심코 읽었다.

**월 **일

선생님이 가을운동회때 발 묶고 달리기 할 아빠 올 사람 손을 들라고 하셨다 나는 손을 들까 말까 망설이다가 안 들었다. 우리 새 아빠는 할아버지 같으시다 나한테는 엄청 잘 해 주신다 그래도 암만 생각해 봐도 달리기는 못하실 것 만 같다.

월일

어제는 태권도에 인규네 아빠가 통닭을 사오셨다 인규네 아빠는 군인이시다 디게 디게 멋있었다 나도 커서 인규네 아빠처럼 군인이 되고 싶다 .

월일

우리 엄마는 세상에서 제일 이쁜 엄마다 웃을 때는 더 예쁘다 그래도 우리 엄마는 잘 안 웃으신다 나는 우리 엄마가 다른 엄마들처럼 학교도 찾아오고 그랬으면 좋겠다 그러면 아이들한테 우리 엄마가 얼마나 이쁜지 뽐낼 수도 있는 데 그래도 나는 우리 엄마가 안 아프시기만 하느님께 기도한다 가끔가다가 우리 엄마는 아침에 아프시다고 안 일어나신다. 하느님 우리 엄마도 아빠처럼 데려가시면 저요 하느님 미워할 거예요. 오늘은 우리 아빠가 보고 싶다.

나는 아이의 일기를 읽다가 아이의 얼굴을 한 번 더 보았다. 솔이라는 이 아이, 일기도 마치 어른스럽게 쓰는 이 아이... 나는 이 아이한테서 내 어릴 적 모습을 보았다. 나도 그랬다. 학교에 환경미화라도 하는 날이면 애들은 엄마들이 와서 담임 선생님과 음료수도 마시고 하면서 웃고 떠들고 했다. 그럴 때면 엄마가 온 아이들은 공연히 우쭐하면서 으시대는 것 같았다. 나는 그런 놈들은 기억했다가 나중에 괜한 트집을 잡아서 모조리 다 패 주었었다. 비 오는 날은 더 그랬다. 나는 아무리 기다려도 우산을 가지고 올 엄마가 없었기에 학교 처마 밑에서 엄마 오기를 기다리는 놈들을 일부로 빗속으로 확 밀치며 빗속을 달려 집에 오곤 했었다. 한 번은 새엄마란 여자가 팬티가 보일 만큼 짧은 치마에 얼굴엔 휘황찬란하게 화장을 하고 썬글라스까지 낀 채 그 큰 궁둥이를 흔들며 학교를 다녀간 후, 나는 아이들이' 내 뒤에서 킥'킥 거리는 것을 참을 수 없어서 웃었던 놈들을 하나씩 패 주다가 어떤 놈 코뼈까지 부러트려서 '정학'까지 당할 뻔한 적도 있었다. 그때도 강 문기 사장의 돈'의 위력은 대단하게 빛을 바랬었다. 나는 이미 그 어린 나이에 그렇게 기세등등하던 어른들이 돈이라는 거 앞에 한없이 비굴해지는 것을 보면서 돈이면 이 세상 안 되는 거 없다는 걸 몸소 배웠었다.

얼마를 잤을까. 누군가 내 발바닥을 간지럽히는 느낌이 들었다. 나는 잠결에 발가락을 움직여 보았다. 그러자 또 발바닥이 간지러웠다. 나는 이상하다는 생각을 했지만 눈이 뜨기 싫어서 무릎을 구부려 보았다. 그때 킥'킥' 거리는 웃음소리가 들렸다. 나는 깜짝 놀라서 눈을 번쩍 뜸과 동시에 몸을 벌떡' 일으켰다. 그러자 웬 아이가 화들짝 놀래며 물러서는 것이 보였다.

–너 누구야?

나는 누구냐고 아이에게 물으면서 그 아이가 솔이 임을 알았다. 솔이는 잠깐 놀란 것 같더니 이내 얼굴에 웃음을 담고 나에게 다가와 말했다.

–형~ 기하 형님 맞으시죠?

아이의 입에서 어른스럽게도 내 이름이 나오자 나는 풀석, 웃음이 나왔다. 그리고 장난기가 발동하여 내가 짓궂게 대답했다.

–그래, 내가 기하 형님이시다 너는 솔이라는 내 아우로구나

–우아~ 형님, 내 이름 아십니까?

그러자 아이는 내가 자기의 이름을 기억해 준 것이 신기한 듯이 이상한 존대어를 사용하며 말했다. 나는 아이의 이마를 꽁' 때리며

–니 이름이 두 솔도 아니고, 세 솔도 아니고, 한 솔이라며, 하자 아이가 히~히~ 웃었다.

–너 태권도 배우냐? 내가 묻자,

–어, 형님이 어떻게 아십니까? 했다.

나는 목을 쭉 빼며 으스대듯 말했다.

–다~ 아, 아는 수가 있지 음, 근데 너 왜 학교 안 갔어?

—갔다 왔어요 인제 태권도 갈 건데 형님 방문이 열려 있어서요 형님, 인제 어데 안 가요?

아이는 내게 궁금한 게 많은 모양이었고, 붙임성이 좋은 아이였다. 나는 아이하고 거실로 내려오면서 이 아이의 엄마가 궁금해졌다. 금천댁은, 강 문기 사장이 어젯밤 그렇게 난리를 피우고도 아침 일찍 부산에 일이 있다고 나갔다고 했다.

—오 박사라는 사람은 다녀갔습니까?

—병원 출근 전에 일찍 다녀갔어.

금천댁이 솔이의 눈치를 힐끔 보며 말했고, 금천댁의 말에 솔이는 걱정스레 물었다.

—형님 할머니가 그러시는데 우리 엄마가 많이 아프시데요. 근데요 제가 태권도 갔다 오면 우리 엄마가 다 나으실까요?

나는 솔이의 머리를 쓰다듬으며 웃어주었다. 솔이를 대문까지 데려다 주고 나는 오랜만에 정원 벤치에 앉아 보았다. 초가을이라 그런지 약간 덥기는 했어도 나무가 많아서 시원한 느낌을 주었다. 젊은 아낙이 곧 신문과 음료수를 내왔고, 나는 아무런 생각 없이 신문을 보았는데 신문을 보면서도 나는 이상하게도 '그 여자' 솔이 엄마라는 사람이 자꾸만 궁금해졌다. 확실히 그 여자는 다른 여자들과 어딘지 모르게 달랐다. 그러고 보니 나는 그 여자가 말하는 모습을 한 번도 본 적이 없다는 생각을 했다. 그래서 무심코 그 여자가 있는 방 창문을 보다가 나는, 가슴이 철렁' 하고 내려 앉는 느낌이 들었다.

언제부터 였는지 그 여자, 우츄프라카치아가 자신의 방 창문에 서서 나를 보고 있는 거였다. 아니, 자세히 보니까 그 여자는 나를 보는 것이 아니라 정원 어딘가를 보는 것 같은데 언젠가처럼 눈동자에 초점이 없어 보였다. 그 여자는 잠옷 위에 연 보라색 가운을 걸치고 있었는데 갈색 톤의 웨이브가 진 긴 머리는 어깨 넘어까지 내려가 있었고, 화장기가 전혀 없는 얼굴은 하얗다 못해 창백해 보이기까지 하였다. 그리고 얼굴에 비해 몹시 검은 여자의 초점 없는 눈동자는 하도 커서 얼굴 반은 되어 보였다. 그래서인지 여자는 마치 내가 학교 다닐 때 그림책에서 보았던 그리스 신화의 여신을 상상하게 했다.

—저 여자가 저렇게 아름다운 여자였었나. 생각하면서 나는 잠시 동안 넋이 나간 듯이 여자를 보았다. 그래도 여자는 미동도 하지 않았고, 나를 보는 것 같지도 않았다. 강 문기 사장은 저런 여자를 의자에 묶어놓고 그처럼 학대를 했다는 생각이 들자 나는 강 문기 사장에게 또 한 번 분노를 느꼈다. 강 문기 사장은 한 번도 나에게 아버지였던 적이 없었다. 언제나 나는 혼자였고, 혼자 자랐다. 대학교 3학년 때인가 내가 처음으로 어떤 한 여자를 목숨처럼 사랑했고, 강 문기 사장에게 그 여잘 소개했으나 그 여자는 내게 새엄마가 될 뻔했었다. 그 후로 나는 날마다 강 문기 사장을 죽이는 상상을 했고, 그러다 그 길로 나는 학교를 자퇴하고 군대를 갔다. 그 후로 나는 그 어떤 여자도 믿지도 않았다. 강 문기 사장도 내겐 이미 더 이상 아버지가 아니었다. 그저 내게 없어서는 안될 막강한 돈 줄에 불가했다. 내가 넋을 놓고 있는 사이에 그 여자는 창문에서 보이지 않았다. 그리고 창문은 어느 사이 커튼으로 가리워져 있었다.

시현이 느닷없이 집으로 들이닥친 것은 그로부터 3일 후였다. 나는 가끔씩 솔이하고 놀아주는 것 외에는 거의 밤낮없이 내 방에서 나가지 않고 뒹굴며 자다가 깨다가 했다. 그래도 아침이면 우유 한 잔과 신문이 어김없이 들어왔고, 끼니 때마다 굶기지도 않았다. 시현은 내가 핸드폰도 안 되고 연락할 만한 곳을 다 해봐도 연락이 안 되자 무작정 우리 집으로 쳐들어온 것 같았다. 금촌댁은 시현을 한두 번 봤을 뿐인 데도 처음부터 시현을 싫어했다. 그만큼 시현은 인사성도 없었고, 버릇도 없으며 무엇이든 제멋대로였다. 그리고 금촌댁이나 그외 우리 집 일손들에게 마치 자기 소속인 양 함부로 대했다.

-뭐야~ 오빠, 증말 이럴꼬야, 핸드폰도 꺼놓고 내가 옵빠, 울매나 찾았는지 알기나 해,

시현의 목소리는 2층 내 방에서 아래층까지 쩌렁쩌렁 울릴 지경이었다. 시현의 짜랑 짜랑한 목소리에 솔이가 빼꼼하고 내 방을 들여보다가 나하고 눈이 마주 치자 의미심장하게 웃으며 '윙크'까지 해보였다. 분명히 솔이란 놈은 애늙은이가 분명했다. 시현과 내가 아래층으로 내려오자 '그 여자가' 베란다의 화분에 물을 주고 있었다. 나는 계단을 내려오다 말고 그 여자를 보고는 순간적으로 멈칫' 하고 섰다.

-오빠, 저 여자는 뭐야?

시현이 내 팔에 매달려 함께 내려오다가 그 여자를 보더니 내게 대뜸 물어왔다. 그도 그럴 것이 그 여자는 누가 보아도 평범해 보이지가 않았다. 그 여자는 단지 화분에 물을 주고 있을 뿐인데도 내 눈에는 그 여자의 주위에 아름다운 나비가 날아다니는 것 같은 착각이 들었고, 알 수 없는 어떤 향기가 그 여자로 인해 온 집안을 풍기는 느낌마저 들어서 잠시 멍'해졌다. 그 여자는 이제 몸이 어느 정도 회복된 듯이 보였다. 그때 시현이 이내 팔을 확' 하고 잡아당기며 재차 물었다.

-저 여자 누구냐니깐, 신경질 나게 왜 말을 안 해,

그때 그 여자가 우리를 올려다보았다. 그 여자는 여전히 표정없는 휑한 눈빛이었지만 나는 이상하게도 가슴이 '철렁' 하면서 뛰기 시작했다. 도대체 나는 내가 왜 이러는 지 알 수가 없었다. 그러나 그 여자는 우리를 보고도 아무런 표정의 변화도 없이 천천히 걸어서 주방으로 갔다.

—오빠, 왜 그래, 저 여자가 누군데 오빠가 정신을 다 빼고 이래, 오빠 오빠,

시현이 이내 귀에다 대고 소리를 빽' 하고 질렀다. 그때 금촌댁이 시현을 흘낏 보면서 혀를 끌끌 차며 지나쳤다.

—솔이 어머니는 이제 괜찮나요?

—그려~ 많이 좋아진 것 같어, 그리고 그게 어디 어제오늘 일인감. 몸이 좀 날만 하믄 또 미친 병이 도지는 디 에혀, 젊은 사람 팔자가 왜 그 모양인지 원,

금촌댁의 등위에서 내가 물었고, 금촌댁은 뒤도 안 돌아 보고 대꾸하고는 혼잣말처럼 중얼거리며 그 여자를 따라 주방으로 들어갔다.

—솔이가 누구야? 오빠 친척이야? 아까 그 여자 오빠 누나야? 도대체 누구야? 아유, 궁금해 미치겠네.

—새엄마.

내가 소파에 풀석' 앉으며 딱 잘라 말하자 시현은 호들갑을 떨다가 잠시 멍,해졌다. 그러다가 재미있다는 듯이 다시 깔깔거리며 말했다.

—뭐야~ 저 여자가 옵빠 새엄마 라고? 어머~ 어머, 옵빠네 아빠 능력 있다. 저 여자 몇 살인데? 근데 이번엔 아이까지 델그 왔어? 그럼 저 여잔 몇 번째야?

—좀 조용히 못하냐, 네 일도 아닌데 뭐가 그렇게 궁금한 게 많냐, 내 얼굴 봤으니까 이제 그만 가라, 귀찮다.

—흥, 흥, 저 여자도 보아하니 얼마 못 갈 것 같네 머~ 저 만한 얼굴에 흥, 물론 돈 때문이겠지만 너무 속 보인다. 하긴 누가 또 알아. 멀쩡한 애인이나 남편 따로 있을지~ 아무리 돈이 좋다지만 저런 여자들을 보면 너무 웃겨 난,

—아줌마, 왜 우리 엄마 욕해요! 아줌마 우리 엄마 알아요?

—어머 앤 또 뭐야~ 오홍, 애가 솔이라는 델구온 앤 가보네. 근데

애가 누구 보고 아줌마래.

−왜 우리 엄마 욕하냐구요,

느닷없이 솔이가 다가와 울듯이 대들었다. 나는 솔이의 목소리에 당황해져서 벌떡 일어나며 말했다

−소. 솔이야 너 임마, 언제부터 거기 있었냐?

−그리고요 형님, 형님은 왜 우리 엄마 욕하는데 암말 안 해요 씨~ 난 이 아줌마 싫어요 이 아줌마 가라고 해요.

−어머머, 이 쬐고만 한 게 말하는 것 좀 봐. 웃겨 증말~ 야, 너 말이면 다하는 줄 알아,

시현은 벌떡 일어나더니 기어이 솔이의 머리를 탁, 때렸다.

−이게 무슨 짓이야. 어린애한테,

보다 못한 내가 시현에게 소리쳤고 시현은 질세라 악을 썼다.

−왜, 내가 머 틀린 말했어, 그래, 니 엄마 돈 보고 늙은 사람하고 결혼했다고 말한 게 어째서 욕이냐 사실을 사실대로 말한 게 어떻게 욕이냐구,

−그 입 그만 닥치지 못해, 너 당장 이 집에서 나가, 금천댁 아줌마, 관리인 불러서 얘, 내보내세요.

나는 정말 화가 났다, 이런 애는 두 번 다시 상대하고 싶지가 않았다. 아무리 철이 없기로 어린아이를 상대로 할 말이 있고 못 할 말이 있는 데 시현은 막무가내였다. 솔이는 한 손으로 눈물을 훔쳐내고 있었고, 그런 솔이를 그 여자가 다가와 감싸 안으며 방으로 데리고 들어갔다.

−어머 오빠, 화 많이 났어. 미안해 옵빠 난 그런 뜻이 아냐. 오빠 미안해 잘못했어 다신 안 그럴 게 응, 오빠.

시현은 갑자기 태도를 돌변하여 갖은 아양을 떨기 시작했다. 시현은 언제나 그런 식이었다. 상황에 따라서는 얼마든지 태도가 변할

수 있는 애였다. 나는 그런 시현을 무시한 채 솔이와 그 여자가 들어간 방으로 갔다. 그러자 방문이 조금 열린 사이로 아이를 달래는 듯한 자그마하면서도 다정한 그 여자의 목소리가 들려왔다. 그 여자는 벙어리는 아니었다.

−솔이야, 그 아줌마가 엄마 욕 한 거 아니야, 그 아줌마 말대로 엄마는 아빠가 진 빚 때문에 이 집에 와 있는 거야.

−그럼 빚만 다 갚으면 이 집에서 나가도 되는 거야?

−응.

−그럼 빚은 은제 다 갚는데? 엄마 돈 있어?

−아니.

−그럼 어떻게 빚을 갚아? 엄마 나 이 집 싫어. 옛날 우리 집이 좋아 우리 집 가자 응~ 엄마.

−잘 들어 솔이야 그 집은 이제 없어 이미 다른 사람 집이 되버렸는걸, 우리 솔이가 이 담에 훌륭한 사람 되면 그땐 이 집을 나가도 돼, 솔이는 빚진 거 없으니까 엄마 말 무슨 말인지 알겠지, 우리 솔이.

−응. 알았어요.

−그래, 우리 솔이 착하네. 엄마는 우리 솔이가 훌륭한 사람 되는 게 꿈이란 것도 잊으면 안돼, 엄마는 우리 솔이가 언젠가 꼭 훌륭한 사람이 될 거라고 믿거든, 엄마는 우리 솔이만 잘 자라주면 그걸로 되는 거야

−네~ 엄마, 난 꼭 훌륭한 사람 될 거예요 걱정 마세요.

나는 모자의 대화를 들으면서 방에 들어가 보지도 못하고 씁쓸한 마음으로 돌아서 나오면서 그래도 솔이는 나보다 행복한 녀석이라고 생각했다. 그 녀석에게는 그래도 언젠가 훌륭한 사람이 될 거라고 믿어 주는 엄마가 있으니까, 그러고 보니까 그 여자는 시현이 말대로 돈 때문에 이 집에 있는 것 같았다 오로지 남편이 진 빚때문에

돈을 갚는다는 생각과, 아들 솔이의 장래를 위해서 그 모든 학대를 참고 견디고 있는 것이었다. 그렇다면 그 여자의 인생은 도대체 무엇일까, 돈이라는 것이 한 사람의 인생까지도 송두리째 살 수 있을 만큼 대단한 것이란 말인가,

그 여자는 가끔 정원에 혼자 나와 있었다. 그날도 그 여잔 정원에서 무슨 책인가를 보고 있었는데 나는 지난번 시현이 일도 사과를 할 겸해서 용기를 내서 그 여자가 있는 정원으로 나갔다. 그 여자는 내가 다가가도 책에서 눈을 떼지 않고 있었다. 그렇다고 책에 푹 빠져 있는 것같지도 않았고, 마치 책을 보는 척할 뿐, 그 여자는 다른 세계 속에 있는 묘한 느낌을 주었다.

–안녕하세요.

내가 어렵게 말문을 열자 그 여자는 텅빈듯한 눈동자로 나를 올려다보았다. 그러자 나는 또 가슴이 뛰기 시작했다 그래서 목소리가 잠겨서 더듬듯이 말했다.

–지.. 지난번 죄송했습니다. 마음 상하셨다면 용서를 구하고 싶어서요

–아닙니다.

그러나 의외로 그 여자는 짤막하게 자르듯이 대답해 주었다. 그리곤 됐으니까 방해하지 말고 비키라는 듯이 다시 눈을 책으로 가져가 버렸는데, 나는 왠지 그 여자 앞에서 침착하지 못한 나 자신에게 당황하면서도 어떨 결에 또 말했다. 그리고 왜 그런 말을 물었는지 나는 또 당황했다.

–읽고 있으신 책이 제목이 뭡니까?

그 여자는 이런 나의 태도가 조금은 이상한지 나를 한 번 다시 올려 다 보더니 자신도 궁금하다는 듯이 읽고 있던 책장을 덮으며 표지를 보았다. 책 제목은 '한국의 12인의 위인전'이었다 순간 나는 쿡'

하고 웃음이 나왔다. 여자는 아마도 솔이의 책 중에 아무거나 꺼내 가지고 온듯싶었다. 내가 책 제목을 보고 웃자 여자도 그제야 책 제목을 본 듯이 책 제목을 한 번 더 보고는 조금 웃어 보였다. 나는 그 여자가 웃는 것을 처음으로 보았다 그 여자가 웃자 나는 갑자기 가슴이 펑' 하고 뚫린듯한 느낌과 함께 기분이 좋아졌다. 그것이 그 여자와의 처음 짧은 대화의 전부였다.

강 문기 사장이 자신의 분신처럼 아끼는 애마 '벤츠'에 선물 상자를 하나 가득 싣고 부산에서 올라온 것은 그로부터 딱, 일주일 뒤 우리 집 일손들이 저녁 식사가 다 끝난 무렵이었다. 나는 2층 내 방 창문에 서서 싱글벙글 올라오는 강 문기 사장의 표정 하나만으로도 무슨 일인지는 모르지만 부산에서 일이 아주 잘 풀린 것이란 짐작을 할 수 있었다. 그러나 내가 알기론, 강 문기 사장은 무엇을 사들고 다니는 성미가 아니었기에 강 문기 사장의 뒤를 이어 일손들이 들고 올라오는 선물 더미들이 다소 생소하긴 했지만, 그것 또한 내가 관심을 가져야 하는 일은 더욱이 아니어서 나는 침대에 몸을 벌렁 눕히고 잠을 청하고 있었다.

얼마간의 시간이 흘렀을까. 내가 막 잠이 들려고 할 때 조심스럽게 누군가 내 방문을 두드리고 있었다. 나는 잘못 들었나 싶어 귀를 곤두세우는데

—작은 사장, 작은 사장 시방 자는 겨?

—아, 아닙니다 아주머니, 들어오세요.

금촌 이었다. 금촌댁이 방문을 열고 들어서며 대뜸 말했다.

—작은 사장 아직 안자믄 아래층 서재 좀 내려 가볼 라나~

—왜요

—어이구 어쩐 일로 큰 사장님이 또 혼자 술을 마시고 있는 디, 저러다 또 무신 사고라도 낼 깝시 걱정이 되야서 말여.

나는 잠이 막 들려던 참이어서 귀찮기도 했지만, 무엇보다 이 밤에 그것도 강 문기 사장과 단둘이서 있고 싶은 생각은 추호도 없었다.

—오랜만에 집에 와서 한잔하시나 본데 신경 쓰지 마시고 주무세요.

—그려도 벌써 한 시간째 저러고 있는 디 아까 참에 집에 올 때만 혀도 기분이 좋아 보였는디 참말로 왜 또 저러시는가 물러~

—별일이야 있겠어요 신경 쓰지 마시고 주무세요,

그러나 내가 금촌댁을 그렇게 막 돌려보내려는데 아래층에서 "와장창" 하는 소리가 들렸다. 나는 습관적으로 시계를 보니 밤 열 시가 조금 안 된 시간이었다.

—아이고 저걸 어째. 또 일 났네, 일 났어, 아이고 작은 사장 그러게 내가 머라는 감~ 얼른 내려가 보라니께, 어서 나가 봐, 저러다 솔이 엄마 또 개죽음이여,

나는 금촌댁이 '솔이 엄마 개죽음' 이라는 말에 번쩍 정신이 들어서 튕기듯이 침대에서 일어나서 금촌댁을 밀치고 아래층으로 단숨에 내려갔다. 강 문기 사장은 유리로 된 장식장을 골프 채로 휘저어서 박살을 내고 있는 중이었다. 어느새 일손들이 나와서 한쪽 귀퉁이에서 질린 듯이 뭉쳐 있었고, 관리인 두 명이 강 문기 사장의 양팔에 매달려 안간힘을 쓰며 강 문기 사장을 안으려고 버둥대고 있었다.

—이거 안 놔, 이 개새끼들아. 니들도 오늘 나한테 한 번 죽어 볼래.

강 문기 사장은 어느새 그렇게 취했는지 자기 몸 하나도 제대로 가누지 못한 채 입에 담지도 못한 험한 욕설을 퍼부어 대며 악을 쓰고 있었다. 나는 너무 어이가 없어서 잠시 멍해졌다 그러자 금촌댁은 멍청히 서 있는 내 등을 밀면서 재촉했다.

—작은 사장, 머허는 겨~ 시방 얼른 아버님 모시고 방으로 가 어

여, 그러는 사이 강 문기 사장은 관리인들을 뿌리치고 골프 채를 든 채 안방으로 달려들고 있었다.

—아이구 저걸 어째~ 저걸 어째.

관리인들도 강 문기 사장이 안방으로 들어가자 더 이상 따라가지 못하고 어쩔 수가 없다는 듯이 금촌댁과 나를 쳐다보았다. 나는 반사적으로 튕기듯이 강 문기 사장이 들어간 안방 문으로 문을 열려고 했다. 그러나 강 문기 사장은 교활하게도 안방 문을 잠가 버렸다. 곧 이어 방안에서는 강 문기 사장의 미친 듯한 욕지거리와 함께 무엇이 부서지는 소리가 둔탁하게 들려왔다.

—금촌댁 아주머니 얼른 이 방 열쇠 가져와요,

내가 소리치자, 기다렸다는 듯이 금촌댁이 주머니에서 열쇠를 디밀었다. 내가 열쇠로 서둘러 방문을 열자 강 문기 사장이 벌겋게 달아오른 얼굴과, 그 큰 체구로 나를 휙'하고 돌아보았다. 강 문기 사장은 얼굴과 눈이 벌겋게 달아올라 마치 한 마리의 짐승을 연상케 해주었다. 순간적으로 나는 소름이 쫙 끼쳤다. 그리고 침대에서 자고 있다가 내 동강이가 쳐진 듯 얇은 잠옷 바람의 그 여자가 방 한쪽 구석에서 구겨진 듯이 고꾸라진 채 공포에 질린 얼굴로 오돌오돌, 떨고 있었다.

—지금 뭐 하시는 겁니까!

내가 악을 쓰다시피 소리치자 그제야 강 문기 사장은 나를 알아 본 듯이

—아니, 이게 누구야~ 이거 잘난 내 새끼 아냐~ 근데 넌 뭐야 임마, 왜 네가 여기 있냐, 응?

강 문기 사장은 의외로 나를 보자 히죽거리며 내게 엎어질 듯이 다가왔다.

—야, 이놈아 아부지가 오셨으면 아~ 부지 잘 다녀오셨습니까, 하

고 인사부터 해야지 안 그~러냐,

강 문기 사장이 갑자기 좀 전과는 180도 다른 표정으로 나에게 휘적 거리며 다가와 내 어깨에 손을 얹으며 그 큰 덩치를 내게 기댔다. 그러자 금촌댁이 내게 눈짓을 하며 강 문기 사장을 방에서 나오게 하였다. 나는 강 문기 사장을 부축하며 방을 나오다가 공포에 질린 채 방 한쪽에 구겨져 있는 그 여자를 보았다. 그러나 그 여자는 공포에 질린 눈으로 나를 올려다볼 뿐, 언제나처럼 표정이 없었다.

-그래, 그래, 내 새끼 오랜만에 만났으니 우리 술 한 잔 더해야지, 이봐, 니들, 다~ 뭐하는 것들이야, 이 년들아, 어서 술상 안 차리냐,

강 문기 사장은 온 몸을 나에게 지탱한 채 허우적대면서도 목소리만큼은 쩌렁쩌렁 온 집안을 울렸다. 나는 내키지 않았지만 그 여자를 생각해서 하는 수 없이 강 문기 사장을 다시 서재로 데리고 갔다. 그러나 강 문기 사장은 서재에 도착하자마자 서재에 있는 싱글 침대에 벌렁 자빠지듯이 누웠다. 그리고 횡설수설 중얼거렸다.

-나~아 ~쁜 년, 내가 지년을 얼마나 애끼는데, 내~마으으음~ 끄~윽, 모르고 그래, 자알 낫다 자~알났어.

강 문기 사장은 벌러덩 누운 채로 손을 휘~휘, 저으며 말했다. 그러다가 갑자기 코를 골기 시작했다. 나는 처음으로 강 문기 사장의 얼굴을 똑바로 쳐다보고 서 있었다. 강 문기 사장도 어느 듯 60줄에 들어서서 인지 벌겋게 달아오른 얼굴에서 어느새 노인의 냄새가 나고 있었다. 그리고 내게 몸을 의지하고 부축되어 오던 강 문기 사장은 체구만 산 만큼 커다랗지만 아무런 힘은 없었다. 나는 코를 '드르릉' 거리며 골고 있는 강 문기 사장, 아니 내 아버지의 얼굴을 한참동안이나 들여다보다. 그리고 그 잠든 얼굴에서 왠지 모를 쓸쓸함과 외로움 같은 걸 느끼고 있었다. 나는 가만히 방문을 닫고 나오면서 그 여자가 있는 방을 보았다. 그 여자 방 입구에는 아까 강 문기

사장이 싱글벙글하며 사 가지고 왔던 선물 꾸러미들이 개봉도 안 된 채 산더미처럼 쌓여 있었다.

–큰 사장 잠드신 겨?

금촌댁이 염려스러운 눈으로 다가와 가만히 물어 왔다.

–네.

내가 대답하자 금촌댁은 나를 따라오며 혼잣말처럼 말했다.

–에혜, 솔이 엄마도 그렇지 아, 거 큰 사장이 기분 좋게 선물을 사 왔으면 억지로라도 좋은 시늉이라도 내믄 어때서 저렇게 문 밖에 두누, 사유야 어쨌든 간에 기왕에 같이 살기로 한 바에야 어느 정도는 큰 사장 비위도 맞추믄 좋겠더구먼은, 어찌 사람이 고지식한지 원, 그려도 큰 사장 이번 솔이 엄마한테는 진심인 것 같던디, 그려~ 그려, 작은 사장 애 썼어, 어여 들어가 자, 피곤 하것네,

내 방으로 올라온 나는 마음이 편하지 않아 잠을 이룰 수가 없었다. 내가 3살 때 나를 낳아준 엄마는 춤바람이 나서 20대의 새파란 젊은 녀석과 집을 나갔다고 했고, 그 후 강 문기 사장은 거의 미친 사람처럼 엄마를 찾아다녔지만 찾을 수 없었다고 했다. 그 후로 강 문기 사장은 어떤 여자도 믿지 않게 되었고, 수단과 방법을 가리지 않고 돈 버는 일에 매달렸다. 돈 버는 일이라면 사람 죽이는 일 말고는 다 해 보았다고 술 한 잔만 들어가면 자랑삼아 떠들어대다가 경찰서에 불려가 애매한 사기 사건에 몰려서 조사를 받느라고 경찰서 신세를 진적도 있었지만, 어쨌든 강 문기 사장은 돈에 원수가 진 듯 돈을 긁어 모았다. 세상에 돈 가지고 안 되는 일이 없는 만큼 강 문기 사장에게 있어서 여자도 별게 아니었다. 강 문기 사장의 원칙은 '가는 여자 잡지 않고 오는 여자 막지 않는다'였다. 그런데 이번엔 좀 다른 것 같았다. 내가 보기에도 그 여자는 지금껏 보아오던 그 어떤 여자들과도 달랐다. 그 여자는 강 문기 사장의 돈에는 애초에 관심

도 없었던 것같았고, 다른 여자들처럼 강 문기 사장의 비위를 맞추려고 노력하지도 않았던 것 같다. 다만 그 여자는 그 여자의 말대로 오로지 남편이 진 빚을 자신의 몸으로 대신 갚는다는 생각 이외에는, 그리고 그 조건 위에 자신의 아들을 좋은 환경에서 잘 자라게 해주고 싶다는 그 생각뿐인 것 같았다. 나는 갑자기 그 여자가 어떻게 하고 있는 지 궁금해져서 아래층으로 내려왔다.

일손들은 어느새 모두들 잠자리에 들었는지 거실에는 보안등 하나만이 희미하게 켜져 있을 뿐, 사방이 물을 끼 얹은 듯 조용했다. 나는 조심스레 그 여자가 있는 방으로 다가 갔는데 그 여자의 방에서 작은 불빛이 새어 나오고 있음이 보였다. 나는 방문 틈새로 새어나오는 불빛을 보면서 그 여자의 방문이 조금 열려 있음을 알고는 되도록 발소리를 죽이며 그 여자의 방을 지나가려 할 때였다.

-아니에요 오늘은 그렇게 심하진 않았어요.

분명히 그 여자의 목소리였다. 그 목소리는 언제가 그 여자가 아들 솔이와 대화를 할 때처럼 다정하게 들렸다. 나는 이 밤에 그 여자가 어디론가 전화를 걸고 있다고 생각했다. 그렇다면 새벽 3시가 넘은 이 시각에 도대체 누구와 통화를 하는 걸까?

-당신 언제 올거예요. 언제까지 기다려야 돼요. 여보 나 너무 무서워요.

이건 도대체 무슨 소린가, 분명히 그 여자의 남편은 사고로 죽었다고 했는데 나는 갑자기 머릿속이 복잡해지며 혼란이 왔다.

-네 주무세요. 저도 그만 잘게요. 여보 사랑해요.

나는 어떻게 내 방까지 다시 올라 왔는지 몰랐다. 그렇다면 그 여자는 남편이 살아 있고, 어딘가에서 그 여자와 계속 연락을 하고 있었던 것이 된다. 그렇다면 왜, 무슨 이유로 아들까지 데리고 그 여자는 우리 집에 있는 걸까? 역시 돈 때문일까? 그렇다면 그 여자의 남편이란 작자는 도대체 어떤 인간이기에 아무리 돈이 좋다지만 자신의 아내와 아들을 그럴 수가 있을까.

나는 밤새 잠을 잘 수가 없었다. 아까 말했던 금촌댁의 말도 그렇고, 강 문기 사장의 횡설수설하던 말도 그렇고, 그 여자는 분명히 어떤 목적이 있어 이 집에 온 것이 분명했다. 나는 내일 날이 밝는 데로 그 여자에 대해서 조사를 좀 해봐야겠다고 마음먹고 억지로 잠을 청했다. 나는 밤새 잠을 자는 듯 마는 둥하다 아침 9시쯤 집을 나섰다. 먼저 동사무소에 들려 등본을 한 통을 뗀 나는, 그 여자의 이전 주소로 찾아가보았다. 그 여자의 전 주소는 서울시 성동구 '자양동'으로 되어 있었고, 내가 찾은 번지수의 집은 장미 넝쿨이 우거진 아담하고도 깨끗한 붉은 벽돌로 둘러싸인 집이였다. 내가 초인종을 누르자 집안에서 이내 반응이 왔다.

–누구세요?

–여기가 한솔이네 집입니까?

–몇 달 전에 이사 갔는데요? 누구세요?

초인종을 통해서 젊은 여자 목소리가 들려왔다.

–그럼 저 죄송하지만 몇 가지 물어 볼 말씀이 있는데요

내가 재차 초인종을 통해 말하자,

–잠깐만요~ 하면서 '털컹'하고 대문이 열리는 소리가 났다. 그리곤 곧이어 두어 살쯤 돼 보이는 사내 아이를 추스르면서 젊은 여자가 대문 사이로 모습을 드러냈다. 여자는 처음에는 나에게 약간의 경계의 빛을 보이다가 내가 예의를 깍듯하게 차리자 목소리가 사근사근해졌다.

–솔이 네는 왜 찾으시는 데요? 친척이세요?

–아닙니다, 솔이 아빠 후배 되는 사람인데 지난 주에 외국에서 돌아 왔거든요, 핸드폰 번호가 바뀌었는지 연락도 안 되고 그래서 인

사라도 드리려고 왔는데 혹시 연락처라도 남긴 것은 없습니까?

내가 정중히 물었고, 젊은 여자는 이내 얼굴이 심각해지더니

–그러셨군요, 그래서 이 댁 소식을 통 몰랐나 보네.

–소식이라니요? 솔이네한테 무슨 일이라도 있었습니까?

–아유, 솔이네 아빠 차 사고로 돌아가신지 벌써 6개월이나 되는데요 연락처야 어디 적어 둔 데가 있긴 있는데

–솔이 아빠가 죽다니요? 자세히 말씀 좀 해 주세요.

내가 놀란 듯이 물었고,

–남의 집일이라 자세히는 모르지만, 솔이 아빠 죽기 전에 회사가 부도가 났었대요. 그래서 그 날도 밤잠 못자고 돈을 구하러 지방에 갔는데 고속도로 차 안에서 졸다가 그만.

–그럴리가요. 몇 달 전에도 제가 통화를 했는데요.

나는 짐짓 떠보기 위해서 거짓말을 해보았다. 그랬더니 젊은 여자는 눈이 휘둥그래지며 입을 딱 벌렸다.

–아니 그게 무슨 말씀이세요? 솔이 아빠 차 사고로 죽은 거 동네 사람 모르는 사람이 없는데 나도 장례식장까지 갈다 왔는데.. 혹시 다른 사람 찾는 거 아니세요? 솔이 아빠 그렇게 죽고 솔이 엄마 한동안 거의 제정신이 아니었는데, 아마 솔이 없었으면 그 아줌마 벌써 솔이 아빠 따라갔을 거라고 다들 그랬거든요.

젊은 여자는 말하면서 오히려 내가 이상하다는 듯이 나의 아래위를 슬쩍 훑어보았다.

–그럼 시체도 확인 했나요?

–아이구, 그럼요 아시겠지만 솔이 아빠가 천애 고아로 자수성가한 사람이고, 솔이 엄마가 외동딸이었는 데다가 부모님이 일찍 돌아가셔서 친지들이 거의 없다시피해서 통장 집 아줌마 아저씨가 납골까지 따라 갔었다던데.

나는 도무지 이해할 수가 없었다. 그래서 나는 오는 길로 전화국에 들러서 우리 집 전화 통화 내역을 뽑았다. 통화 내역에 어제 밤 3시쯤 통화한 기록은 없었다. 아니 어젯밤 9시 이후로는 통화한 내역이 아예 없었다.

–그럼 핸드폰으로 전활 한건가?

나는 태권도를 하고 돌아오는 솔이를 내 방으로 불렀다.

–솔이는 태권도가 재미 있냐?

–네 형님, 디게 신 나요. 한 번 해 볼까요? 얍! 얍!

솔이는 태극 1장이라고 하면서 신 나게 손발을 뻗었다 폈다 해 보였다.

–오~우, 솔이 대단한데, 너희네 반에서 누가 젤 세냐?

–히히~ 안 해봐서 모르는데요, 관장님이요~ 태권도는 애들 때리고 싸우는 거 아니랬어요.

솔이는 어깨까지 으쓱해 보이며 말했다.

–하하하, 그렇구나, 내가 깜박했다 태권도 한다고 애들 때리고 괴롭히면 안 되지 우리 솔이 훌륭한 걸,

–형님, 인제 어디 안 가고 맨날 집에서 나하고 놀아 주실 겁니까?

솔이는 붙임성 좋은 아이답게 내게 바짝 다가 앉으며 내 무릎 위에 자신의 조그만 손을 올려놓았다. 나는 솔이의 작고 귀여운 손을 감싸며 고개를 숙여 말했다.

–솔이야 엄마 핸드폰 번호 혹시 알고 있냐?

내가 느닷없이 묻자, 솔이는 눈이 동그랗게 되면서

–왜요? 하는 눈길로 나를 올려다보았다.

–응, 형님이 엄마에게 뭐 좀 물어볼 게 있는데, 엄마가 아프셔서 방에 가 볼 수가 없어서 말이야

–무슨 말씀인 데여. 제가 엄마한테 가서 물어봐 드릴게요, 우리

엄마 핸드폰은 여기,

솔이는 말하다 말고 자신의 바지 주머니에서 조그만 핸드폰 하나를 꺼냈다.

–우리 엄마는 핸드폰 없어요 원래는 이게 울 엄마 핸드폰인데요, 엄마가 이젠 필요 없다고 나 줬어요.

–그래, 언제부터 이 핸드폰을 네가 가지고 다녔는데?

–할아버지 아빠 만나고 이집으로 이사 오던 날이요 왜요, 형님

–응? 아, 아니, 그럼 엄만 핸드폰이 없는 거야? 그럼 답답하실 텐데

–아니에요 엄마는 전화 올 데도 없고 전화 걸 데도 없다고 그러셨어요

–아, 그러시구나, 근데 솔이 운동회 언제 하냐?

내가 말을 돌리기 위해 무심코 말하자 솔이는 반색을 하며 대 들듯이 말했다.

–어? 그거는 형님 어떻게 아셨어요, 우리 요즘 운동회 연습 많이 해요 저 운동회때 형님 오실 거예요?

–음, 솔이가 하는 거 봐서 생각해 보도록 하지

–그러면 형님, 아빠하고 발 묶고 달리기 나도 손들래요

–응? 아, 그.. 그 건 곤란한데. 난, 형님이지 아빠가 아닌데, 그리고 아직 운동회 간다고 약속 한 건 아니야

나는 솔이의 코를 살짝 퉁기며 말하자 솔이는 조금 시무룩해졌다. 그러나 나는 솔이의 운동회를 간다고는 생각해 보지도 않았다. 그런 것 또한 내 취향은 아니였다. 나는 금천댁을 불러서 그 여자에 대해서 물어 보았다.

–그러고 보니께 솔이 엄마는 어데서 전화온 적이 한 번도 없었던 것 같은 디, 근디 그건 왜 물어 본데?

—그럼 어디로 전화 거는 것도 없구요?

—전화 거는 거? 아, 언젠가 큰 사장님이 늦게 들어오신다고 혀서 거실서 내 혼자 기다리고 있는 디, 두 신가 세 시 였을 껴, 그 밤에 솔이 엄마가 안방에서 어딘가 통화를 하는 것 같은데 하도 길게 하는 것 같어서 큰 사장님 오실갑시 내가 헛기침을 몇 번 혔던 적은 있는디 와?

—핸드폰으로요 하던가요?

—아녀 ~내가 살짝 들여다보니 전화기를 붙들고 울면서 무신 얘긴가를 해 쌌더라고~ 오죽 허면 이 밤에 저럴까 싶어서 맴이 영 안 좋았지~ 우리들이 다 자는 밤에는 가끔 어딘가로 전화를 걸긴 거는 모양이더만. 허기사. 사람이 그렇게라도 혀야 살지 안그려. 솔이 엄마는 젊은 여자가 하루 종일 가야 말 한 마디 하는 걸 못 본다니께~ 아, 첨엔 벙어린 줄 알았다믄 말 다했지

—그때가 언제쯤인데요?

—얼마 안 돼었어. 작은 사장 집에 오기 한 몇 일 전이니께,

나는 이해할 수가 없었다. 내가 들어오기 전 며칠 전이라면 불과 10일 전인데 전화통화 내역에서 한 달동안 살펴보아도 그 밤에 통화한 내역은 찾아볼 수가 없었다. 그렇다면 그 여자는 누구와 어떻게 통화를 하는 것일까... 나는 몹시 궁금했지만 달리 더 이상 알아볼 방법이 없었다.

강 문기 사장은 한 번 나가면 며칠씩 집을 비우는 것은 다반사인 듯싶었다. 그 밤 난리 통에 강 문기 사장 얼굴을 보고는 며칠째 볼 수가 없었다. 그러나, 강 문기 사장은 집에는 안들어와도 하루에 두어번 꼴로 집으로 전화를 걸어서 그 여자와 직접 통화는 안 해도 금촌댁에게 그 여자의 부재 여부를 살피는 듯했다. 강 문기 사장의 여자에 대한 이런 관심은 전에 없던 일이었다. 그동안, 시현이에게서

도 여러 번 전화가 왔었지만 금촌댁이 내가 집에 없다고 따돌리고 있는 것 같았다. 그리고 집으로도 시현이 몇 번 더 온 것같았는데 관리인이 들여보내주질 않자, 어떤 날은 집앞 골목에 시현이의 빨갛고 앙증맞은 차가 하루 종일 진을 치고 있기도 했다.

망할 놈의 집이 워낙 커서인지 아니면 그 여자의 활동 범위가 좁아서 인지 한 달 가깝게 집에 있으면서도 그 여자를 볼 수가 거의 없었다. 어쩌다 가끔 먼 발치에서 그 여자를 볼 때도 있었지만 나는 한 번도 다가가서 말을 건네지 못했다. 이상하게 아직도 나는 그 여자를 멀리서 그저 보기만 해도 몸에 열이 오르는 것 같고 가슴이 쿵'쿵' 뛰는 소리가 내 귀에도 들리는 것 같은 착각 때문에 그런 나 자신에게 스스로 화가 나기도 했지만, 무엇보다도 내가 다가가면 분명히 그 여자는 어디론가 사라질 것만 같아서 그저 바라만 보고 있었는지도 몰랐다. 또한, 내가 집에 한 달 가까이 있다는 것 또한 기적에 가까운 일이라 할 수도 있지만, 웬일인지 나는 집이 이젠 지루하지 않았다. 아침에 눈을 뜨면 무엇인가 좋은 일이 있을 것 같은 설렘도 그랬고 집 안을 돌아다니다 어쩌다 그 여자를 만나게 될 것 같은 기대감도 나를 충분히 긴장시키곤 했다. 이상하게 들릴 지 모르겠지만 나는 솔이의 작은 손을 만지기를 좋아한다. 그 여자가 솔이의 손을 만졌을 것 같은 생각에, 뿐만 아니라 그리고 그 여자가 서 있던 자리, 그 여자가 앉아있던 정원의 벤치, 그 여자가 만졌던 그 모든 것을 나는 어느새 추적하면서 그 여자만의 향기를 느끼고자 했다. 그 여자가 남편이 죽지 않았을 수도 있고, 아니면 다른 남편이 있을 수도 있다. 그리고 이 집엔 오로지 돈 때문에 어떤 계획이 있어서 들어 왔다 해도 나는 이제 상관하지 않을 생각이었다. 나는 그 여자가 이 집안 어딘가에 와 있다는 사실 하나만으로도 충분히 행복하다는 걸 알았다.

그러던 어느 날이었다. 오랜만에 단잠에 빠져있는 내 방문을 그 여자가 잠옷 바람으로 뛰어든 것은... 그 여자는 언젠가처럼 얇은 잠옷이 다 찢어져 온몸이 피가 맺혀 있었고, 그 아름다운 갈색 머리는 처참할 정도로 한쪽이 뭉텅 잘린 채로 입술은 터져서 피가 나고 도저히 눈 뜨고는 볼 수 없는 상태로 내 방으로 뛰어 들었다. 그리고는 덜 덜~ 떨면서 이렇게 말했다.

–기, 기하 씨, 살려 주세요.

그 여자 입에서 내 이름이 나오고 내가 당황할 겨를도 없이 그 여자는 내 앞에 꼬꾸라져 버렸다. 웬일인지 그 여자는 맨발에 흙까지 묻혀 있었다 나는 정신이 하나도 없었다. 내가 정신없이 일어나 그 여자를 안아 올렸다.

–솔이 어머니, 솔이 어머니, 정신 차리세요.

그러나 그 여자는 내 팔에 안겨서 목을 뒤로 넘기고는 의식이 없었다. 나는 이를 부드득, 갈며 문 쪽을 보았다. 어떻게 사람을 이지경이 되도록 팰 수가 있다는 말인가, 나는 그 여자를 내 침대에 눕히고 밖으로 뛰쳐나갔다. 이미 밤이 깊어 있었다. 거실로 내려오자 강 문기 사장이 씩씩거리며 골프채를 든채 현관문을 열고 정원에서 들어오고 있었다 강 문기 사장은 들어오다 나를 발견하곤 멈칫' 하고 섰다. 그리곤 소리쳤다.

–너 뭐야 임마, 너 아직 이 집에 있는 거야,

강 문기 사장은 오늘도 술이 목에까지 차 있었다. 나는 그런 강 문기 사장한테 또 한 번 '살의'를 느꼈다 나는 두 손을 부르르~' 떨면서 주먹을 꽉 쥐고 강 문기 사장을 노려보았다.

–뭐야 이 새끼, 니눔이 애비를 노려보면 어쩔 건데, 이 새끼가 어디다가 눈깔을 똑바로 쳐들고, 이 새끼가 하면서 강 문기 사장은 휘적대며 골프채를 나에게 휘둘렀다. 그러나 내가 피하자 오히려 강

문기 사장은 지 풀에 푹' 하고 넘어지더니 다시 일어났다.

–어~ 쭈, 이 새끼가 이제는 애비를 쳐, 그래 이 새끼야, 어디 한 번 해 보자는 거냐,

나는 강 문기 사장이 휘두르는 골프채를 낚아채서는 확' 뺏어 버렸다. 내가 골프채를 확, 뺏자 강 문기 사장은 또 힘없이 꼬꾸라졌다. 나는 악이 받쳐서 소리를 질렀다.

–도대체 왜 이러시는 거예요. 네, 사람을 죽이실 작정이냐고요!

–이, 이, 새끼가 애비를 쳐, 이 후라 둘 놈이,

어느새 금촌댁과 식솔들이 깨서 거실 구석구석에 숨듯이 몰려 있었다. 관리인 남자 둘이 다가와 강 문기 사장을 부축하며 일으킬 때까지도 강 문기 사장은 소리만 질러댔지 비척거리며 잘 일어나질 못했다. 나는 금촌 댁과 함께 물수건과 구조함 박스를 들고 내 방으로 왔다

–아이구 세상에, 젊은 여자가 무슨 팔자가 이렇게도 기구 하누, 세상에 그 고은 머리를 이렇게 엉망으로 맹글다니 큰 사장도 인쟈는 미치는 갑네. 아이고, 솔이 엄마 불쌍혀서 어째 쯔쯔쯔, 차라리 이럴 바에야 딴 여편네들처럼 대들기나 하던지 도망을 가든지 할 것이지 그 모진 매를 고스란히 다 맞고 사람이 어딘들 성하누, 큰 사장 이 미친 겨. 그러지 않고서는 생사람을 이럴 수가 읍제.

금천댁은 넋두리를 하듯이 말하며 그 여자를 닦아주고, 약도 발라주고 하면서 옷도 새로 갈아입혀주고, 억지로 무슨 약인가를 먹이고 했다.

–어짰가? 솔이 엄마 여그 그냥 두고 오늘은 여그서 자야 하것는디, 작은 사장이 내려와서 자든가 혀, 우선 진통제 허고 박사님이 조제해준 거 수면제 조금 먹였으니까 솔이 엄마는 괜찮을 거이여.

–네. 제 일은 제가 알아서 할 테니 걱정 말고 주무세요.

금촌댁은 괜찮다고 했지만, 나는 염려가 되어서 한 시간 넘게 그 여자의 상태를 살피고 앉아 있었다. 그 여자는 잠이 든 것인지 기절한 상태인지 알 수가 없었지만 얼마간 시간이 지나자 고른 숨소리를 내는 걸로 보아 잠이 든 것 같았다.

나는, 내 방 한 쪽에 있는 소파에 누워 잠을 청했다. 이런 상황에서도 그 여자와 한방에 있다는 사실이 내 몸을 긴장시키고 있음을 알고는 나는 나 스스로에게 화가 났지만, 그것 역시 내 맘대로 통제되는 성질의 것은 아닌 듯싶어 뒤척이고 있을 때였다. 갑자기 그 여자의 작지만 울음 섞긴 목소리가 들려왔다.

—여보, 나, 너무 아파요, 나 좀 데려 가줘요, 무서워요 네, 솔이는 잘 있어요. 솔이까지 함께 데려가면 되잖아요.

나는 부석거리지 않으려고 몸을 움직이지 않고 가만히 눈을 떠보았다. 그 여자는 내 침대 곁에 있는 전화기를 붙들고 언젠가처럼 누군가와 통화를 하고 있었다. 아니, 통화 내용으로 보아 남편이 분명했다. 나는 여자에게서 눈을 떼지 않고 손을 조금 길게 뻗어 소파 옆에 연결되어있는 수화기를 들었다. 도대체 그 여자의 남편이 이런 상황에서 무어라고 하는지 듣고 싶었다.

—당신이 좋아하던 내 머리를 그 무서운 영감이 가위로 잘랐어요. 흑, 내 머리 어떡해요. 여보, 난 무서워서 정원으로 도망쳤는데 그 영감이 끝까지 따라왔어요.

그 여자는 울면서 계속 말했는데 나는 수화기를 아무리 바짝 귀에 갖다 대어도 이상하게 그 여자의 목소리 외에는 아무 소리가 들리지 않았다. 아니 아무 소리가 들리지 않는 것이 아니라 수화기 저쪽에서 계속해서 뚜, 뚜, 뚜, 하는 소리만 들릴 뿐이었다.

—여보 사랑해요. 당신 내 맘 알지, 여보 보고 싶어요. 당신 있는 곳 말해요. 갈께요. 당신 오기 힘들면 내가 갈 께요. 아니에요 찾아 갈

수 있어요, 여보, 제발, 당신 있는 곳을 말해줘요. 여보 사랑해요.

그 여자는 계속해서 울면서 말하고 있었고, 나는 멍하게 그 여자를 바라보다가 수화기를 가만히 놓았다. 웬일인지 가슴 한쪽이 쿵' 하고 소리를 내며 울렸다. 나의 우츄프라치아는 그렇게 다른 이의 손길을 거부하며 예전의 자신의 주인에게 살려달라고 텅 빈 전화기를 붙잡고 애절하게 호소하고 있었다.

―여보 끊지 마세요, 여보 제발 끊지 마세요, 여보, 사랑해요 여보 제발.

나는 몸을 움직일 수가 없었다. 전화를 끊은 여자가 아쉬운 듯이 수화기를 자신의 입술에 갖다대고 입을 맞추며 울고 있었다. 어둠 속에서 그 모습을 지켜보는 내 눈에도 이상하게 눈물이 고였다. 나는 뜬눈으로 지새다시피 했는데 새벽녘에야 잠깐 잠이 들었던 것 같다. 눈을 떠보니 해는 이미 중천에 걸려 있었고, 시계는 이미 오전 9시를 넘어서고 있었다. 침대 위에는 가지런히 이불이 정리된 채 여자는 이미 없었다. 나는 서둘러 소파에서 일어나서 1층으로 내려왔다. 그 여자가 궁금했다. 내가 계단을 내려오자 금촌댁이 다가와 내 팔을 끌며 숨죽이듯이 말했다.

―작은 사장 솔이 엄마가 말이여.

―왜요, 솔이 어머니가 어떻게 되었나요?

―글쎄 아무래도 이상한 것 같어, 어젯밤에 큰 사장한테 머리를 잘리고 충격이 컸던 게벼~ 아까 아침 나절에 아침도 안 먹고 허길래 내가 걱정이 되야서 솔이 엄마 방엘 가 봤잖여. 그랬더니 아, 글시 솔이 엄마가 잘린 머리를 자꾸만 빗는 시늉을 하고 있는 겨. 내가 미용사 한 사람 오라고 해서 커트를 쳐 주긴 했는데 말이여~ 그 미용사 하는 야그가 솔이 엄마가 정신이 올 바른 것 같지 않더랴.

―솔이는요?

솔이야 좀 전에 핵교 갔지. 오늘이 운동횐가 뭔가 한다고 혀서 진주 댁이 김밥 싸가지고 따라 갔는디, 솔이는 지 엄마 그런 거 물러. 큰 사장도 어제 그 난리를 떨더니 새벽에 부산 간다고 갔는 디, 이 일을 우짜믄 좋을까? 작은 사장이 나랑 한 번 솔이 엄마 방에 가볼텨, 워쩔텨?

금촌댁을 따라 내가 뒤에 서고 금촌댁이 그 여자의 방문을 노크하자 안에서 의외로 밝은 음성이 들려왔다.

-문 열려 있어요 들어오세요

그 여자는 마침 화장대에 앉아서 화장을 하고 있었는데 금촌댁의 말대로 그 탐스럽던 그 여자의 갈색 머리는 짧게 숏커트가 되어 있었다. 그러나 그녀의 짧은 커트 머리도 너무나 아름답게 잘 어울렸다. 마치 로마의 휴일에서의 오드리 햅번처럼 짧은 머리의 그녀는 오히려 그녀를 한 10살 쯤 더 어리게 보이게 하고 있었다. 나는 내가 그녀 방엘 온 이유도 잠시 잊어버리고 멍해져서 그녀를 보았다. 이유없이 또 가슴이 뛰고 있었다. 그때 그녀가 말했다.

-무슨 일이세요, 아, 기하 씨 어젯밤에는 정말 감사했습니다.

의외로 그 여자의 똑 부러지고 예의 바른 말투에 금천댁과 나는 서로 얼굴을 보았다. 그리고 오히려 내가 더듬듯이 말했다.

-아' 예, 괜찮으신가 해서 한 번 왔습니다 몸은 괜찮으십니까?

-네, 덕분에요.

그때 금촌댁이 내 옆구리를 툭' 치며 눈으로 나가자는 시늉을 했다. 나는 얼결에 다시 금촌댁에게 밀려 나오면서 그 여자가 한 손으로 자신의 머리를 넘기는 것을 보았다. 나는, 그 길로 집에서 나와서 M대학 병원 정신과에 있는 신경 정신과 전문의를 선배의 소개로 찾아갔다. 그리고 내가 본 그녀에 대해 털어놓았고 나는 그로부터 이러한 이야기를 들었다.

–이런 경우 환자들이 현실과 상상의 세계를 잘 구분하지 못하기 때문에 혼란이 생기는 것이므로, 스트레스나 갈등을 덜어주고, 현실감을 키워주는 것이 중요합니다. 발병 또는 재발의 모든 원인도 스트레스가 중요한 역할을 하기 때문에 스트레스로 인한 긴장을 낮추고 이를 다루는 방법을 교육하는 것 역시 치료의 중요한 내용이라고 할 수 있습니다. 일종의 우울증과도 비슷하지만 정신적인 치료가 더 급합니다

–그러면 입원을 해야 합니까?

–당연합니다. 그러나 문제는 이런 경우 환자 스스로는 자신의 병을 인정하려 들지 않기 때문에 그것을 환자에게 설득시키기가 여간 어려운 건 아니라는 겁니다. 그렇다고 어떤 문제를 크게 일으키는 것도 아닌데 강제로 입원시킬 수도 없지 않습니까. 그러나 지금 이 환자의 경우 직접 만나본 건 아니지만 이야기상으로 좀 심각한 듯한데 사실 이런 환자들의 경우라면 환자들이 일상적으로 접하는 사회 상황에서 느끼는 것들을 정확히, 그리고 현실적으로 해석해서 그에 맞게 적절하게 반응하게 해 주는 정신치료나 기타 사회기술훈련을 하루라도 빨리 받아야 하거든요.

나는 많은 생각과 고민 끝에 한 가지 결론을 내렸다. 그리고. 금촌댁을 통해서 집안 정원 한 귀퉁이에서 그녀를 만났다. 금촌댁은 직접 꿀차까지 내오며 나에게 근심 어린 눈길을 보내 주었다. 나는 용기를 내서 그녀에게 본론부터 말했다. 뜸을 들이다가는 내가 할 이야기들을 다 하지 못할 것 같아서였다.

–제 이야기 기분 나빠하지 마세요. 먼저 솔이 아버지에 대해서 묻고 싶은 게 있어서요.

난데없이 만나자고 하고 밑도 끝도 없이 불쑥 던지는 내 말에 그녀는 조금 긴장한 듯 나를 똑바로 보았다.

—솔이 아버지는 언제 돌아가셨습니까?

—그 사람 안 죽었어요!

그녀는 내 말이 떨어지기도 전에 받아치듯이 말하며 나를 노려보았다. 나는 순간 가슴이 탁' 하고 소리를 내는 것 같았다.

—아닙니다. 솔이 아버지는 정확히 7개월하고 17일 전에 돌아가셨어요. 비오는 날 지방에서 올라오시다가 교통사고로 죽었죠. G 병원 영안실에서 장례식을 치뤘고요. 그리고 '납골당'에 묻히셨습니다.

내가 다짐하듯이 말하자, 그때 그 여자가 갑자기 벌떡 일어나더니 내 뺨을 사정없이 후려쳤다. 정말 번개같은 순간이었다. 당황한 것은 바로 나였다. 그러나 그 여자는 분이 아직 덜 풀렸는지 또 다른 한 손이 또다시 내 뺨을 향해 날라왔다. 그러나 나는 그것까지 고스란히 맞을 수는 없었서 날아오는 그녀의 손을 잡았다. 그녀는 휘청거렸고 손안에 잡힌 손은 마치 어린아이 손 같았다.

—정신 차리세요 솔이 어머니. 솔이를 생각해서라도 정신 차리셔야 합니다. 솔이 아버지는 분명히 죽었어요!

—으~아, 흐~으~아~악~

그때 갑자기 그 여자는 두 손으로 자신의 귀를 막으며 소리를 지르기 시작했다. 아니 그건 사람이 소리를 지른다기보다는 짐승의 울부짖는 것과 같았다. 집안에서 금촌댁과 다른 일손들이 뛰쳐나왔고, 나는 미친 듯이 날뛰는 그 여자를 뒤에서 안았다. 나는 식솔들의 도움을 받아서 그 여자를 M 병원 정신과에 입원을 시켰다. 그 여자는 병원에서도 이미 잘려 나간 머리를 매만지면서 시종일간 초점 없이 멍한 눈이었지만, 말하는 것이나 그 어떤 것에는 전혀 이상이 없어 보였다.

—솔이 어머니 죄송합니다. 이곳에서 얼마간 안정을 취하도록 하세요 그후에 솔이 어머니 건강이 좋아지시면 솔이 어머니가 원하시는

대로해 드리겠습니다. 그러니 당분간만 여기 계세요 솔이는 제가 책임지고 돌보겠습니다

-감사합니다. 기하 씨. 저는 이곳이 맘에 들어요. 제가 건강해 질 동안 우리 솔이 잘 부탁드릴게요.

-네 염려 마십시요 솔이하고 자주 찾아오겠습니다. 물론 아버지께는 비밀로 할 테니까 그 점도 염려 마시구요.

그녀는 그렇게 거의 분별이 안 갈 정도로 깔끔하고 분명한 성격을 보여 주었다. 그리고, 나는 그녀가 병원에 온 것에 대해 의외로 담담함을 보이자 안심이 되었다. 나는, 그녀에게 다음엔 솔이를 데리고 오겠다고 약속을 단단히 하고 병원을 나왔다. 병원을 나온 나는 바로 솔이네 학교로 갔다. 운동장엔 만국기가 펄럭이고 가을 하늘은 아이들의 함성 소리에 치솟듯이 드높았다.

-1학년 11반 강 한솔

나는 그 많은 아이들을 눈으로 훑으며 솔이를 찾아보았다. 마침 1학년은 발 묶어 달리기를 하고 있는 듯 아빠가 오지 않은 애들은 엄마 발이라도 묶어 달리고 있었다. 나는 철봉 밑에 혼자 덩그러니 앉아 있는 한솔을 쉽게 찾을 수 있었다. 그 모습은 마치 어릴 적 내 모습을 보는 듯했다. 나는 운동회가 정말 싫었다. 운동회라고 와줄 사람도 없었지만, 별것도 아닌 놈들이 자기네 부모가 왔다고 으스대는 꼴은 더욱 보기 싫었다. 아이는 내가 다가가도 모르고 시무룩하게 앉아서 운동장을 바라보고 있었는데 내가 뒤에서 툭' 하고 어깨를 치며 말했다

-어이~ 동생, 지금 9반이 달리기하고 있으니까 형이 너무 늦은 건 아니겠지?

솔이는 나를 보고는 금세 온 얼굴이 환해지면서 벌떡 일어나더니

-우~와, 형님, 못 오신다더니 오셨네요 하고 소리치면서 내 목에

매달려 '펄쩍'펄쩍' 뛰었다. 그런 솔이를 보면서 이 나이 먹도록 누가 나를 이렇게 반겨 준 적이 없어서인지 이상하게 솔이의 함성 에 나는 가슴이 뭉클해 지며 웃음이 나왔다. 그리고 나는 마치 내가 운동회라도 하는 듯한 들뜬 기분이 되어 씩씩하게 말했다.

–좋았어, 우리가 일등 하는 거야, 동생, 달리기 자신 있지?

–넵, 형님!

오늘따라 가을 하늘이 더욱더 청명하게 드 높았고, 그 높은 하늘을 쩌렁, 쩌렁, 울리는 호루라기 소리가 우리에게 파이팅' 파이팅! 하고 응원하는 것만 같았다.

어젯밤부터 쏟아지기 시작한 비가 새벽녘에는 천둥 번개까지 동반하여 '우르릉 꽝' 광" 대는 바람에 한밤을 꼬박 잠을 설치던 나는, 비가 와도 너무 온다 생각하면서도 쉽게 잠들지도 못하고 그렇다고 잠에서 깨지도 못하는 이상스러운 밤을 맞고 있던 그날 아침이었다.

언제부터 울렸는지 계속 울리는 전화벨 소리에 한 천 근쯤 되는 듯한 몸을 침대에 누인 채 손만 간신히 뻗어 핸드폰을 집어들었다. 시계는 어느새 아침 7시를 가리키고 있었는데도 쏟아지는 폭우로 인해 밖은 컴컴했다. 나는 잠결에 핸드폰에 찍힌 전화번호 옆에 '오 영수 박사'라고 찍힌 걸 확인하곤 순간, 왠지 모를 불길함에 잠이 확 깨는 걸 느끼며 서둘러 수화기를 귀에 바짝 갖다 대었다.

–강 기하입니다. 여보세요?

–아, 강 기하 씨 안녕하십니까 M 정신과 오 영숩니다.

–네,무슨 일 이십니까?

– . . . . . .

–여, 여보세요. 오 박사님! 말씀 하십시요..

–놀라지 마십시요. 안 지숙 씨가 오늘 새벽에 교통사고로 돌아 가

셨습니다.

—안. 지. 숙?

안 지숙이 누구더라? 나는 잠깐 너무도 생소한 여자의 이름에 멍해 졌으나 곧 안 지숙이란 이름이 M 병원 입원 당시 그 여자의 이름임을 기억해 냈다. 그러자 나는 침대에서 용수철처럼 튕기듯이 일어나며 소리쳤다.

—그게 대체 무슨 말씀입니까! 병원에 있어야 할 사람이 어떻게 교통 사고를 당한다 말입니까?

—죄송합니다. 그 부분에 대해서도 설명을 해 드리겠습니다. 그리고 강 기하 씨께서 안 지숙 씨의 유일한 보호자이시니 지금 병원으로 좀 와 주셔야 겠는데요."

차에 시동을 거는 손이 덜' 덜' 덜' 떨렸다.

—안 지숙 씨가 교통 사고로 돌아가셨습니다. 돌아가셨습니다. 돌아가셨습니다.

오 박사의 그 말만이 쇠망치로 내 머리통을 자꾸만 울리듯이 꽝' 꽝' 치고 있었다. 불과, 며칠 전에 그 여자를 M 병원에 입원시키고 돌아오는 일요일은 솔이와 함께 병문안을 갈 예정이었다. 그런데 그 여자가 죽다니... 그것도 교통 사고라니. 나는 어떻게 M 병원까지 갔는지 기억이 나질 않았다. 다만, 내가 한치 앞도 분간할 수 없는 그 폭우를 뚫고 병원에 도착하자 오 영수 박사가 침울한 표정으로 나를 기다리고 있었다. 그리고 오 박사는 내가 자리에 앉자 조용히 하얀 종이 한 장을 내밀었다. 병원에서 발행한 듯한 '외출증' 이었다.

[개인 사정으로 인해 잠시 외출을 하고자 하오니 허락 바랍니다. Y 병동 1205호 안 지숙] 나는 멍하게 또박또박 써 내려간 그 여자의 글씨를 아니, 외출증을 내려다보고 있었다. 그리고 조심스러운듯 조용조용 말하는 오 박사의 이야기를 멍한 채로 듣고 있었다.

—아시겠지만 안 지숙 씨는 평소는 정상인과 조금도 다를 바가 없는 분이셨습니다. 오히려 정상인들보다 더 침착하고 예의가 바른 분이셨죠. 그리고 우리 병원에 며칠 있는 동안도 별다른 어떤 이상 변화를 보이시지도 않았구요. 또 어제 오전 10시 환자 개인 면담시간에도 지극히 정상이셨어요. 어제 오후에 외출을 부탁할 때도 병원 측에서는 안 지숙 씨가 이렇다할 진단이 구체적으로 나온 상태도 아니었기에 외출을 거절할 명분이 뚜렷하지도 않고 해서 집에 다녀 오시려나보다 하고 사인을 해 줬던 겁니다. 그런데 한 가지 이상한 것은...

오 박사는 말을 하다가 잠시 멈추었다. 나는 그제야 오 박사를 천천히 올려다보았다.

—안 지숙 씨가 비도 오는 그 밤에 왜 춘천까지 가서 교통 사고를 당했을까 하는 겁니다.

—춘천이라니요 그럼 사고가 춘천에서 났나요?

—네, 다행히 안 지숙 씨 소지품에 우리 병원 기록부가 있어서 바로 연락이 되었는데 뺑소니차에 치인 것 같습니다. 그 시각이 새벽 4~ 5시경쯤 된다고 추정하던데요.

—안 지숙 씨 병실 좀 가 봐도 되겠습니까?

—아, 그러시지요.

병실은 깨끗하게 정리되어 있었다.

마치 안 지숙 씨가 다시 오기를 기다리는 것처럼 침대 위에는 환자복이 가지런히 개어져 있었고, 한쪽엔 안 지숙 씨가 병원에 올 때 옷가지를 넣어왔던 갈색 가방이 정교하게 놓여 있었다. 작은 화장대 앞에 여러 가지 화장품들도 그대로 있는 걸로 봐서 안 지숙 씨는 정말로 잠깐 어딘가를 다녀올 생각이었던 것 같았다. 나는, 화장대 앞에 놓인 노트 같은 걸 발견하고 병실 안으로 들어서다가 멈칫' 하고 섰다. 문 옆벽 한 쪽에 인터폰 전화선이 빠져 있었고, 인터폰 수화기가 내려져 있는 것이 눈에 들어왔다. 그렇다면 안 지숙 씨는 또 분명히 이 세상에는 없는 남편과 통화를 했을 가능성이 크다. 그리고 남편을 만나러 춘천까지 가다가 그런 변을 당했을 것이다.

나는 오 박사를 따라 영안실로 가서 그 여자의 죽음을 확인했다. 그 여자는 마치 잠을 자는 듯한 편안한 얼굴로 누워 있었다. 사람이 살다가 죽는다는 것이 이렇게 간단할 수가 있단 말인가. 이 여자는 지금이라고 솔이가 '엄마' 하고 부르면 다정하게 웃으며 일어날 것 같은 얼굴이었다. 나는 가만히 그 여자의 잠든 듯한 얼굴을 손으로 만져 보았다. 차가웠다. 이 여자와의 이 세상 인연은 여기까지였나. 그래도 이 여자가 어딘가에 살아 있다는 거 하나 만으로도 세상은 그런대로 살만하다고 나는 느꼈었다. 이. 여자가 이제는 정말 이 세상에 존재하지 않는다는 말인가. 죽음이라는 것이 이렇게 대단한 것이었나. 그렇게라도 기어이 이 여자는 남편을 따라 가야만 했을까.

영안실을 나온 나는 머릿속이 텅' 비어 가는 느낌을 받았다. 그 여자의 죽음을 확인하고도 이상하게도 그 여자의 죽음이 도대체 실감이 나질 않았다. 나만의 우츄프라카치아는 그렇게 자신을 처음 사랑해 준 그 주인에게로 돌아갔다. 이제, 아무것도 모르고 내일이면 엄마를 만나러 간다고 들떠 있는 솔이한테는 무어라고 해야 하나. 이제 나는, 어떻게 살아야 하나 그 여자는 나에게 살아가는 의미가 되어 주었었다, 그 여자를 처음 본 이후로 나는 아침이 행복했었다. 언제나 아침에 눈을 뜨면 왠지 오늘은 좋은 일이 있을 것만 같은 기대감으로 들뜨곤 했었다. 나는 쏟아지는 빗속을 가로질러 휘청, 거리며 다시 그 여자의 병실로 갔다. 이럴 때는 비가 오는 것도 괜찮다 싶었다. 빗물에 얼굴이 젖어 소리만 내지 않으면 아무도 내가 울고 있는 줄은 모를 테니까... 방안은 아직까지도 그 여자만의 향기가 은

은하게 나고 있었다. 그리고 그 향기가 내게 말하는 것 같았다.

―기하 씨 우리 솔이 잘 부탁해요

나는 화장대 위에 그 여자의 일기장인 듯한 노트를 집어 품에 않았다. 그때 몇 명의 간호사들이 새로운 침대 시트를 안고 들어섰다.

―안지숙 씨 물건은 어떻게 하실 거예요.

―제가 가지고 가겠습니다.

뒤늦게 연락을 받고 M 병원에 나타난 강 문기 사장은 말할 수 없이 침통한 표정이었다. 나는 강 문기 사장이 그처럼 괴로워하며 그 침통해하는 표정을 철들고부터 본 적이 없었다. 내 어머니가 젊은 남자와 춤바람이 났을 때도 저런 표정이었을까 싶었다.

그 여자는... 우리 부자에게 깊은 흔적을 남기고 그렇게 떠났다. 오늘처럼 비가 이렇게... 하늘이 구멍이라도 뚫린 듯이 퍼부을 때는 나는 아직도 그 여자, 목이 긴 우츄프라카치아를 생각한다. 어쩌면 그 여자가 내 곁에 머물던 그 짧은 기억이 꿈이었나 싶기도 하고, 그런 여자가 정말 있기는 있었나 싶을 때도 있지만, 솔이를 보면서 그 여자가 잠시라도 내 곁에서 살아 있었던 것에 감사한다. 지금 솔이는 고등학교 2학년이 되어 있다. 공부도 제법 잘 해서 내년에 S 대는 문제없다고 큰소리를 치고 있다. 나는 솔이가 대학을 붙은 날 그 여자가 남긴 일기장을 솔이에게 선물할 생각이다. 그리고 그 여자가 솔이와 솔이 아빠를 얼마나 사랑했을지도 말할 것이다. 강 문기 사장은 그 여자 이후로 더 이상은 솔이에게나 내게 새엄마를 소개하지 않았다.

주댕이와 예원이

2부

예빵이와 주댕 이야기

'엄마, 나 교회 갔다 올게'
하고 다시 번개처럼 나간다.
예쁜 가을 단풍이 잠깐 다녀간 듯 딸아이가
다녀간 식탁엔 뚜껑도 덮지 않은 반찬들, 그리고 아무렇게나 뒹구는 수저,
한 그릇 뚝딱, 해 치운 빈 밥그릇 나는, 일어나 딸아이가 먹고 간 반찬은
냉장고에 넣고 빈 그릇들은 싱크대에
수돗물을 틀어 설거지를 한다.

1. 우리 집 주댕이

주댕이, 하면 이게 무슨 이름인가 하겠죠, 주댕이는 우리 아들인데요 이 녀석은 기분 좋으면 나한테

-우리 혜수기 이리 와 봐라,

이제 막 변성기에 접어든 목소리, 느끼하게 까는 울 아들 녀석, 애칭이 주댕이에요. 이 글 읽으면 틀림없이 삭제하라고 협박하겠지만 협박을 받을 땐 받더라도 할 말은 해야 할 것 같아요. 이렇게라도 써놓지 않으면 주댕이 녀석, 나중에 장가가서 자기 아들 낳으면 "아빠가 옛날에 말이야" 하면서 틀림없이 공부를 잘 했느니, 하면서 거짓말할 것 같거든요.

그렇게 요즘 같은 불경기에 우리 주댕이, 부모님께 효도하느라고 남들 다가는 학원, 놀더래도 학원 가서 놀라고 그러면 눈이 이따만하게 뜨고는 "기왕 놀 거 왜 아까운 돈 들이고 노느냐"면서 저렇게 백수로 눈 빠지게 게임만하고, 장차 이 나라를 짊어질 네가 이렇게 놀아서 어쩌냐구 살살 구슬리면 "돈 잘 버는 색시 만나 편하게 살 거야 ~ " 하는 대책 안 서는 녀석, 지 누나가 멜 확인 한 번만 하자고 꼬드기면 시간 재고 앉아 있고. 신문 티브이 방송 광고지 없어도 "주댕아 유리구두 언제 해?" 물으면 지체 없이 요일 시간대까지 한방에 말하는 우리 주댕, 온갖 랩, 영어 섞은 유행가 토시 하나 안 틀리고 중얼대는 장한 주댕이, "영어 단어를 저렇게 외우면 얼마나 좋을까 싶지만 서도 그렇게라도 유행가 배우면서 영어 단어 익히느라고 한참인 녀석에게

-넌 가방에 왜 책 한 권 없냐고 하면

-에이~ 엄마, 요새 누가 무겁게 책 가지구 다녀. 학교에 다있어.

-그럼 숙제는?

-엄마 요새 누가 숙제 내줘 숙제읍서~

어찌나 당당한 주댕, 그래, 몸으로 때우는 니 모습이 비디오다. 이놈아, 연필은 다른 애들 필통에도 넘쳐난 데나, 저 좋은 머리로 공부를 좀 하지, 우리 모두의 희망 사항을 뒤로한 채 오늘도 남들 학원가서 땀 흘리며 공부할 이 시간에 리모컨 껴안고 침 흘리며 퍼질러 자고 있는 내 사랑 주댕이. 저렇게 공부 안 하고도 영어 수학 만큼은 60점대인 훌~륭한 주댕, 울 아들 주댕이에게 파이팅을 해 봅니다

2002년 5월, 어느날에

2. 기말고사

기말고사가 2주 앞으로 다가와서 인지 심경에 어떤 변화가 생겼는지 우리 집 주대이가 놀더래도 학원가서 놀겠다고 선언했어요. 그래서리 엄마보다 백 배 더 예쁘다는 학원 담임 선생님을 면담했는데 얼마나 선생님 앞에서 갖은 아부를 다 떨었는지 그러나 나보다 백 배는 예쁘신 선생님이 주댕이 걱정이 이만저만이 아니였어요.

주댕이는 성격도 좋아서 친구들하고도 잘 지내고 모든 일에 적극적이고 머리도 그리 나쁜 편은 아닌 것 같고, 공부에 관심 없는 애들치고는 성적도 꽤 괜찮다고 칭찬인지 흉인지 모를 말씀을 하시는데 중요한 것은 내신 성적은 1반을 가야하는데. 행동이 내신 2반, 이라고 고민하시는 거였어요. 혹시 우리 주댕이가 내신 1반을 갔다가 공부만 파는 아이들 사이로 다니면서 피해를 주면 안 되는 뭐 그런 걱정이라고 할까요, 그래서 저는 걱정을 하시는 선생님과 약속 단단하게 하고는 씁쓸한 맘으로 집에 왔더니 주댕 왈, 낼부터 학원갈 시간 없으니까 오늘 밤새 컴 한다구 말리지 말라고 온갖 유세를 부립니다.

생각 같아서는 대걸레 자루로 한방 먹이구 싶지만, 어느 책에선가 읽은 사랑하는 자식은 매를 들기보다는 칭찬을 아끼지 말아야 그 말도 생각나고, 그리고 사실 우리주댕이 머리끝부터 발끝까지 안 이쁜데가 하나도 없어서 참았죠. 그리고 나이가 나이라서 그런지 요즘 들어서 티셔츠 한 개도 메이커야 되고, 청바지 하나를 사도 메이커, 추리닝도 메이커, 그 비싼 메이커 타령을 해서 이것도 한때지 싶어서 할 수 없이 하나, 하나 사 주다보니 우리 주댕이 메이커로 도배를 하고 산답니다.

실내화만 해도 그래요, 요즘 실내화 누가 문방구에서 사냐고 메이커 아님 뭐가 팔려서 안된다고 머리 빈티를 그렇게 내며 실내화 까지 메이커 타령해서 삼만, 하고도 육천 원짜리 실내화 카드로 긁어 사줬더니 카드 값도 아직 못 갚았는데 떠억, 잃어버리구선 뭐, 애들을 풀었으니까 곧 찾을꺼래나요? 그렇다면 너한테 풀린 애들은 또 뭐냐, 에혀~ 연속극을 넘 많이 봐서리... 2003년도 학생배정 시안 토론회 갔다가 너무 심각해서 겁 좀 주려고.

–너 그렇게 공부 안 하다가 공고 가믄 어쩔래 했더니

–요즘 잘 나가는 애들 다~ 공고 가,

컴터에 눈 박은 채 끄떡도 안하고 대답하는 장한 주댕, 지금이 70년대인가, 어디로 잘 나가는 것인지. 그래도 잠 잘때

–우리 엄마 아빠 오래 살게 해 주세요 하고 밤마다 하나님께 기도하는 주댕이 인지라 미워할 수도 없고. 오늘 아침엔 당당하게,

–엄마 실내화 사게 4,000원만 하더라고요.

–왜? 풀어놓았다던 애들은 다시 묶어 놨니? 물었더니 뒷머리 벅벅 긁으며 씨익 웃고는

–시간이 좀 걸리겠어, 자식들이 순발력이 좀 떨어지네요, 하네요.

그 후 일주일뒤 쯤 3학년이 신고 있던 실내화, 겁도 없이 풀어놓은 1학년 애들이 찾아왔다더군요. 새까만 1학년이 감히 3학년이 신고 있던 실내화를 어떻게 찾아왔을까요. 그래도 어떤 경우에도 당당한 울, 주댕이에게 파이팅을 보냅니다.

2002년 6월

3. 아폴로 눈병

요즘 장마가 대단해서 전국적으로 수해당한 아이들, 학교에 넘친 물에 잠겨서, 책이랑 다 젖고 학교가 휴교된 뉴스를 보면서 주댕이 녀석 한다는 말씀이

—으흐~재들은 복도 많지 복도 많아, 왜, 왜, 우리 학교는 그렇게 튼튼하냐고요~~ 하면서 한숨까지 푹푹 쉬시던 울 아들 주댕,, 이번엔 학교 전체로 전염처럼 퍼진 아폴로 눈병이 돌자, 절대로 이런 기회를 포기할 수 없었던 똑똑한 우리 집 주댕이, 갑자기 눈병이 걸려와서는 [눈병 걸린 친구 500원 주고 멀쩡한 눈에 안대 빌려 쓰고는 본인은 절대 아니래지만 ,비디오지) 눈병 한방에 걸려 와서리, 뻘건 눈 내게 들이대며

—아~ 공부해야 하는데, 눈병 걸린 친구들은 다른 애들한테 옮길 수 있으니까, 선생님이 집에 가래네 내 눈치 슬슬보며 좋아서 입을 못 다무시는 장한 아들 주댕, 그 녀석 꼴을 보니 내 저러다 저눔 입 삐뚤어지지 싶었다. 그렇게 공식적인 휴가를 3일 씩이나 즐기고, 이번 주 월요일부터는 아폴로 눈병때문에 학교가 2일간 전체 휴교하게 되는 행운을 갖게 되자,

—어, 학교가 이런 일로 휴교하면 안되지 월요일부터는 꼭 학교 갈려그 했는데 아, 이거 걱정이네 내 얼굴 힐끔거리며 심각한 척하는 울 아들 향해 말했죠.

—아들아, 입에 침 나왔다 침이나 닦아라

어제 뉴스에서 아이들이 학교에서 눈병이 급속도로 퍼지는 건, 서로가 서로에게 일부러 옮기기 때문이라고, 한 학생이 나와서 자기도

친구 두 명한테 일부러 옮겨 줬다고, 무슨 범죄인처럼 뒤통수만 보이고 이야기하는 걸 본 울 아들, 어딘가 많이 찔린 얼굴로.

—아, 요새 뉴슨 볼 게 읍서 하면서, 자꾸만 화면을 딴 데로 돌리 더라구여 오늘 아침엔, 나보다 더 큰 녀석이 내 품에 기어들어 와서는

—아, 이제 방학은 정녕 끝나는가~ 나는 기냥 엄마하고 학교 안 가고 이케 살고 시퍼 잉, 하며 못내 아쉬워하더니. 마치 개선장군 같은 목소리로 사무실로 전화가 왔어요

—엄마 바꿔 아빠, 어찌나 목소리가 우렁찬지 전화 안 바꾸고도 자알 들리는 목소리로

—으 흐흐흐~ 엄마, 선생님이 내 눈 뒤집어보고 아직 덜 낳았다그 집에 가래, 그래서 지금 집이야. 이히히히~ 웃음을 못 참고 좋아 죽는 울 아들, 가기 싫은 학교 억지로 갔더니 눈 덜 낳았다고 집에 가래니 울매나 행복했을 꼬, 선생님이 눈병 걸린 애들 검사한다고 했을 때 멀쩡한 눈 또 몹시 비벼댓겠지 빼얼게 지도록. 그래도 요즘 교회서 문학의 밤 연습한다고 여러가지 율동을 배워서리 한 번만 보라고, 덩치는 산만해서리 저녁이믄 재롱을 떠는 우리 귀여운 아들, 어찌나 예쁜지 엄마 오래오래 100살까지 살아야 된다고, 히유~ 백 살. 자기 누나 공부하느라 밤 한 시에 오는 거 마중 나가려는 나에게 우리 엄마는 넘넘 이뻐서 엄마가 더 위험하다고 아빠가 가라고 챙기는, 울 아들 주댕이, 절대로 미워할 수 없는 내 아들, 주댕이에게 오늘도 파이팅을 보냅니다.

2003 7월

4. 어떤 자유

–퇴근 무렵에 사무실로. 우리집 주댕이가 전화를 해서, 심각한 목소리로 말했어요

–엄마 나 담배를 피다 선생님께 걸려서 엄마 좀 오시래는데.

그래서 말했지요.

–아들, 아빠도 안 피는 담벨 니가 왜 피냐?

–엄마 화 안 났어? 마치 화내기를 강요하는 투로 우리 집 주댕, 재차 묻는데. 이상하게 그 말이 안 믿어졌어요. 약간씩 말썽을 부리기는 해도 적어도 우리 집 주댕이가 벌써부터 그런 사고까지 치지 않을거라는 신뢰감이 있었는지도 모르겠어요 그래서 말했어요.

–글쎄 얼만큼 화낼 일인지는 모르겠다만 근데 엄만 왜 안 믿어지니 우리 아들이 그럴 리 없는데

–아니야 정말이야 주댕이가 말했고,

–아니 그럴 리 없어

내가 장난처럼 더 강력히 부인하자 우리 집 주댕이는

–에이~ 잼 없어 했어요. 젤 친한 친구가 담배를 피다 걸렸는데. 그 집 부모님이 아시면 그냥 '죽음'이라고 그 친구가 집에 못 들어간 데나요 일 년에 몇 번 명예교사 일로 아들 학교 가서 학교 뒷문지키고 있으면 담배가 피고 싶은 애들이 기웃거리다가 도망가곤 하거든요. 도망가는 그 애들 이쁜 뒤통수를 보면서 이러한 일들이 지킨다고 지켜지는 일은 아닌데 싶었어요. 그리고 담배를 피운다고 모두 불량학생은 아니라는 거죠 어쩌다 영웅심이나 호기심에 피우다 담배라

는 틀에 갇히게 되어 버려서 나중엔 어쩔 수 없이 피우게 되는 거겠죠. 본인은 또 얼마나 힘들까 싶기도 하고...

남들 눈 피해야 되고. 몸에도 몹시 나쁘고, 머리에도 안 좋은데. 무엇보다도 얼마나 용돈에 시달리겠어요. 그건 일종의 '구속'이라고 생각 했어요. 그것 때문에 잠시 잠깐은 아무리 행복하다 해도, 그러나 그것으로 인해서 자유로워야 할 시기에 하찮은 담배 때문에 일정 부분이 구속 되어야 한다면 바람직한 일은 결코 아니겠죠. 왕 터프한 우리 주댕이는,

–'아무도 안 보아도 하나님은 보신다'를 믿거든요 그리고 저는 아직까지는 그런 우리 아들을 믿고 싶고요. 나중에 믿는 도끼에 발등을 찧을 수도 있겠지만, 아직까지는 우리 주댕이 제가 쳐놓은 테두리에서 나름대로 자유를 즐기고 있는 것 같아 보이거든요. 그래도 이제 곧 저도 우리 주댕이에게 쳐놓은 테두리를 거두어야 할 때가 오겠지요. 오늘도 우리 아들은 하루가 다르게 쑥쑥 자라고 있으니까요.

퇴근 후, 저녁을 준비하는 등 뒤에서 내 허리를 안으며 우리 예쁜 아들 주댕이, 이렇게 말하네요.

–엄마 나 믿어 줘서 고마워요.

한 번은, 내가 우리 주댕이 학교에 명예 교사로 갈 순 번이 되었는데요 그 사실을 안 울 주댕이는 어제 저녁부터 비상이 걸렸어요.

–엄마 우리 반 오시면 안 돼요 절대로 안돼요

–없는 시간, 쪼개서 명예 교사 폼으로 허냐 임마, 다~ 너 때문인데 니네 교실엘 왜 못 가냐, 꼭 갈거다 하는 얼굴로 들은 척도 안 하는 나를 울 주댕, 내가 명예 교사를 하면 뭐가 켕기는 게 있는지 똥 마려운 강아지 마냥 주방으로 화장실로 따라 다니면서 제 딴에는 약속

단단하게 한다고 내 손가락 끌어다가 자기 손에다 깍지도 껴 가면서 심각해 하더라고요

–엄마, 제발 명예교사 그거 좀 안 하시면 안돼요~ 내가 머 어린애에요 창피하게 진짜~

나는 불만 가득한 주댕이의 건의를 온통 무시하고 점심시간 종 울리자마자 당당하게 주댕이반엘 갔었지요. 울 주댕, 아니나 다를까 한 손에 도시락 들고 그 큰 입에 나무 젓가락 물고 온통 교실 바닥을 휘 젓다가 나하고 눈이 딱' 마주치자 금세 꼬리 착, 내리면서

–어. 어머니 오셨어요 했는데

그때 어디선가 기어드는 목소리로.

–애, 너희 시어머니 오셨다 인사 드려야지~ 하는 소리가 들리는 거였어요.

나는 왠 며느리감 후보가 또 있나 싶어서 소리나는 쪽을 안 보는 척하며 슬쩍 보니까 꽤 예쁘게 생긴 여자 아이 하나가 수줍은 듯이 자기 친구를 때리며 고개를 푹 숙이데요. 그래서 나는 생각 했어요~ "이쁜아, 걱정말아라 ~ 잘 난 아들 둔덕에 며느릿감 후보 이름도 다 못 왼다." 하다가도 증말 이러다가 몇 년 안에 '할머니' 소리 듣는거 아닌가 싶어 조금 심란 하긴 하더라고요. 하기사 그 나이에 여자 친구 없는 것이 더 이상하겠지요. 어느 정도 서로가 서로를 구속하지 않는 자유로운 상태로 서로가 이성에게 호감을 주고 받는 것은 결코 나쁘다고는 생각하지 않습니다. 우리 주댕이가 어떤 큰 틀에서 벗어나지만 않는다면 그 속에서 아름다운 자유를 누리면서 행복한 학창시절을 보냈으면 하는 바램입니다. 이제 우리 주댕이가 중학교 2학년입니다 오늘도 씩씩한 우리 주댕이에게 파이팅을 보냅니다

2003.5월

5. 해킹

퇴근을 하고 집에 오니까, 셤 공부를 하고 있어야 할 우리 주댕이가 컴퓨터 앞에 반쯤 넋이 나간 듯이 멍하게 앉아 있었어요.

—왜 그래.

궁금해서 내가 물었더니 우리 주댕이,

—엄마, 나 해킹 당했다.

—무슨 해킹? 그건 니가 전문 아냐?

내가 놀리듯 말해도 애꿎은 컴퓨터만 노려보면서 우리 주댕, 여전히 멍, 아주 순식간에 '퀴즈퀴즈게임' 머니 300만 원을 몽땅 눈뜨고 해킹을 당했다는 건데. 아직도 실감이 안 난다는 표정으로, 지금 자신이 당한 일이 얼마나 중대한 일인가를 내게 설명했다.

—엄마. 퀴즈퀴즈 머니는 하루 종일해도 1만원도 못 올리는거야 나 그거 3년 모은 거거든. 어떤 여자애가 중2라고 나하고 커플을 하자는 거야, 켐 사진도 보내고 멜도 보내고 하면서 디게 이쁘더라, 그래서 커플했거든 근데 갑자기 컴터 전원이 나가는 거야, 얼른 다시 켰는데 1분도 안되는 사이에 다 날라갔어. 그 여자애는 벌써 켐 사진도 안 뜨고 멜 주소는 삭제 됐더라구, 이건 나도 모르는 신종 해킹 수법이야. 우리 주댕이, 충격이 어지간했는지, 계속 컴퓨터 앞에 앉은 채 중얼 중얼 거렸어요. 원래 컴퓨터 게임 머니 해킹은, 우리 주댕이의 전공이었거든요. 그래도 우리 주댕이는 마음이 약해서 재미로만 한다면서 2만 3만 정도의 머니만 해킹하더라고요 그래도 그건 정당한 방법이 아니라고 제가 나무랐었죠. 그리고 요새는 맘 잡고 해킹 같은 거 안하는 걸로 알고 있는데. 오늘은 오랜만에 셤 공부하다가. 잠

깐 머리라도 시킬려고 게임 딱 한 판' 하려다가 그런 엄청난 일을 당했다 네요

-엄마, 우리 학교 애들 중에서 내가 겜 머니, 젤 높다.

자랑하던 우리 주댕, 학교 성적이 젤 높으믄 울매나 좋으꼬. 했지만, 3년 간 모은 겜 머니 한방에 날린 우리 주댕이, 지금 심정이 얼마나 허무하고 속상할까 싶어서 눈치만 보고 저녁 준비를 하는데. 갑자기. 우리 주댕, 벌떡 일어나더니 거실을 막 왔다 갔다 하면서

-으.으. 으~아, 으~아아~ 하다가 박수도 치다가 가슴도 치다가. 으,흐 으~흐 하면서 웃다가 풀석, 주저 앉으며 이렇게 말하네요.

-요즘 애들 무섭네~, 정말 요즘 애들 무섭네.

나는 이 상황에서 절대 웃으면 안 되는 줄 알지만 자꾸만 웃음이 나와서 참을 수가 없었어요. 우리 주댕이, 억울하고 심각한 마음이야 백 번 이해가 되지만, 다른 애들은

-니가 더 무서울 걸, 하는 생각이 나더라고요. 그때 우리 집 주댕이가 결의에 찬 목소리로 말했어요.

-엄마, 낼이면 셤 끈나, 나 다시 도전해 볼꺼야 내 돈 찾아올 거야, 그애 용서하고 새로운 거 하나 배운다 생각 할꺼야, 나, 괜찮아 엄마, 밥 줘 누가 뭐랍니까, 그래도 눈가에 눈물까지 보이며 펄쩍 거리더니 어느새 평정을 찾고, 밥을 두 그릇이나 뚝딱, 해치운 우리 장한 아들 주댕이, 지금 티브이 켜놓고 열심히 셤 공부 중입니다. 모든 컴터 게임의 지존격인 저 녀석이 맘먹고 덤비면, 아무도 못 당한다는 걸 아는 저로 서도 할 말이 없었어요 다만 낼부터 공식적으로 얼마나 당당하게 컴터에 매달려 있을 것인가는 불 보듯이 뻔한 일입니다. 그래도 이미 어쩔 수 없는 일에 연연해하지 않고 접을 건 접을 줄 아는 우리 자랑스럽고 멋진 주댕이에게 오늘도 파이팅을 보냅니다.

2003, 10

6. 엄마냄새

요즘 우리 집 주댕이가 자신의 외모에 부쩍 관심을 보이는데요 멀쩡한 벽에다 금 그어놓고 날마다 아침에 눈 뜨면 벽에 붙어서 키를 재 보고는

−우~ 띠, 키가 왜 안자라는 거냐고요 한다든지. 티브이에서 탈런트 권 상우만 나왔다 하면 티브이 옆에 붙어서 "엄마, 엄마, 누가 더 잘 생겼어? 솔직히 객관적으로 말해야 돼, 엄마 아들이라고 생각 말고 얼릉 말해봐"합니다. 어쩝니까요 고슴도치도 지새끼가 이쁜 걸 나는 백 번 이면 백 번 다

−우리 아들이 훠~얼 낫지, 합니다 그러면 우리 주댕, 반신반의하면서도 좋아 죽습니다. 그리곤 나를 흘낏거리며 거울 앞으로 가서는 온갖 멋있는 표정을 지어 보이죠. 그럴 때면 의례히 우리 예빵이는 우리 두 사람(아들과 나)를 안됐다는 듯이 쳐다보며 말합니다

−도대체 언제까지 할 건데? 왜 하필 권 상우야~ 정말 불쌍해서 못 봐줘요, 합니다. 그러거나 말거나 우리 주댕이, 지 누나의 반응에는 아랑곳없습니다.

−으흐~으흐, 내가 울매나 잘 생겼으면 누나가 질투를 다하넹~ 하믄서 말이죠, 어제는 퇴근을 해서 집에 들어갔더니 우리 집 주댕이가 열심히 컴터를 하믄서 제 잠옷을 목에 둘둘 말고 있더라고요, 저는 이런 엽기적인 상황이 이해가 잘 안돼서 누나한테 물었었죠.

−재, 왜 오늘은 또 저러고 있냐? 물으니까

우리 예빵이, 시큰둥하게 이렇게 말하더라고요

−냅둬, 엄마 냄새 맡는 중이래, 재 가끔 저러고 있어,

그 말에 우리 주댕, 날 보믄서 히'히, 웃데요 나는, 궁금해 져서

—엄마 냄새? 어떤 냄새? 혹시 엄마가 가끔 뿌리는 헤라 향수 냄새? 하고 물어보았죠. 그랬더니 우리 예빵이도 인정한다는 듯이

—아니, 그 냄새 말고 엄마 냄새 있어 나도 알아 그치 주댕아, 엄마 냄새 디게 좋지? 하데요 하지만, 나는 우리 주댕이 목에 감긴 내 잠옷을 아무리 냄새 맡아봐도 별 냄새가 안 나더라고요.

—엄마는 엄마니까 엄마 냄새 모르는거야~

우리 주댕이가 그런 저를 돌아보며 아무렇지도 않게 말했는데요 약간 푼수끼 있는 저로서는 그 말에 왠지 감동이 되서 눈물이 쬐끔 나오려고 했고요 그 동안 잊고 있었던 엄마의 냄새가 떠올랐거든요 뭐라고 말 할 수는 없었지만, 나만 알 수 있었던 우리 엄마의 냄새. 그 포근하고 정겹던 냄새 말이죠 엄마가 하늘 나라에 가신 뒤로는 한 번도 느끼지 못했던 그 냄새가 갑자기 그리워지는 거였어요. 이제. 내가 좋아하던 엄마 냄새를 우리 아이들이 내게서 느끼나 보다 생각 하니까. 아무래도 저는 우리 주댕이, 말대로 "백 살'까지 살아야 할까 봐요. 오늘은 우리 주댕이와 우리 예빵이에게 잘 자라주고 있어서 고맙다고 '파이팅'을 보냅니다

2003,11

7. 엄살

어제 우리 집 주댕이 오후 6시쯤 사무실로 전활 했더라고요 머리도 아프고, 배도 아프고, 코피도 날려고 한다구요

—아니, 코피가 나면 나는 거고 , 안 나면 안 나는 거지 날려고 한다는 도대체 어떤 경우를 말하는거냐고 물으니, 어쨌든 너무 아파 죽겠으니까. 학원 좀 안 가면 안 되냐고. 사정 사정을 합니다. 날씨가 좀 추워지니까 그새 또 꾀가 난 것 같았어요. 그래서 제가 좀 야속하다 싶게

—엄마는 아들이 죽어도 학원가서 죽음 좋겠네 왜, 발바닥은 안 아프냐? 했더니 집에 와 보니까 식탁 위에 이따만 하게.

—아들, 죽으러 간다~ 라고 써 놓았더라고요. 저녁 준비 다 해놓고 헬스 가면서 제가 그 밑에 답글로.

—우리 아들 혹시 살아서 돌아 오믄 밥 먹고 약도 먹어라. 써 놓았죠. 밤 11시쯤 모자 상봉해서리 내가

—어, 울 아들 안 죽었네~ 하니까 우리 주댕, 멋 적은지 씨~익 웃으면서

—엄마, 밥 줘 배고파 하데요. 아파 죽겠다던 넘이 그 밤에 밥을 두 공기나 뚝딱 해치우는 걸 보면서 웃음이 나왔습니다. 언젠가는, 내 블로그에 들어와 보곤 적나라하게 자기의 이야기들이[주댕이 이야기] 답글이 한 30개쯤 주욱, 달려서 전개되어 있는 걸 심각하게 읽더니.

—엄마 이 글들 삭제 좀 해 주세요 네, 이러면 안되죠. 나도 체면 이란 게 있는데~ 하더라 구여.

-민주 국가에서 언론의 자유를 구속 받아야 하는 이유가 단지 너의 체면 때문이라면 나도 못 지운다 했더니 울 주댕, 의미심장하게

-흐~흐~ 웃으며 "언론의 자유? 조오치, 그럼 나도 엄마의 비리를 답글로 적나라하게 함 올려봐? 이렇게 말하며 히죽 거리데요 딸내미까지 히죽 거리며 이럴 때는 어느새 둘이 공범이 되서리~ 고것들, 눈치를 봐야 하니 제가 뜨끔해지더라고요. 그래서 제가 목소리를 부드럽게 바꿔서 타협'을 요청 했지요

-알았어, 어디를 지워줄까? 어느 부분이 맘에 안 드는데? 하다가 약간 심통이나서 내가,

-그래도 너 아들이 되 가지고 치사하게 그러는 거 아니다, 남도 아니고 용돈 달랄 때를 한 번 생각해보고 맘 바꾸는 게 어때? 하니까.

-왜 이러숑? 민주 국가에서 은근한 협박은 무슨 죄에 속하는 강~ 하데요 자식이라고 목숨 걸고 낳아 놓고 맛 있는 거 자기네 입에 다 넣어주고 난 남은 거 먹고 메이커 붙은 거 지내 다 사 주고 난 길거리에 누워있는 옷 사 입고, 나는, 동네 파마 2만 원짜리 하믄서 지네는 1번가에서 5만 원짜리 매직 파마도 시켜 줬는데 요것들이 머리 컷다고 나를 이 길려고 하더라고요' 우야튼지 앞으로는 주댕이의 이야기 '공정한 심의'를 거치기로 했답니다. 안 그러면 저의 비리가 올려 진다고 해서요. 저 놈들이 공모해서 주댕이와 예빵이 이야기에 답글로 내 비리를 올린다고 생각하니 좀 그렇다라고요

-우와, 엄마 화장 안하면 교회 집사님들이 못 알아볼 껄? 아예 엄마 몰래 사진을 찍어 올려 봐?

-우와, 우리 엄마 뱃살, 장난 아닌데, 뭐 등등 ...

2003. 11.04

8. 두발 자율화

어제 밤에는 참 많이도 울었습니다.

–중3은 머리 자율화야, 선생님들도 뭐라 안그러 셔

중3이 된 울 아들 주댕이. 요즘 머리를 아저씨처럼 기르고 다니거든요 머리가 자라니까 머리통이 산만큼 커져서리 그래도 요즘 이게 유행이라고, 머리를 무슨 신주단지 모시듯이 하는 울 주댕이 보면서

–좀 있음. 니 머리 묶어도 되겠다. 이 참에 엄마가 1번가 나가서 머리 묶는 이쁜 끈 하나 사오까? 머리 띠도 이뿐 것 많던 데 이 참에 머리 띠도 해 볼래? 하다가

–아들아, 머리 몬 자르겠음 숱이라도 좀 치면 안 되겠니 니가 무슨 산적이니 구슬러도 보고... 온갖 방법을 다 동원 해보았지만, 울 주댕이는 여전히 끄덕 않고 꿋꿋이 버티었어요. 근데 머리가 기니까 울 주댕, 자기 자신이 무슨 진짜 어른이라도 된 것처럼 어깨에 힘이 더 들어가, 어느 날 부턴가 건달 비슷한 폼으로 온 동네를 누비고 다니더라고요. 그런 울 떨구 불안하게 지켜보면서 학생이 머리를 자르고 교복을 입는 이유가 단지 학생과 일반인을 구분하기 위해서만은 아니라는 걸. 다시 한 번 실감했죠. 그런데다가 학교에서 선생님이 주댕이 문제로 상의할 게 있다고 저를 좀 만나자고 하시데요.

선생님 말씀이, 딱히 말썽을 부리는 것도 아니고, 공부를 못하는 것도 아닌데 우리 주댕이를 통제할 수가 없다는 것이었어요. 선생님이 무슨 말씀을 좀 하시면 그렇게 상황설명[변명]을 한다는 것이었어요. 나는, 아무것도 할 수 없는 상태로 남편과 상의를 하고 밤늦게 학

원서 기세등등하게 들어오는 울 주댕이에게 남편이 종이 한 장을 내놓으면서 '약속서'를 쓰라했죠. 우리 주댕이는 느닷없는 일에 당황해서인지

—아빠 배고픈데 왜 그래요? 하면서도 분위기가 심상치 않았는지 볼펜을 들고 얼른 말하라는 눈으로 보데요 얼른 부르는 데로 쓰고 밥 먹겠다는 거였어요.

—첫째, 머리를 자르겠습니다. 남편이 말하자, 울 주댕, 그 큰 머리를 번쩍 들더니.

—안 돼, 그건 절대로 안 돼 아빠!

그리고 한 시간 가량 머리를 잘라라, 그것만은 안된다로 우리 주댕이 차라리 맞으면 맞으리라는 각오로 투쟁했습니다

—둘째, 하나님을 신뢰하고 나 자신을 소중히 여기겠습니다

—셋째, 아침에 일찍, 일찍 학교에 가겠습니다

—넷째, 학원 시간 늦지 않겠습니다

—다섯째, 아무리 억울해도 어른한테 설명[변명]하려고 하지 않겠습니다

—여섯째, 시험 기간동안 컴퓨터 않하겠습니다

이렇게 쓸게 많았는데 ... 첫 번째에서 우리 주댕이와 타협점을 얻지 못하고, 기어이 화가 난 남편이 주댕이에게 큰 가방을 던지면서

—부모 말 안듣는 자식 필요 없으니까 그 가방에 짐 다 싸가지고 나가, 했고, 우리 마음 약한 주댕, 머리도 못 자르고 집도 못 나간다고 울고. 남편은 그런 주댕이에게 나가서 네 맘대로 머리 기르고 살라고 소리치면서 안 나가겠다고 버티는 우리 주댕이를 기어이 가방까지 싸게 하고는 사정없이 내몰고 문을 잠궈 버렸어요. 그리고 남편은 집에 불을 다 끄고 안방으로 가서 침대에 벌렁 눕더라고요 그때

가 밤 두 시가 넘은 시각이었는데, 그 밤에는 얼마나 추웠는지 바람이 겨울바람처럼 불어댔어요 이른 장마비도 왔구요. 나는, 울면서 누워있는 남편을 막 때렸어요

—이 매정한 인간아, 키우던 강아지도 이런 날에는 안 쫓아내겠다. 남편도 괴로운지 등을 돌린 채 암말 않더니

—그래도 버릇은 고쳐야지 신경쓰지 말고 자, 그 놈 어디 먼데 못가 곧 들어 올 거야 하데요. 그래도 나는 1분이 한 시간처럼 느껴지면서 가슴은 두 방망이 치는데 나보고 자라니요. 나는 울면서 거실을 왔다 갔다 했어요. 이른 장맛빈데 바람소리는 왜 또 그렇게 드세게 불던지. 나는, 이 추운 날 우리 주댕이가 밖에서 떨고 있을 생각을 하니 더 이상 참을 수가 없어서

—당신이 그러니까 애 버릇이 그 모양이야, 당신 지금 지금나가서 그 녀석 찾아오면 그 놈 버릇 못고쳐, 하는 남편의 소리를 뒤로하고 우리 주댕이를 찾아오겠다고 그 밤에 집을 나섰어요 우리 주댕이는, 아무도 없는 공원에서 큰 가방을 옆에 놓고 울고 있더라구여 그 비를 다 맞으면서요. 그런 우리 주댕이 붙잡고 나는 얼마나 울었는지 몰라요

—그래, 엄마가 잘못했다. 내가 너를 그렇게 키워서

그제야 우리 주댕이, 울면서 말 했어요

—아니야 엄마 내가 잘못했어요. 근데 엄마 머리 조금만 자르면 안될까? 그리고 다른 약속은 다 지킬게. 나는 우리 주댕이 맘 다 알아요. 그 나이땐 머리 길러보고 싶겠지요 그리고 우리 주댕이에게 그 머리가 지금은 얼마나 소중하다는 것도 알겠구요 그렇지만 천하에 둘도 없는 모범생이었던 주댕이 아빠가 그 심정을 어떻게 알겠습니까, 주댕이 아빠 고등학교때 사진보니까 얼마나 촌스러운지 교련복입고 소풍가서 차렷하고 찍은 사진이 창피할 정도 였거든요 오늘 아

침 우리 집은 각자 굶고, 학교 가고 출근을 했습니다. 어제 일로 제가 몸살이 나서 아침에 못 일어났거든요. 지금 12시를 넘기는 이 시각에 일어나 이글 올립니다. 그리고 울 주댕, 선생님 면담 하러 학교엘 가봐야 할 것 같아요. 그래도 오늘 아침 일찍 일어나서

-셋째, 아침에 일찍, 일찍 일어나 학교 가겠습니다,를 스스로 지킨 우리 아들 주댕이에게, 오늘도 파이팅을 보냅니다.

2004. 06 .2[중3 주댕이]

9. 꽃동네 봉사활동

우리 주댕이, "몰라, 두 시간 간대~" 말하곤 '꽃동네" 노인봉사 2박 3일 예정으로 떠난지 이틀째 날입니다. '울 아들보고 싶어 어떡하지?" 하는 내 어깨를 어른처럼 다독이며

–전화 할께요 하던 울 아들 주댕이. 아침에 일어나 현관문을 여니, 우리 집 우유대장 주댕이가 부재중이라 어제 온 우유 개봉도 안 했는데 또 우유가 와 있더라고요. 식탁 위엔 우리 주댕 좋아하는 각종 과자와 오뜨" 파이가 수북히 그대로 쌓여 있구요. 나는, 좋아 하지도 않는 우유 상할까 싶어서 두 컵씩이나 억지로 마시면서 이 아침. 우리 주댕이를 생각합니다. 저녁마다 퇴근할 때 슈퍼에 들려서 아이스크림이나 과자, 오뜨 파이, 음료수, 한 보따리씩 사다가 식탁 위에 쏟아 부어놓아도 그 다음날이면 언제나 식탁위가 깨끗'했는데 우리 주댕이 없으니까 그 모든 것들이 마치

–우리 주인 어디 갔어요? 하는 듯이 어지럽게 놓여 있네요

–3학년 수행평가는 방학숙제로 다 한다는데 너 숙제는 다했니?

개학 이틀 앞두고 물어본 내게

–이제부터 해야지요

아무렇지도 않은 얼굴로 말하며 내 가슴을 '철렁'하게 하던 대담한 우리 아들 주댕이, 그렇게 3학년 여름방학을 원없이 놀아 재끼고, 개학 하루 전 날 7곱가지 방학 숙제를 나와 아들은 컴퓨터 다 뒤져가며 새벽 두 시까지 짜 맞추기를 했습니다. 그 와중에도 나는,

–숙제마다 제목 표지를 붙여야 한다, 울 아들은,

–내용이 중요하지 겉장은 필요 없어, 내가 뭐 여자야?

하면서 한 번 해 보자고 나한테 덤비고, 열 받은 나는,

-그 많은 애들 내용 선생님이 어떻게 다 보냐 거기에 왜 여자, 남자가 들어가냐, 내용도 중요하지만 성의가 더 중요하다로, 아들 말대로라면 숙제한 종이 한 장을 그냥 접어서 내겠다는 거니까요(남자들은 다 그런 다나요) 우린 없는 시간에도 한 시간 가량이나 그렇게 실랑이를 벌여가며 대단원의 막을 내렸는데(물론 겉장을 붙였죠) 개학식 날 저녁에는 우리 아들, 퇴근해서 돌아온 내 손을 잡으며

-엄마 숙제 도와 준거 고마워요 뚜껑 붙이길 잘 한 것 같아, 나 오늘 칭찬받았어 하며 씨~익 웃대요.

우리 예빵이는 성적 욕심이 많아서 학교에 내는 과제물을

-이게 더 좋겠다 라고 내가 말하면

-어, 그래~ 하면서 바로 수긍합니다. 엄마 말 들어서 별로 손해 볼게 없었다는 결론을 일찌감치(초딩1학년부터) 터득한 바라 울 예빵이는 어찌 보면 약을 정도로 욕심이 많았거든요 하지만 울 터프한 주댕이는, 맘 바닥에 '엄마는 여자라 남자들 세계를 모른다가 늘 깔려 있죠" 그 왕 터프한 우리 집 주댕이가.

-전화 할께요 한 마디 남기고 가더니. 나는 어제부터 전화 벨소리만 울리면 하던 일 스톱' 하고 전화기 앞으로 달려가는데 무심한 울 아들 주댕, 전화 한 통 없네요 오늘 저녁에는 전화 함 땡겨 줄라나, 오늘도 정 많고 눈물도 많은(이건 비밀인데 울 주댕이 연속극보다 잘 울거든요 주댕이가 산만한 그 덩치로 티브이 앞에 훌쩍거리면 뒤에서 예빵이와 나는 웃겨 죽습니다) 그래도 터프한 울 아들 주댕에게 '물러~두 시간 간데 '의 꽃동네에서 할아버지 할머니들하고 좋은 경험 많이 쌓고 오라고. 좀 더 어른이 되어서 오라고 파이팅을 보냅니다.

2004. 08.29.

10. 늑대와 양치기 소년

울 주댕이, 저녁 9시쯤 사무실로 전화 해서리 느닷없이.

−엄마 나 학원 끊을래요 합니다

나는 또 이거이 무슨 소리냐 싶어서 수화기를 바짝 고쳐 들었죠.

−내가 오늘 학원 가다가 버스에서 잠이 들어서 몇 정거장 더 갔거든 그래서 늦었는데, 학원 선생님이 사무실로 오래더니 내 이야기는 듣지도 않고 우선 몇 대 맞고 이야기하라는 거야, 그러면서 내 머리통을 때리잖아, 이씨, 다른 선생님도 있는데 그래서 내가 말했어, 머리 안 맞고 학원 그만 두겠습니다 그리고 나와 버렸어, 씨이~선생님이면 애들 이야기를 들어줘야지 그런 선생님은 자격도 없어!

우리 주댕이, 자신이 엄청난 정당한 일을 한 것처럼 당당하게 자신을 변명하더라고요 내가 알기론 우리 주댕이, 오늘 말고도 번번히 집에서 낮잠 자다가 학원 늦는다는 거 알고 있거든요 그래도 그렇게라도 학원 가주는 것만으로 고마워서 학원 갈 시간 되면 집으로 전화를 해 주곤 했거든요.

−이따가 집에 가서 이야기하자 하고는 전화기 끊고 마음이 착잡한 중에 있는데 5분도 안되어서 학원 선생님께서 전화가 왔더라고요 선생님은 미안해하시며 정말로 때리려고 했던 것은 아니였다고 했죠. 그래서 제가 황급히 말했습니다.

−아닙니다 선생님, 우리 아이는 평소에 자기가 한 일에 대해서 결과를 받는 것 뿐입니다. 오히려 제가 죄송합니다 집에가서 버릇없는 아들 녀석, 혼을 내 주겠습니다 내일 주혀니 학원가면 선생님께서도 혼을 내주세요 그 녀석 평소에도 지각을 자주하는 거 저도 알고 있

거든요 하면서 다급하게 학원 선생님에게 사과를 했습니다. 저는 그렇게 생각하거든요 오늘에 일어나는 대부분의 모든 일들은 어제까지의 나의 살아온 거에 대한 결과이고, 오늘 노력하는 나의 모든 일들은 내일에 일어날 나의 어떤 일에 대한 결과와 책임이라고요. 집에 와서 누워있는 우리 주댕이 억지로 일으켜 앉혀서

–양치기 소년에 대해서 아는 대로 말해봐라 했더니

울 주댕이, 이상한 눈으로 나를 보며

–그건 왜요? 양치기 소년에 대해서 모르는 건 아니겠지, 주요 내용을 말해 봐 했더니 갑자기 웬 양치기 소년? 하는 얼굴로 우리 주댕, 툴' 툴 거리며 말합니다

–그거 늑대 나타났다고 자꾸 거짓말해서 진짜 늑대 나타났을 때 사람들이 안 구해줬다는 이야기잖아요

–그럼 양치기 소년하고 마을 사람들 하고 누가 더 나쁘냐?

울 주댕, 그제야 조금 감이 잡히는 듯 인상이 우거지처럼 되더니 툭' 던집니다.

–씨, 둘 다 나빠,

–잘 생각 해봐라, 왜 둘 다, 나쁘냐 제가 또 물었죠

–알았어, 알았어. 씨, 양치기가 나빠, 합니다

–그럼 내일 학원가서 선생님께 사과하겠니? 묻는 내 말에 우리 주댕이, 고개를 번쩍 들더니 저항의 눈빛이 강렬합니다.

–니가 평소 지각을 한 번도 안 했어도 선생님이 너를 그렇게 대하셨을까? 네 자존심만 대단하고 선생님 자존심은 학생이 구겨도 된다고 생각하니?, 그러자 울 주댕이, 한풀 꺾기면서

–아, 알았어요 안 그래도 승현이가 앞으로 지각하고 공부 더 열심히 하는 걸로 선생님께 복수하라고 했어요.

복수라는 말은 좀 어이가 없지만, 승현이라면 우리 주댕이의 가장

친한 친구로 믿음직한 녀석입니다. 아빠가 군인이라서 그런지 아주 바르게 자라는 녀석인데 우리 주댕이가 그런 친구를 둔 것은 다행이라고 전 늘 생각 하거든요 이런 경우도 좋은 쪽으로 우리 주댕이를 인도하면서 자존심만 턱없이 센 우리 주댕이를 이해해 주고 있었으니까요 그 나이때는 부모 말보다 친구 말이 더 '위력' 이 있잖아요

-그래, 복수라는 말은 좀 그렇지만, 엄마는 그 말이 네가 선생님께 사과하겠다는 걸로 받아들일 거다, 그리고 우리 아들은 좋은 친구를 가져서 엄마는 그게 부럽다 하고 띄워 줬습니다. 한 고비 ,한 고비, 자식을 키우는 일이 참 어렵다는 걸 느낍니다. 그래도 울 주댕, 이제 마음에 뭉쳤던 모든 것이 풀렸는지 밥도 안 먹고 자겠다는 넘이 그 밤에 밥 두 공기 '뚝딱' 먹어치우고는

-엄마, 밥 더 없어요 합니다. 어느새 흥얼흥얼~ 콧노래까지 부르며 자기 방으로 올라가는 주댕이 뒷 모습을 보면서 자신이 잘못한 일에 대해서 주의에 의견을 듣고 반성할 줄 아는 멋진 울 주댕이에게 오늘도 파이팅을 보냅니다.

2004. 09.25.

11. 마음의 문

딸 아이가, 인터넷으로 숙제한 거 저장하다가 갑자기

-엄마 이리 좀 와 봐요, 하더라그여 나는, 이제 자리 잡고 쉬고 있는데 뭔 일인가 싶어서 "먼데 말해"하며 목소리만 보냈죠 그랬더니 딸 아이 더욱 은근한 목소리로. "엄마, 빨리 와봐~" 해서리 힘든 몸 추스르고 갔더니 '내 문서 저장란'에 어른도 보기 민망한 제목들의 쭉 나열해 있었어요

-엄마 주혀니 이상한 거 보나 봐~ 이거 내가 다 삭제할까?

예빵이가 가르키는 곳에는 온갖 난잡한 성인사이트 주소들이었어요 나는, 순간, 심장이 쿵, 하는 느낌이 들면서 마음이 온통 심란해지고 있었어요. 이런 것이 지운다고 다시 볼 수 없는 것도 아니고. 컴퓨터 도처에 깔린 이러한 것들은 마음만 먹으면 초등학생 어른을 가리지 않고 '오픈' 되어있는 알고는 있었지만, 중3의 우리 주댕이가.. 이런 것을 '다운까지 받아놓고 본다는 것에 쉽게 적응이 되질 않았어요 우리가 학교 다닐 때는, 남학생들 가방에서 발견되는 거라고 해봐야 외국 여배우들의 야한 사진 정도였는데, 컴퓨터 문화라는 것이 좋은 점도 너무 많은 방면에 이렇게 통제하기 힘든 부분도 있다는 것이 큰 문제인 것 같았어요

-엄마.. 엔젤인가 뭔가를 설치하믄 미성년자는 이런 거 안 뜬데. 그것도 그렇지요 그게 머 그리 신뢰성이 있냐구여 눈 가리고 아웅이죠, 머리 좋은 녀석이 볼려고 맘 먹으면 컴퓨터가 우리 집만 있는 것도 아니고, 또한, 우리 주댕이만 해도 내 주민번호와 아빠 주민번호 두두둑 외워서 치고,

—엄마 비밀번호? 하고 묻는 녀석인데. 볼려고만 든다면 18세 차단'이 무슨 소용이 있겠는냐는 거죠. 나는, 이런저런 고민을 하다가 잔다고 자기 방으로 올라간 주댕이를 불러 앉혔지요 그리고 내용을 말했더니 첨엔 우리 주댕이, 변명을 하려는 얼굴이 역력하다가 이내 “이~히히~ 하믄서 지 뒤통수를 긁으며 어색하게 웃더라그여 그리고는 미안한 듯이 약간 비굴해지면서 이렇게 말 하더라구여

—지울게요 다 지우면 되잖아요 근데요 엄마, 요즘 애들 그런거 다 봐요~ 그래서 제가 심각하게 말했죠. 그것은 지우는 게 문제가 아니야. 내가 걱정하는 것은 그런 것들은 정상적인 것이 아니기 때문에 그게 문제이고, 그런 비정상적인 것을 보고 그게 마치 정상인 것처럼 알고 성장하게되면 너희들이 신성한 '성' 이란 거에 대해서 인식이 너무도 잘못되어 갈 것 같아서 그걸 염려하는 거야. 중요한 것은. 어른들도 정상적인 사고를 가진 사람들은 그런 걸 안 본다, 라고 나름대로 못을 박았고, 우리 아들이 그런 걸 본다는 것이 나는 유감스럽다 그렇지만 너를 믿어 보겠다,라고 했습니다 그랬더니 우리 주댕이 뭔가 궁금한 얼굴이 되더니 자기 누나 컴터하는 데 가서 조그맣게 묻습니다..

—누나, 근데, 유감이 뭐야? 그러자 그러자 똑똑한 우리 예빵이, 에혀, 참 불쌍하넘이라는 표정으로 우리 주댕이, 힐끗 올려보더니 "가서 잠이나 자,” 하며 짜증을 냅니다. 사춘기는 초등학교 4학년 때 다 마스트 했다고 큰 소리치던 우리 주댕이가, 지금 성' 에 대한 사춘기가 진행되고 있는 것 같습니다.

—우리 예빵이 슬그머니 내 눈치를 보며 그래도 다른 엄마들보다 엄마는 다르잖아, 엄마는 소설가고 시인이니까 요즘 애들 조금은 이해해 줄 수 있을 거 아냐? 뭐 그래도 엄마도 좀 놀랬지? 하면서 내 표정을 살핍니다. 사실 전혀 예측을 안 한 것은 아니였지만, 묵시적

으로 충분히 그럴 수 있다고 생각도 했었고, 우리 때하곤 모든 것이 너무 빠르고 또 다르니까 그리고 이러한 이야기는 사실 아빠들이 해야 하는 건데요 우리 남편은 같은 남자라고 이 문제 대수롭지 않게 받아들입니다.

—다 한때야, 대충 혼내고 넘어가도 돼, 라고요 그러면 이 땅의 딸을 둔 부모 심정은요, 어떤 친구가 딸 아이가 크면 목에 '금줄'을 쳐 줘야 한다고 해서 같이 웃었지만, 보석같은 우리 예빵이 목에 누르면 "삐요삐요"소리가 나는 금줄이라도 쳐 주고 싶은 부모의 마음을 딸 가진 부모들은 이해하겠지요 요즘같이 개방된 성문화 시대에 아들 가진 엄마들, 아들 성교육 바로 해야 한다는 책임감이 드는 걸 어쩔 수가 없더라고요 그래서 언제 한 번 우리 주댕이와 조용한 시간을 가져볼 생각입니다. 그리고 성에 대한 올바른 인식을 심어 줘야 할 것 같거든요. 부모 맘 다 같은 맘이겠지만 우리 주댕이가 올바른 가치관을 갖고 자기 뜻을 맘대로 펼치며 이 세상을 거리낌없이 살게 하는데 있어서 그 어떤 것에도 '구속' 당하는 일은 없어야 한다고 생각 하거든요 별 것도 아닌 한 때의 사소한 감정의 실수들도 해서 자신의 인생을 억메이거나 또는, 그 별 것도 아닌 것이 세상의 다른 귀한 딸들의 인생에 있어서 어떠한 피해를 보아서도 안 된다는 것이죠 이 세상의 모든 아들과 딸을 어른들이 지켜줘야 한다고 생각해요.

저는 워낙 보수적인 가정 환경에서 자란 탓에 "내 마음 문을 닫으면 다른 어떤 사람도 못 들어온다는 생각을 했었지만, 지나고 보니까 그러한 생각들은 결국 제 속에 갇혀서 결국에 나도 나가지 못했다는 걸 알게 되었습니다 그래서 내 아들이나 딸들은 나와 같이 되라는 것은 절대로 아닙니다 다만, 우리 아이들이 충분히 자신의 위치를 파악하고 나름대로 자신의 행동에 책임을 질 줄 알고 올바른 판단과 행동을 하게 되길 하나님께 기도하며 하나님이 지켜 주실 줄 믿습니다.

아들, 딸, 키우는 한 고비를 또 한 번 힘겹게 넘고 있습니다. 그래도 심성이 여려서 조금 슬픈 연속극만 나와도 나와 함께 수건 한 쪽씩 나눠 잡고 훌쩍거리는 여린 심성을 가지고 있는 우리 주댕이와 언제나 분명하고 침착한 우리 예빵이에게 오늘도 파이팅을 보냅니다.

2003, 10

12 . 안양외고

안양외고외고가 생기고 역사상 가장 들어가기 어려웠던 올해 2003년도 치열한 외고의 경쟁률을 뚫고 안양외고(8.3/1이었다) 당당히 합격한 우리 예빵이는(그것도 우수한 성적으로) 요즈음 새벽 6시 30분이면 일어나서 졸린 눈 비비며 아침밥은 한 공기. 뚝딱. 무섭게 먹어 치운답니다. 안양외고는 입학도 하기 전에 1월 초부터 학교를 가거든요 교복까지 입구요 저녁에는 학원에서 12가 넘어서야 오는데요 상황이 이렇다보니 안 그래도 우리집 대장인 우리 예빵이가 요사이는 우리 왕 터프 주댕이까지 예빵이 앞에서는 설설 깁니다. 우리 예빵이가 한번 소리지르면 우리는 아무도 말 못해요 그냥~ 우리끼리 한쪽으로 뭉쳐서는 조용히 예빵이의 처분만 기다립니다 우리 예빵이 씩씩하게 이케 말 하더라구여

-엄마 학원에서 자기 집에서 엄마나 아빠가 젤 센 사람 손들어 보랬거든, 근데 서너 명 밖에 손 안 들더라~ 나도 안 들었어,

그래서 우리 주댕이, 용기를 내어 묻습니다

-그럼 우리 집에서는 누가 젤 쎄데는데?

우리 예빵이 자신있게 목을 죽 빼며

-당근~ 나 이쁜 예빵이 쥐~ 머, 누가 머랍니까요. 우리 주댕이와, 우리는(남푠+나) 이의 없습다~ 근데 딸 이케 키워 뭐 하냐구여? 그래도 이쁜 걸요~ 어제 아침엔 우리 예빵이, 잠도 덜깬 상태로 단어장까지 외며 걷다가 길이 미끄러워 넘어질 뻔했는데 이쁘기도 한 것이 순발력도 있어서 손발 휘저으며 안간힘을 써서 안 넘어졌다고 자랑이 떳습니다. 근데 안 넘어지려고 손발 휘젓다가 뒤돌아보니 교회

선배 고등부 언니가 뒤에서 웃고 오더라나요 창피해서 혼났다고요 요즘 우리 예빵이 학원서 밤 12시에 와서도 숙제한다고 잠 못자고, 새벽에는 아침 밥 차릴 동안 또 어제 못한 숙제 한다고 엎디어 있고. 길가면서는 단어장 외우구요~ 옆에서 지켜보는 부모 맘, 안스럽습다~ 제게 하나밖에 없는 여동생은,

–세상에 언니가 그 새벽에 아침밥을 다 차려줘? 하면서 놀라지만, 그 새벽에 우리 딸 좋아하는 만두나 햄도 튀겨 주는데여 뭐, 졸다가 손도 가끔 데긴 하지만요. 그래도 부모마음 다 같은 마음 아니겠어요 이렇게까지 해야만 원하는 대학을 갈 수 있다는 현실이 우리의 소중한 아이들을 그 좋은 햇빛 구경 한 번 맘 놓고 해 볼 수 없는 상황을 만들어 준 것이겠죠. 그래도 그 모든 상황에 굴복하지 않고 북한에 새벽 별보기 운동이 머 별거냐 듯이. 꿋꿋하게, 우리집 가훈, "피할 수 없으면 즐기라" 를 묵묵히 몸으로 실천하고 있는 우리 예빵이에게 오늘도 '파이팅'을 보냅니다

그러나 또 하나, "피할 수 없으면 즐기라를... 묵묵히 실천하고 있는 우리집 주댕이, 오늘도 공부하기 싫은 거, 피할 수 없어서 학원도 못가고 긴긴 겨울방학을 집안에서 뒹굴며 방바닥에 엑스레이를 찍다, 찍다가 "엄마, 나 요즘 이상하게 허리가 아파" 하시면서 온몸으로 때우고 있는 우리 집 주댕이에게도 "파이팅'을 보냅니다 아마도 그나마 어마어마하게 비싼 학원비 안 들어가는 걸로 효도라도 할 모양입니다. 그래도. 우리 주댕이 없는 날은 우린 티브이도 못 봅니다. 어디서 무슨 프로그램이 방영되는지 몰라서 말이죠 우리 주댕이는 잘 때도 티브이 리모콘은 손에 쥐고 자거든요 집에서 놀고 먹으면서 잠만 자니까, 덩치는 엄청 커지더라고요 맨날 거울보고

–와, 엄마, 나 살찐 것 좀 봐 아, 클났네 살 빼야 하는데"를 입버릇

처럼 말하면서도 그때뿐이고, 백수의 전형이 어떤 것인가를 절실히 보여주고 있습니다

–너 그케 세월 막 보내그 대학은 갈수 있겠니? 물으면 우리 자랑스런 주댕이, 씩 웃으며 큰소리로 말하지요 "염려 마숑~갈 수 있어염 ~ 군대,"합니다.

–에긍~

그래도 사랑스런 우리 주댕이에게 오늘도 파이팅을 보냅니다

2003. 1월

13. 신입생 오리엔테이션

우리 예빵이~*

오늘 학교에서 신입생 오리엔테이션을 하기 위해 2박 3일 동안 강원도 스키장으로 여행을 떠났거든요 그 새보고 싶어서 잘 도착했나 핸드폰 했더니.. 우리 예빵이, 기분 좋은 목소리로

–엄마 여기 강원도는 눈 디게 많이 와~

지금 막 숙소인 대명 콘도에 도착해서 짐풀고, 선생님이 소지품 검사 중이시라고 하네요 혹시 담배나 술, 뭐 그 딴 거 가지고 왔나 해서라네요 며칠전에 우리 예빵이가 아무일도 아닌 일로 자꾸만 짜증을 내고, 정말 그만하라고 해도 자꾸만 제 속을 썩이더라고요 그래서 너무 화가 나서 살짝 머리를 때린다는 것이 그만, 탁, 소리가 나게 예빵이의 뺨을 때렸어요. 아마 처음인 것 같아요 우리 예빵이 뺨을 때리다니요 아마 제가 잠깐 이성을 잃었었나봐요,

우리 예빵이는 엄마가 자기를 때렸다는 것이 놀래기도 하고, 자존심도 상했는 지 암말도 못하고 눈물만 뚝뚝 흘리고 섰더라고요 저는 예빵이의 뺨을 때린 제 손이 오그라드는 느낌이었지요 회초리가 있다면 제 손을 때리고 싶은 심정이었어요 그리고 잘려고 누웠는데 내 손에 느껴지던 우리 예빵이의 뺨이 너무 보드랍고 가여워서 밤새 잠 못자고 뒤척이다가 새벽에 우리 예빵이가 잘 자고있나 싶어서 방에 올라가 보았어요 다행이도 우리 예빵이는 씩씩하게 잘만 자더라고요 혹시나 뺨에 손자국은 안 났을까 싶어서 자는 얼굴을 들여다보는

데 다행히 뺨은 괜찮았는데 우리 예빵이 뽀송한 얼굴로 자다가 놀래서 "엄마, 왜~" 하는데.. 나는 그만 눈물이 나와서 침대에 누워있는 우리 예빵이 얼굴을 내 얼굴에 대고 엉엉 울었어요 얼마나 마음이 아팠는지 눈물을 참을 수가 없었거든요

자식들은 그런 부모 맘 알까요. 눈에 넣어도 안 아플 자식을 어쩔 수 없이 때려야 할 때, 부모 맘은 더 아프다는 걸 말이죠 그리고 이렇게 하루만 떨어져도 그 사이 보고 싶어진다는 걸 자식들은 모를 것 같아요 제가 결혼하기전 날, 밤새 잠 못 드시고 왔다 갔다 하시던 저희 엄마가, 아침에 눈이 빨갛게 된 것을 보고 저는 신경써서 잠을 못자서 그런 줄 알았거든요' 울어서 그런 줄은 몰랐어요 결혼식장에서도 계속 울기만 하시던 저희 엄마가 왜 그렇게 우시는지..

자식의 입장에서는 이해할 수가 없었거든요. 하지만, 내가 엄마되어 보니까 알겠더라구여 우리 엄마는 언제나 저한테 언제나 "조선에 둘도 없는 이쁜 우리 혜숙이"이라고 하셨는데 저의 엄마는 내가 다 자라도록 제게 뺨 한 번 못 때려보신 마음 약한 분이셨어요. 사랑받고 있을 때는 그 사랑을 모르나 봐요. 그 사랑이 너무도 그리워 질 때쯤엔 엄마는 어디에도 안 계시더라고요. 제가 부모로부터 받은 그 많은 사랑, 돌려드리고 싶은데. 부모님은 기다려 주시질 않았어요. 그래서 내리 사랑이라고 하나봐요.

2박 3일 동안 눈내리는 강원도 스키장에서 우리 예빵이 스키 배우면서 아마 신이날 거예요 사실 우리 예빵이는 자라니까, 꼭 친구같아 졌거든요 그래서 가끔은 밤을 세워 이런 저런 이야기를 하곤 해요 남편에게도 못한 국민학교 때 짝사랑 했던 축구부 소년에 대한

나의 첫사랑 이야기랑~ 그 아이가 내 가방을 항상 들어줬다는 이야기, 그래서 국민 학교 화장실에 "누구랑 누구는 결혼 한데요~" 이딴 거 써 있었다는 이야기.

내가 젊었을 당시 80년대에는 어떤 팝송이 유행을 했었고, 어떤 가수가 우리들의 우상이었는지. 그 당시에. 2000원 내고 들어가는 "디스코텍' 이라는 곳엘 가면 엄마와 엄마 친구들은 그냥 요즘말로는 " 좋은 물" 이었기에 언제나 입장료가 없었다는 그런 이야기, 엄마와 친구들이 춤을 추기 시작하면 많은 사람들이 우리 주위를 둘러싸며 환호성을 질렀다는 뭐, 그런 이야기들을, 그리고. 엄마가 명동거리에 나가면 수많은 남자들이 엄마를 보느라고 넘어지고, 눈 돌아가고, 그래서 엠블런스가 띠오~ 띠오~ 하고 온다는 조금은 과장된 이야기들을 어쨌든 그땐 그랬었다는 과장된 이야기들을, 그렇게 유행가 가사 하나에서 울고 웃던 꼭 딸아이 만할 때의 내 모습을 이야기 하곤 합니다. 그러면 우리 예빵이는 깔깔 거리면서도 그런 제 이야기를

–어우~ 야~" 하면서도 재미있게 들어 줍니다. 그러다가 저에 이야기가 너무 심하다 싶으면 또 어~~우~~야~~ 하면서 나를 때리기도 하고 노려보기도 합니다. 하지만 제 이야기들이 절대로 과장된 이야기만은 아니라는 걸 딸 아이는 믿어 주거든요 그래서 저는 제 이야기에 도취되어 마냥 행복합니다. 딸 아이가 유치원 때부터 제가 읽어주던 김수영님의 "풀" 이라던지... 한용운님의 '복종' 이라는 시를 이제는 딸 아이가 국어책 속에서 배우고.. 김남조 님의 '너를 위하여"가 요즘 교과서에 나온다는 이야기를 듣고 세월의 얼마나 많이 흘렀음을 실감하는.. 사십 대 중반의 조금은 푼수인 저를 엄마로 둔 제 딸 아이는 '엄마, 운전할 때 이거 들으면서 해, 엄마가 좋아하는 노래 씨디 하나 샀어"

하면서 오늘도 제가 좋아하는 유행가 중 하나인 "화장을 고치고"를 제게 선물해 주었네요 우리 이쁜 예빵이는, 어찌나 그렇게도 이쁜 짓만 하는지~ 공주님아~ 엄마가 엄청 디따디따, 많이 사랑해~ 우리 예빵이 겨우 하루 떨어져 있는데도 깔깔, 거리는 그 웃음소리가 들리는 것같고 이렇게 보고 싶지만, 꾹 참고. 우리 예빵이 건강하게 재미있게, 행복하게.. 있다가 오라고 파이팅을 보냅니다.

2003. 02.19

14. 대화

어제는 우리 예빵이~* 오랜만에 한가하여 방바닥을 뒹굴고 있는 나에게 왠 책 한 권을 '툭' 던지며 "엄마 이거 읽어 봤어 디게 재밌다"합니다. 나는 누운 채 손만 뻗어 책을 보니 첨 제목부터 책 끝장까지 온통 영어로된 셜록 홈스의 영문 원작 추리 탐정 소설이었어요 이 어려운 영어를? 나는 장난하냐, 싶기도 하그 해서 울 예빵이를 시쿤둥하게 올려다보며 "응~"했더니 울 예빵이 눈이 이따만 해지면서 "은제? 엄마가 은제 이 책을 봤어 영문인데? 엄마가 이 영문을 다 해석 할 수있어? 나도 몇 장 넘길래면 전자 영어사전 한 시간은 뒤지는데? 하는 거예요. 그래서 제가 말했습니다.

–그 책이 뭐 꼭 영문만 있냐 ~

–그럼? 아~ 우리나라 번역한 소설 읽었구나

–아니~

–그럼? 어케 읽었어?

–머가 그렇케 궁금해~ 난 만화로 30편까지 다 봤다 왜, 했더니 울 예빵이 나를 잠깐 째려보더니 휙'하고 책을 가져가 버립니다 그러거나 말거나 나는 다시 방바닥을 뒹구는데 울 예빵이 왈~ "엄마, 만화 빌리러 가믄 안 챙피해요?" 합니다. "만화가 어때서 창피해? 좋은 만화가 얼마든지 많은데" 했더니, "나쁜 만화도 많잖아!"합니다 "그케 따지면 서점가는 건 안 챙피하냐~ 나쁜 책도 울 매나 많은 데, 이 세상의 어떤 것이든 두 가지는 항상 함께 공존 하는거야 빛이 있으면 어둠이 있고, 공부 잘하는 애가 있으면 못하는 애가 있고, 더운 날이 있으면 추운 날이 있고, 그리고 중요한 건 사람이 자기 가치 기준

으로 이거는 좋다, 이 거는 나쁘다 판단 할 수는 더 더욱 없는 거야, 나쁜 만화, 그거 그린 사람 자신이 나쁜 만화 그렸다고 생각하겠니? 내가 힘든 몸 일으키고 앉아 말이 많아지자, 울 예빵이, 금세 '새침' 해 지며 "아우~ 됐네요 ~"합니다

—흥, 되었으믄 말구~

나도 일 없다는 듯이 다시 원 위치로 방바닥을 뒹굽니다. 눈치를 봐야하니 울 예빵이 자신이 영문소설 읽는다고 자랑 좀하고 싶었던 게 아닌가 싶었는데 엄마가 협조를 안 해 준 겁니다. 이제 외고도 기말고사가 어제로 끝나고, 곧 있음 여름방학입니다. 울 예빵이는 고등학생이되고 첨 만나는 '여름방학' 인데 사실 방학을 했다 해도 '특강' 때문에 날마다 학교를 가야하는 실정이고, 방학 동안 학원 등록까지 마친 형편이라 맘놓고 방학 즐길 새도 없습니다. 그래도 2주 정도는 학교를 안가도 된다고 들떠 있습니다.

—여름방학

누구나 말로만 상상해도 가슴뛰는 단어가 되던 시절이 있었겠죠. 나는 우리 예빵이가 이 아름다운 여름방학을 행복하게 보내길 원합니다. 그래서 친구중에 한 아이가 시골 할머니네가 있다고 가면 안 되냐고 물어 왔을 때, "안대는 눈 에다 하는 거란다 울매든지 가라" 했습니다. 우리 뽀송예빵 보석공주 눈이 따만해지면 "정말? 정말?" 하면서 입이 커질대로 커져서 좋아 어쩔 줄 모릅니다. 물론, 불안하긴하죠 세상이 너무 험하니까요 그래도 친구 엄마 한 명이 동행한다고 하니깐 좋은 기회죠. 아직까지도 우리 예빵이는, 학교 갔다가 어쩌다 일찍 오는 날 혹시나 하여 집에 전화 해 보고 내가 받으면 좋아서 펄쩍 ' 펄쩍' 뛰면서 학교서 집까지 단숨에 날라오는 엄마에 대한 것은 초등학교 수준의 제 딸입니다. 여중만 다니다 남녀 공학, 그것

도 "남녀합반"에 흥분되어 잠을 설치던 우리 예빵이, 생일날 난생 처음으로 남자 애들한테 3일 동안 연속 선물을 받고는 노트에다 일일이 적어놓는 (빚은 갚아야 한다 그래야 부담이 없다)는 우리 예빵이는, "얼짱' (얼굴짱, 날 닮아서ㅎㅎㅎ) 이라는 소문과는 달리 남자 친구 하나 만들지 않고 아주 당당하게 살아가고 있거든요 "넌 왜 남자친구 안 사귀니? 한명 사겨서 매일 문자오는 그 많은 애들 정리 좀 하지" 하고 내가 물으면,

–남자 친구 사귀는 애가 그러는데 남친 생기면 신경 쓰여서 공부 안 된데 선생님이 대학 가면 멋있는 남자애들 널렸다는데 미리 사겨서 공부 손해 볼 것없대

목 쭉빼고 이케 웃으며 말하는 조금은 거만한 울 예빵이, 울매나 알차고 이쁜 예빵이인지 모릅니다 그래도 우리 예빵이, 올 여름방학을 즐겁고 행복하게 "황순원의 '소나기' 같은 아름다운 추억 하나쯤 만드는 소중한 여름방학이 되길 원합니다. "엄마, 엄마, 오늘 학교에서 결혼 꼭 할 것같은 사람 손들어 보랬거든, 그래서 나는 손을 번쩍 들었잖아~ 근데 있지, 울 반에서 손든 사람 몇 명인 줄 알아?" "몇 명인데~?"" 딱, 두 명이야, 이상해~ 애들이 왜 결혼을 안 할려고 하데, 나는 결혼 꼭 할거야~ 왜 결혼을 안 하려고하지?" 합니다

아마 울 예빵이 보기엔 엄마노릇하기 꽤 만만해 보였나 봐요 저는 왠만함 울 예빵이 반 학생 이름 죄다 웝니다. 물론 얼굴은 잘 모르지요 내 머리가 얼마나 좋으냐구요? 아닙니다, 울 예빵이가 학교갔다 오면 밤 12시가 넘어도 가방 던지기가 무섭게..

–엄마 있잖아? 누구누구(이름 못밝힘) 걔가 글쎄 오늘은 어쩌구, 엄마는 그렇게 이름도 기억못해? 접 때 아니 걔 말고 그 전에 이야기 했던 누구누구, 아휴 엄마는 내 말에 관심이 없어서 그래, 이름 좀 외워 해가면서 날마다 제 기억력을 테스트하기 때문에, 못 외우는 것

이 더 이상하죠 그렇게 집에만 오면 약간 수다스러워져서 하루 종일 학교에서 있었던 크고? 작은 대소사를 죄다 이야기해야 오늘 할 일도 끝~ 하듯 잠드는 울 예빵이, 세상에서 젤 이쁜 우리 예빵이, 결혼만큼은 꼭해야 한다는 울 이쁜 예빵이는 [어릴 때 장래 희망이 '결혼' 이라고 한 적도 있슴] 우리 이쁜 예빵이에게도 한 편의 아름다운 시와 같은 사랑이 찾아오기를. 그리고 더욱 아름답게 잘 자라달라고 오늘도 파이팅,을 보냅니다

2003. 07. 12.

15. 파파라치

어제밤 우리 예빵이,

"엄마 나 '파파라치' 들어왔어" 합니다.

작년 12월 초에 우리 예빵이 외고에 입학후 처음으로 학교 축제라는 걸하게 되고, 연극 동아리인 울 예빵이는, 대사 외울 시간 없다고 이번 축제때 할 연극 미녀와 야수"중에서 뒷배경인 꽃을 맡았답니다. "뒷 배경인 꽃이 미녀보다 이뻐서 어카네" 하는 내 말에

–우~웅~글게 말이야~ *하고 울 예빵이 생글 거립니다.

외고는 축제를 대단하게 하는 것같습니다 그리고 동아리 활동도 적극적이서 각 동아리마다 회원 모집에 열을 올리는가 하면 학교 축제 때는 동아리마다 앞 다투어 자기 동아리만의 특성을 유감없이 발휘 하는 듯했습니다 '파파라치란' 사진부 동아리에서 축제 때마다 비밀리에 주문받은 인기있는 여학생, 남학생, 사진을 섭외 받고 '절대 비밀 보장'이란 명목으로 찍어주며 한 장에 얼마씩 받는 그런 행사를 한다고 하는데요 그것도 사진 동아리 선배님께서 아무런 예고도 없이 교실 앞문 '드럭' 열고

"이 반에 OOO가 누구야 '파파라치 들어왔다 나와, 사진 찍자" 하믄 절대 거절 못하고..

–이케..서요? 이렇게요? 옆 모습이요? 웃어요? 등등, 시키는 대로 하며 꼼짝없이 사진을 찍혀줘야 한다는 것이죠. 그리고 그 동아리들은 그 사진을 주문받은 남학생이나 여학생에게 전해주고 일정금액을 받아서 동아리 행사에 쓴다는 것이었어요

울 이쁜 예빵이는 어제도 파파라치 몇 건이 들어왔는데 어제는 얼굴이 하도 부어서 오늘 찍혀 드리겠다고 약속을 하고 와서는 낼 아침 얼굴 부으면 안 된다고 아침 일찍 깨우라고 인터넷 들어가서 아침에 얼굴 안 붓는 법도 찾아보고 걱정아닌 걱정을 하더니만 이렇게 말합니다.

–엄마, 사진 찍을 때 꼭 웃어야 될까 난 사진 찍을 때 웃으면 어색하게 나오는데?

–왜 웃으면 돈이 더 비싸 데니? 하긴, 돼지머리도 웃는 돼지가 비싸다더라 내가 재미있어 하며 말하자 울 예빵이 정색을 하며 말합니다.

–엄만, 내가 돼지야, 웃는 돼지가 더 비싸게 엄만 말을 해도 너무해, 그리고 그 돈 내가 갖는 것도 아닌데 씨이~ 근데 엄마 좀 찝찝하긴 해, 내 사진이 막 돌아다닌다는 게

–찝찝하긴 뭐가? 그래봐야 다, 너희 학교 애들인데 연예인이라 생각해라~ 니네 학교 사진부 전통이라는데 새까만 후배가 어쩌겠니~ 울 예빵이 반에 꽃미남 경민이라는 남자애는 '파파라치' 10건이나 들어와서 쉬는 시간마다 사진 찍히느라 정신없단다. 그렇게, 여기저기 좀 이쁜 여자애들, 꽃미남들, 사진 찍히느라고 바쁜가 보더라구여 [거 참 재미있는 전통도 다 있네] 싶으면서도 요즘은, 고등학교 생활이 우리 때와는 많이 다른 것을 느낍니다. 그래서, 가끔 사십대 중반엄마 적응하기 힘들 때도 있지만서도... 그래도 요즘 애들은 공부도 잘하고 멋있기도한 애들이 꽤 많은 것 같더라고요. 같은 학교 OOO라고 여자애는 엄청 얼굴이 예쁘다는데 전국 모의고사에서 10등 안에 든다고 울 예빵이,

–엄마 OOO얼굴도 엄청 이쁜데 공부도 그케 잘 해, 넘 부러워~ 난 왜 이러지

-다른 애들은 니가 부럽다고 할 껄 욕심 끝없다~ 하고 내가 가끔 힘들어하는 울 예빵이에게 힘줍니다. 같은 반에 반장 성훈이는 공부도 잘 하지만 성격 또한 카리스마가 넘쳐서 가끔 선생님을 감동시키고 반 아이들의 스트레스도 풀어 준다는데. 여 선생님이 들어오시면

-차렷, 한 송이 장미꽃을 향하여 경례! 한다든지 또한, 인터렉터라고 (고등부 전국 봉사단 동아리)에 가입된 애들은 이번 축제에 꽃 한송이 1,000원씩 배달을 맞아서 주문을 받는 답니다. 거기가다 꽃을 많이 주문당한 여학생이나 남학생에게는 봉사로 노래까지 서비스로 불러 준다고 하니 ...

그 봉사단의 성광이라는 아이 또한 공부도 잘하고 성격도 좋아 일면 '카사노바'라고 불리운다는 그 아이는, 졸리기 쉬운 국사 시간에 애들이 공부하다 지쳐 힘들이 없이 졸고 있으면 선생님과 협의하에 봉사 정신을 유감없이 발휘한답니다.

-선생님 언제 제가 선생님 실망시켜 드린 적 있습니까? 하믄서,

이번에도 분필 한 자루 딱 들고는 온 책상 사이사이를 누비며

-샤우트라는 노래를 야, 야, 샤우트, 샤우트,해 가며 악을 써대서는 옆 반에서 항의까지 들어 왔다는 군요. 이번에 안양 외고에 신입생 경쟁률 또한 작년과 마찬가지로 결코 만만 하지가 않은 것은 중3 학부형이면 누구나 아는 사실인데 한 학교에서 한두 명 들어오기도 어려울 정도로 경쟁률이 치열한 경쟁률을 뚫고 들어온 신입생들이 또한 만만한 애들이 아닌가 보더라고요. 그런데다가 노래까지 잘 하고, 남들 웃기는 실력까지 있으니 애들마다 한 두 가지 정도 장기가 다 있는 것같다는데 우리 예빵이는 장기라곤 얼굴 이쁜 것하고 [호호~ 죄송] 잠 많은 것 밖에 없으니...

-엄마 이번 신입생들 정말 당돌 해~ 선배들한테 어려움이 없어~

-너희 때도 선배가 너희 보고 그랬다며, 점점 더하지 않겠니 그러

려니 해라~ 작년 12월에 신입생 환영회하고, 올 1월부터 정식으로 교복까지 입고 입학도 하기 전부터 정상수업을 했거든요 그때 선배들이 "이번 신입생들 너무 건방지다"고 무지 안 좋게 본다고 하던 것이 엊 그제일 같은데. 울 예빵이, 벌써 외고 2학년이 되 가려고 하고, 벌써 미리 들어온 신입생을 보면서, 날로 당당해져가는 후배에 대한 씁쓸한 선배의 감정을 맞보고 있는 것 같더라고요

오늘은, 날씨가 갑자기 너무 추워져서 컴컴한 새벽에 집을 나서는 울 예빵이가 더 안쓰럽습니다. 그래서, 어제 외 숙모가 울 예빵이에게 선물한 무릅 덥게로 울 예빵이의 온몸을 '폭' 싸서 학교로 내 보냅니다. 마음 같아서는 이런 날엔 학교도 안 보내고 따듯한 침대에서 내가 데리고 잠이나 잤으면 싶지만은 엄마가 되어 가지고 그럴 수는 없는 노릇이고 보면 어쩌겠어요. 오늘도 힘내고 공부 잘 하고 오라고 뒤에서 파이팅이나 외쳐 줘야지요~*

울 예빵이~오늘도 행복한 하루. 아자, 아자, 파이팅!

2003. 12. 22 (아침 7시에..)

16. 얼빵한 예빵이

울 예빵이, 학교 같은 반 남자친구 엄마가 나한테 전화를 해서는
–아니, 우리 OO는 일편단심 예원이 밖에 없는데 예원이는 모르나봐~ 내가 웃으며 그게 무슨 소리냐고 물었더니 그 엄마 웃으면서 말합니다
–우리 OO가 3월 14일 날 사탕을 사면서 내 것하고 예원이 것만 사길래 2월 14일 날 너도 예원이 한테 쵸콜릿 받았니, 하니까 우리 아들 뭐래는 줄 알어?
–엄마, 예원이는 그 날도 자기가 받는 날인 줄 알았데, 할 수 없지 머 하더래요 그래서 내가 너무 웃겨서
–어머, 개 진짜 공주병이다~ 걔는 맨날 받기만 하고 주는 건 모른데니~ 했다고 하면서 웃더라고요.

나, 얼빵한? 우리 예빵이, 분명 그러고도 남을성 있다 싶어 괜히 미안해져서는
–에궁, 우리 에워 니가 여중을 다녀서 그런지 그런 거 경험이 너무 없다보니까 그랬나보네 미안해서 어째~ 하며 사과아닌 사과를 했지요 그러고 보니 어제도 우리 예빵이는 마니또 누가 줬다고 사탕 쵸코렛 무슨 유리 상자에 학까지 접혀있는 선물과 기타 등등 한 보따리 들고 들어와서는 그 밤에 하도 먹어보라고 해서 우리집 온 식구 살찌우곤 기세 등등하게 돌아다니면서
–엄마 애들이 나보고 하 지원 닮았네~ 하 긴 내가 좀 이쁘긴 이쁘지? 아웅~ 엄마 난, 밤에는 더 이뻐 보이나 봐~ 엄마 봐 봐, 나 지금

디게 이쁘징~ 세수하기가 아깝네 세수하기가 아까워

나는 속으로 우리 집 거울이 좀 이뻐 보이긴 하지 싶으면서도

–그~럼, 나는 태어나서 너보다 더 이쁜 애를 본적이 없어~ 하면서 통상적인 맨트 날리면 우리 예빵이 입 함박만 해지면서

–엄마 진짜? 그럼 탈렌트 하 지원보다 내가 더 이뻐~? 하면서 대들고

–웅? 그.. 글세 하긴 뭐, 그 애들은 순 화장발일거야 그니까 어쨰든 니가 젤 이뻐 그때 우리 주댕이 어쩐 일로

–누나, 앞머리 자르니까 진짜 하 지원 좀 닮긴 닮았다. 평소 우리들의 이러한 대화에 "병이예요 병~" 하며 혀를 뚤뚤, 차대던 울 주댕이의 파격적인 한 마디에 울 예빵이 감격하여 태도 돌면 "엄머!♡ 주혀나~ 진짜? 진짜? 진짜 누나 하 지원 닮았어 응? 응?" 울 예빵이, 울 주댕이에게 곧 엎어질 듯 감격에 대한민국이라도 외칠 기세입니다. 오늘 본 셤 내신에 들어가는데 떡을 쳤다고 좀 전까지 우울하던 울 예빵이, 주댕이의 이쁘다는 칭찬 한 마디에 내신 걱정, 근심 죄다 물거품처럼 사라지고 신이 나는가 봅니다 그래도 감사한 것은 우리 예빵이는 약간 자기 중심적이고, 지극히 보수적인 성격이지만 마음씨는 여리고 착하다는 것과 그 마음 중심에 언제나 하나님이 함께 한다는 사실입니다 그래도 그 마음에 우리 예빵이의 희망사항 하나,

–멋진 남자 친구 하나 있었으면... 인 거지만 나도 알고 울 예빵이도 알지만, 성격이 너무 계산적(지금 은 공부할 때인데 남자 사귀면 서로 손해다)이라서 정작 그 누구도 맘문 열고 사귀질 못한다는 것이죠

–엄마 나, 대학 가믄 미팅 마니 할 꺼야~ 그래서 머리 좋고 능력 있는 멋진 애들 많이 사귈꺼야

울 예빵이가 말하는 "머리 좋고 능력 있는 멋진 애들" 그거 쉬운 거

아닙니다, 예빵이 절 닮아 눈 하나 높습니다 [ㅎㅎㅎ] 그렇다고 울 예빵이가 감정도 없고 매마른 성격은 절대 아니거든요 오히려 마음이 너무 여려서 친구들과의 사소한 말에도 나름대로 상처받고 집에 와서 죄다 이야기하면서 고민하곤 하거든요. 그럴 때마다 우리 예빵이를 누구보다 잘 알고 있는 제가 우리 예빵이 맘을 풀어 줘야 합니다 그리고 나머지는 하나님께 맡기는 일로 항상 마무리가 되곤 하거든요

-엄마 정말 희안해, 하나님께 기도만 하믄 맘이 디게 편해져~

불면 날아갈까, 만지면 깨질까 조심스러운 감성의 우리 예빵이, 언제나 든든한 하나님께 맡기고 삽니다. 사람의 힘으로 할 수 없는 수많은 감정의 소용돌이들 하나님이 진정시켜 주시고 힘주시고 기쁨주시고 하거든요 나는, 오늘도 우리 예빵이가 저렇게 맑고 밝게 티하나없이 곱게 자라주고 있어서 너무나 하나님께 감사드립니다. 그리고 지금도 열심히 공부하고 있을 울 예빵이 작은 어깨 위에 힘찬 파이팅을 보냅니다

2004. 03. 25.

17. 익명의 문자

요즘 우리 예빵이,

핸드폰으로 두 달 가까이 익명의 문자가 1004로 오고 있는데 내용이 그저 좋은 글 담긴 내용이었지만, 가끔은 "그대의 웃는 모습이 좋습니다" 등등 날라 오는 문자에 불안해 하고 있을 즈음 어느 날은, 울 예빵이가 학교 벚꽃아래서 친구들과 사진 한 100장쯤 찍은 날도 날라온 문자에.. "그대 사진찍는 그대 모습이 너무 아름답고" 어쩌구 해서

–이 앤 분명 너희 같은 학교 아이네~ 라고 내가 말하며 울 예빵이에게

–이쁜 게 죄지 어쩌겠니, 그래도 너희 학교 애면 나쁜 애들은 아니니까 그래도 안심이다 하며 심란해 하는 울 예빵이 위로 했거든요 그래도 외고를 다닐 정도의 아이면 부모의 지극한 보호를 받는 아이일 테고 또 그런 아이라면 그렇게 이상한 아이는 아닐 거라는 생각이 들었거든요 그런데 얼마전 울 예빵이 반 짝을 바꾸기 전 날은

–하나님께 기도 한다는 식으로 함께 짝이 되길 원하는 듯한 문자가 또 날라왔어요 그래서 "그렇담 이 아이는 분명 너희 반 아이." 로 좁혀졌었는데요 그래도 네 앞에 당당하게 나서지 못하는 아이 이니까 별로 신경쓸 필요없다고 하며 내가 울 예빵이를 다독 거렸더랬죠 그렇게 첨엔 몇 번 그러다 말겠지 하며 울 예빵이와 저는 별로 대수롭지 여기던 것이 그렇게 하루 이틀, 지속적으로 비슷한 시간대에 문자가 오고 이상한 내용은 아니지만 벌써 두 달째 이어지는 문자에 울 예빵이 짜증을 내면서도 한 편은 신경이 많이 쓰이는 것 같더라

고요 며칠전에는

-대가 다른 친구들에게 친절한 것이 질투가 난다고 질투를 느끼는 나 자신이 내가 아니기를 기도한다고.. 그래서 저는 이쯤에서는 누군지 알아야 울 예빵이 마음이 편하겠다 더 가다가는 공부하는데에도 지장이 있겠다 싶어서 폰 대리점에 연락해서 익명으로 오는 문자 확인 서비스를 받기로 했어요 대리점에서는 문자가 오면 바로 대리점에 연락해서 문자 일주일 저장 서비스를 신청해 놓고 주일날 오라고 하더군요 익명 문자 확인은 48시간이 지나면 확인이 불가하다는 것이었어요 딸 아이가 자라니까 예상하지 못했던 일까지 겪게 되는구나 싶으면서도 그러다가 한편으로는 울 예빵이를 짝사랑하는 그 소심한 성격의 아이가 상처 받을까 염려도 되었구요 그래서 울 예빵이에게 몇 번을 말해 주었죠.

-만약에 그 아이가 누군지 알게되도 모른 척 하기로, 함부로 대하지 않기로요

-그 아이도 엄마에게는 소중한 아들인 걸 잊어서는 안된다구요.

우리 예빵이에게 사람이 사람을 좋아한다는 거, 그거 맘대로 되는 거 아니라는 것도 말해주었지요 그리고 내 맘에 들지 않는 상대가 나를 좋아한다고 해서 그 상대를 무시하거나 죄인 치급 해서도 안되다는 것입니다. 더군다나 요즘같은 세상에 좋아하는 아이 앞에 당당히 나서지도 못하고 문자나 보내는 그런 소심한 성격의 아이 일수록 무시를 당하면 상처가 클지 모르니까요 자식 키우는 거 생각보다 참 어렵다는 걸 느낍니다.

울 예빵이와 저는 시간만 나면 일번가를 좁다고 누비며 쇼핑 아닌 쇼핑을 하며 시간을 보냅니다. 저보다 키가 훌쩍 크고 비쩍 마른 울 예빵이는 사복을 입고 나가면 누가보면 여고생이 아닌 아리따운 아

가씨처럼 보입니다. 그래서 그런 울 예빵이와 거리를 다니면 지나치는 꽃미남 님들이 힐끔 거리곤 하죠

어느 날은 꽃 미남 두 명이 우리의 뒷모습만 보고 따라왔다가 나를 보고는 ...

–죄송합니다 죄송니다~ 하며 도망가는 일도 있었거든요 그래도 겉 모습만 그렇지 울 예빵이는 아직도 초등학교때 울 예빵이에게 사랑을 고백하던 이쁘장한 남자 아이가 지금은 살이 많이 찐 모습을 사진으로 보고 가슴 아파하는 여리디 여린 여고생이거든요

–엄마 있잖아 초등학교 1학년 때 000개가 말이야 그렇게 살이 쪄서 거의 폐인이래 사진을 봤는데 아, 진짜 안됐더라~ 운동하다 다리를 다쳐서 약을 먹어서 그렇네~ 진짜 안됐어 ~

누구나 대부분 그렇듯이 울 예빵이 역시 그렇게 사랑이라는 것이 이쁜 모습. 멋진 모습에 턱없이 약하다는 것이지요 그러니까 여자들이 세월이 흐르면 변하고 말 한갖 "외모" 에 모든 걸 거는 것일테지만, 외모와 사랑, 그거 허무한 것이기는 마찬 가지입니다. 울 예빵이도 서서히 사랑을 알게 되겠지요 그러나 그 사랑이라는 것이 아름다움 때문에 찾아오는 사랑이 아니길 바랍니다. 울 이쁜 예빵이에게 고귀하고 순결한 목숨같은 사랑이 찾아오길 원합니다. 그 누구도 대신 할 수 없는 사랑, 그 무엇과도 바꿀 수 없는 사랑이 어느 날 울 예빵이에게도 찾아와 주길 원하는 것이지요

우리는 통신사 대리점에서 온 연락을 받고 갔었는데 그처럼 불안해 하던 그 아이가 누군지 너무도 쉽게 알게 되자, 울 예빵이 어이없다는 듯이 입을 쭉 내밀고 "피~이" 난 또 누구라고" 하면서 안심이라는 듯이 웃었습니다 그리고는,

–내 친구 000가 그애 무지 좋아하던데 참 일이 이상하게 되네 합

니다 그리고 오늘은,

–엄마 , 오늘 청소 할 때 그 애가[문자 보냈던 애] 혼자 끙끙대 길래 내가 살짝 가서 도와줬다~ 나 잘 했지, 합니다. 나는, 나보다도 더 분명하고 지혜로운 울 이쁜 예빵이에게 언제나 밝고 곱게 자라주고 있어서 너무너무 감사하다고 오늘도 파이팅을 보냅니다.

2004.04.28.

18. 소나기

어제는 비도 제법 오고해서 오랜만에 큰 맘 먹고 울 예빵이가 야자가 끝나는 시간을 맞춰서 밤 10시 30분 즈음 예빵이네 학교 정문에 차를 대고 기다리고 있었거든요 그런데 다른 때 같으면 아이들이 쏟아져 나올 시간인데 오늘은 이상하게 차들은 많이 기다리고 있는데 아이들은 듬성듬성 나오더라고요 그런데다가 밤눈까지 어두운 제가 보기엔 교복을 입어서인지 모두가 그애가 그애 같아서 신경을 써서 보고 있는데 울 이쁜 예빵이가 왠일로 혼자서 우산도 없이 총총" 내려 오는 게 보였어요 나는, 반사적으로 차 안에서 우산을 꺼내서 차 밖으로 나왔더니 울 예빵이 앞에 어느새 왠 남학생이 우산도 안 쓰고 서서 울 예빵이에게 뭐라고 하더라고요 나는 같은 반 아이인가보다 하여 무심코

–예워나~ 했고 그러자 울 예빵이 나를 보고는 '엄마' 반색을 하며 달려 왔죠

– 잰 누구니? 왜 그냥 가니~ 어디까지 가는 데 태워다 줄까? 그러자 울 예빵이 시무룩한 목소리로 이렇게 말하네요

–이잉~ 엄마는~ 오늘따라 왠 마중을 다 왔어~

–아니~ 왜 내가 몬 올데 왔니~

–그럼 쫌만 더 있다가 부르지 ~ 엄마 아까 걔 정말 멋있었지?

–응? 어~ 그래 진짜 멋있더라 키도 크고.. 근데 걔 니네 반이니?

–아니~ 오늘 첨보는 앤데 날 보고 우산 쓰고 가라고 주는 중이었어 에잉 5분만 더 늦게 엄마가 나타났어도 우산도 빌리고 누군지도 알 수 있었을 텐데~ 몇 학년일까 설마 1학년은 아니겠지 울 학교에

도 저렇게 멋있는 애가 있었나?

울 예빵이 못내 아쉬워하는 표정을 보면서 내가 거들었죠.

-에긍~ 미안해서 어카니, 울 예빵이, 영화 한 장면 찍을 뻔했는데 난 기냥 니네 반 인줄 알았네~ 미안하다 예빵아, 엄마가 눈치가 없어서리~ 근데 걔 비오는 밤에 봐서 그런지 진짜 멋있긴 멋있더라~

울 예빵이, 오늘은 수요일이라 자율 학습을 해도 되고 안 해도 되는 날이라 애들이 비 온다고 거의다 일찍 집에 가고 몇몇 아이들만 남았었다고 하면서

-오늘같은 이런 우연은 다시 없을 텐데~ 다른 날은 항상 친구들하고 다니니까 그 애가 날 봐도 다신 말 못 걸겠지, 비 오는 수요일에 멋진 아이가 우산을 빌려주고~ 그 담 날 다시 갇다주고. 엄마, 너무 멋있을 텐데~ 그치 그치? 나는 속으로는 그래, 누가 소설가 딸 아니래냐, 아주 소설을 써라 소설을, 하면서도

-그러게 말이야 우산과 함께 고맙다고 작은 선물도 주고 그러면 더 멋있을 텐데~ 했죠. 그렇게 울 예빵이와 나는, 서로 맞장구를 치며 비 쏟아지는 한밤에 차안에서 소설 아닌 소설을 쓰면서 나는 내가 꼭 우리 예빵이 만할 때 얼마나 아름다운 사랑을 기다리며 꿈을 꾸고 있었던 나를 생각했죠 소설을 보면 나는 소설 속의 주인공이 되어 있었고, 영화를 보면 나는 어느새 그 영화의 주인공이 되어 있었거든요 그리고 "별" 이라는 소설을 읽으면서 그 목동의 어깨에 기대어 잠이든 그 소녀가 되기도 했구요 이제 며칠 후 주일 날, 울 예빵이는 중국으로 일 주 일 수학 여행을 떠납니다. 아직도 혼자서는 지하철도 못타고 신발 하나 혼자 못 사도 공부만 잘하는 우리 예빵이가 중국에서 6일 있어야 하니까 옷을 여섯 벌을 새로 사야 한다네요 친구들이 옷 사러 남대문을 간다고 같이 가자는데 울 예빵이는

아직 스스로 옷 사 본 적이 없어서 잘못 살까봐 싫다고 했다는 군요 울 예빵이는 아직까지는 엄마가 옷을 사줘야 안심이라나요 공부만 빼곤 뭐든 잘 하는 우리 주댕이도 지난주에 제주도로 수학여행을 2박 3일 갔는데 워낙에 인간성이 좋은건지 친구들이 많은건지 몰라도 친구들이 옷 싸들고 옷 빌려주겠다고 줄줄이 섰더라고요 그래서 우리주댕이는, 고마운 친구들 덕에[누가보면 이민가나 싶을만큼] 커다란 가방 안에 옷을 가득 싸 가지고 가더군요

그걸 본 울 예빵이가 아침에 밥 먹다가

-엄마 어디 옷 대여 해주는 데 읍나? 그러면 나도 몇 벌은사고 몇 벌은 빌려가믄 좋을 텐데~'하더라구여~*

아마 우리주댕이가 친구들이 놓고 간옷 이것저것 입어보고 고르는 걸 보다니 그런생각이 들었던 것 같았어요 울 주댕,, 요즘 유행이라고 흰색 찢어진 칠부 바지에다가 상의는 검정 나시티를 가슴터지게 입고 머리에는 왠 여름에 어울리지 않는 실로뜬 검정모자 같은 것을 쓰고 다닙니다. 내가 보기엔 어째 영, 어디 조폭 영화에서 뒷골목 노는애들 패션 같기도 하지만, 뭐 자기가 좋아서 입는 옷인데 어쩌겠어요 그런거 보면 요즘 애들 옷 입는 모습을 가지고 요즘 애들을 평가해서는 안 될 것 같아요 옛날에 우리 엄마도 어떤 날은 나 옷 입는게 너무 못 마땅 하셔서

-너 그러고 다니면 동네 개가 다 짖고 따라다니것다, 그리고 그 가방은 망태기도 아니고 그게 도대체 뭐냐? 요즘은 그런게 유행이냐? 한 마디로 80년초에 제가 긴 머리 윤 시내처럼 파마까지 해서 풀어헤치고, 그 당시 노동자들이나 입는 주머니 많이 달린 바지에 넝마 같은 가방 메고 다녔으니 정신 이상한 여자인가 하고 동네개가 짖지 않냐는거였죠 그래도 저 정신 말짱하게 지금 잘 살고 있거든요 물

론, 그때도 제 정신 상태는 양호 했었구요 우리 때는 수학여행하면 그저 속리산이었는데 요즘은 제주도로 중국으로 비행기를 타고 다니는걸 보면서 세월의 무상함을 또 한 번 실감합니다 하루하루가 날마다 새롭고 크고 작은 모든 일상이 예사롭지 않은 느낌으로 다가오는 우리 예빵이나, 주댕이에게 이번 수학여행도 더욱 더 아름답고 기억에 남는 멋진 여행이 되라고 오늘도 파이팅을 보냅니다

2004. 05. 13.

19. 외고 면접시험과 빼빼로 데이

외고 면접 시험 그리고, 11월11일 빼빼로 데이...

오늘을 위하여 우리주댕이, 그 동안 10 여일을 수단과 방법을 가리지 않고 내게 용돈을 '갈취' 했습니다. 외고 셤때문이냐구요? 아닙니다 11월 11일 빼빼로데이에 여자친구에게 선물을 사기 위해 피나는 노력을 마다 않은 겁니다

저녁마다 내 어깨 주무르기,(= 10분에 3,000원=10분을 못넘김)
심부름하기,= (슈퍼에서 음료 사오고 남은 돈 갖기)
굶기.= .(전화로 볶음밥 시켜 먹는 다 해서 그러라고 했더니)
집에와 보니 다 죽어 가는 목소리로...

–엄마, 나 볶음밥 먹었다 치고 돈 5,000만 주세요 그리고 엄마 나 배고파 밥줘~ 배고파서 눈도 제대로 못 뜨는 꼴이 과관이더라고요 웃기기도 하구요

–볶음밥이 네 맘대로 5,000 이냐, 3,500 이지, 그리고 굶었으면 끝까지 굶어야지 난 밥 못줘'

–에궁, 11월 9일이 부모 결혼기념일 인데 선물은커녕 축하한다는 말 한마디 없더라구여~ 그래서 내가 서운한척 하면서 한 마디 했습니다 [사실 서운할 것 하나도 없지만 서도요]

–아들, 너무 하는거아니냐, 너 여자친구 빼빼로데이는 그렇게 중요하고 아무리 그래도 그렇지 너 낼이 엄마아빠 결혼기념일인데 우리한테는 뭐 선물 읍니? 우리 주댕이 이케 대답합니다

-엄마는 아빠가 선물이잖아요 더 이상 멀 바래요, 얼릉 볶음밥 먹은 값이나 주세요 어디까지 나 당당한 우리주댕이

-그래 임마, 니 아빠가 선물이고 나는 포장지다 그런데 너 11월11일 이면 외고 면접시험이 있는데 어쩔려고 그래? 했더니

-아니글쎄, 근데 그게 왜 하필 빼빼로데이날 외고 면접 셤이 있냐고요?

우리 주댕이는 이건 주체측 비리라면서 분개했습니다 그래도 누나도 외고다니는데 성적은 어떻게 좀 안되도 담임 선생님과 상담해서 떨어질 때 떨어지더라도 외고 면접이라도 볼 수 있게 해 달라고 내가 사정사정해서 신청을 해 놓은 겁니다 그랬는데 우리 주댕이가, 오늘 11월11일. 새벽 5시 30분에 비까지 내린다고 날씨까지도 협조를 안 해준다나 뭐라나 하면서 투덜투덜 거리며 추적추적 내리는 새벽길을 외고 셤 을 본다고 집을 나섰지요~

-엄마, 이번 외고 경쟁률 장난이 아니래~ 이건 복권 당첨보다 더 어려워 ~

-니가 복권인데 머가 어려워? 했더니

-아냐, 복권은 500원씩 주고 공평하게 시작하는 거잖아, 근데 외고 셤 보는 애들 거의가 다 중학교 3년 동안 외고 셤 준비만 한 애들이잖아 근데 이케 마니 몰리믄 난 머 겜이 안되지"

-에궁~ 그걸 왜 인제 서야 알았냐

한 마디로 오늘 우리 주댕, 한마디로 겜이 안 되는 외고 셤 을 보려 간 겁니다. 나는 그것만으로 기특해서 한양에 과거시험 보러가는 아들 배웅하듯이 그 비오는 새벽길에 4층집에서 1층 대문까지 내려가 배웅하고 돌아왔는데 우리 주댕이가 그렇게 시험 보시러 집 떠난지 한 시간 뒤, 정신없이 전화벨이 울리고 우리주댕,

-엄마 나 수험표를 집에 놓고 왔어! 내 수험표 가지고 버스정류장

으로 나와, 나 지금 금방 갈께
까딱하다간 숨넘어가지 싶은 목소리로 허덕이며 뛰어 온 울 주댕, 그리고 나, 비오는 이른 새벽, 버스정류장에서 모자 상봉해서 수험표 전해 주고... 돌아오는 내 심정이 왠지 말 할 수 없이 쓸쓸했습니다. 웬만하면 하나님께 울 아들 셤 잘 보게 해 주세요 라고 기도라도 해야 할텐데...

정말이지 하나님께 죄송해서 그런 기도도 안 나오더라고요 우물에서 숭늉 찾는다고 아무리 급해도 우물이 숭늉을 끓여줄 리가 없으니까요. 떨어져도 그저 그것도 경험이다 싶어서 그 일로 해서 울 주댕이가 마음에 새로운 각오라도 해 준다면 그만으로도 충분히 얻어지는 것이 있다고 생각 했죠 그래서 마음을 비우고 있는데 오후에 개선 장군 같은 우렁찬 목소리로 울 주댕이.
—엄마, 나 셤 못 봤어 기대 하지마, 나 인문계 갈 거야~ 그리고 오늘 친구들하고 우리 집에 놀러 갈 꺼야 엄마, 나 빼빼로 선물 디게 큰 거 받았다~ 그래도 겉으로는 저렇게 아무렇지도 않은 듯이 말해도 우리 주댕, 어쩌면 마음 한쪽에서 오늘 일이 어떤 도전으로 와 닫길 바라는 마음입니다. 그리고 어떠한 일에도 비판적이기보다는 긍정 적인 모습으로 당당할 수 있는 우리 주댕이 에게 오늘도 파이팅을 보냅니다~*

2003. 11. 11

20. 롯데리아 아르바이트

우리주댕이, 요즘 롯데리아 에서 아르바이트를 하거든요~* 그것도 취직 이라고 경쟁률 어마어마하게 센거 물리치고 (안 물리쳐도 되는데...) 요즘 밤 두시가 다 되어서야 집에 옵니다(그 시간 까지 공부를 그케 하믄 울매나 조을꼬~)

중3 겨울 방학이 얼마나 중요한 시기인데 그 중요한 시기를 쓸데없이 낭비 하느냐고 잔소리도 늘어놓아 보고, 무엇보다도 네가 지금 아르바이트 하고 그럴 이유가 없다는 것을 설명하고

—네가 공부만 하면 원하는 거 정당한 것이면 무엇이든지 해 주마라고, 열심히 설명도 했지만, 우리 주댕이의 굳은 결심은 '친구 따라 강남" 을 기어이 가고 말더라고요 그렇게 울 주댕는 엄마맘 짠하게 하면서 친한 친구 소개 덕으로 쟁쟁한 경쟁자 모두 물리치고 아르바이트를 시작 하더니 전에 없이 열성적으로 지각 한번 안하고(신용을 지켜야 한다나 머라나) 학교는 허구헌날, 신용 안 지키고 지각 잘도 하더만~

눈이오나 바람이 부나 벌써 10 여일째 저녁 10 시 30분에 학원에서 끝나면 바로 아르바이트를 갑니다. 몇 년 동안 그런 성실한 모습 처음 보는거죠

—아들, 아르바이트 해서 돈 벌면 머 할 껀데?

혹시 효도라도 할려고 저러나 싶어 슬쩍 물어 보았더니 울 장한 주댕이..

–나 양복 한 벌 사 입고, 핸드폰 카메라폰으로 사고, OO(울아들 여자 친구 임다) 선물 사줄 꺼야~

–엄마는?

–엄마, 엄마는 돈 많잖아요?

–에궁~

우리 모자의 대화를 건성으로 듣던 우리집 남편님 갑자기 웃음을 터 트립니다. 그래도 울 주댕, 지친 몸으로 밤 두시에 들어오면서

–엄마 열쇠 계단에 숨겨놓고 먼저 주므세요 하면서 잠 못 들고 기다리는 나를 염려 합니다. 그럴때마다 나는 마음속으로

–공부를 여태까지 하고 오믄 울매나 좋으꼬... 싶으면서도 그 좋아 하는 티브이도 제대로 못 보고 오자마자 피곤하다고 쓰러져 자는 울 주댕이 보면서 맘이 아픕니다.

–니가 힘들다고 생각 하면 언제든지 그만둬라 라고 내가 말 하면 우리집 남편은 .. " 남자가 그것도 다 경험이야 괜찮아 ' 합니다 나는 '발끈' 하면서

–뭐 좋은 경험이라고 벌써부터 애 고생 하는거 두고 봐야 되냐 하면서 애꿋은 남편만 잡습니다. 남편이 시킨 것도 아닌데 말 이지요 내속으로 낳은 자식이라도 머리 저만큼 크고보니 내 맘 대로 되는거 없습니다.

오늘도 나는, 하루가 다르게 커가는 울 주댕이를 내 가슴 한 쪽 에서 조금씩 떼어내는 연습을 하고 있는지도 모르겠습니다. 이 세상의 아들 딸 가진 엄마들 다 그렇겠지만 품안의 자식이라고 품 떠나기 시작하면 아무리 눈에 넣어도 안 아플 자식이라도 한 사람의 인격을 가진 독립체로 인정해야 하겠지요. 어릴때 모래를 손안에 넣고 욕심 껏 움켜쥐면 욕심을 부린만큼 모래는 흘러 내렸지요. 결국은 꽉 움켜진 작은 내 손안에 는 몇 알의 모래의 잔재만 남았지요 우리 주댕

이를 보면서 요즘 그런 생각을 합니다. 잘 빗어진 찰흙처럼 내 손안에서 예쁜 집도 되고, 별도 되고 튼튼한 소나무도 되던 우리 주댕이가 어느새 저만큼 훌쩍 커버려 자꾸만 내게서 모래알처럼 흘러내리고 있습니다. 오늘은 아르바이트 쉬는 날인데도 우리 주댕이, 누워 있다가는 핸드폰 받자마자 온갖 모양을 다 내고는

–엄마 일찍 올께요

한 마디 남기고 "친구" 라는 저들만의 무리속으로 빠져들기 위해 집을 나섰습니다

–아들, 엄마 오늘 늦게 나갈껀데 엄마랑 좀 놀자~ 했더니 울 주댕이 씩 웃으면서

–에이~ 엄마랑 무슨 재미로 놀아, 엄마는 연속극봐요 오늘 잼 있는거 많이 해, 일찍 올께, 그렇게 우리 주댕, 휭하게 나가버린 텅 빈 문을 한참동안 바라보며 나는, 내 손안에 남겨진 모래들의 잔재를 보는 듯 이유도 분명치 않게 마음이 쓸쓸 해 집니다. 그리고 갑자기 고요해진 집안에 혼자 덩그러니 앉아 있다는 생각에 서둘러 컴퓨터를 켜 봅니다. 아들 가진 부모 맘 다 그럴까요 아니면 나만 이럴까요, 하루가 다르게 내게서 멀어져 친구만 좋아하는 그런 우리 주댕이를 감당할 수가 없는 불안함을 어쩌면 좋을까요 그 나이때는 부모보다 친구가 더 소중하다는거, 아무리 좋은 명심보감도 부모가 말하면 잔소리가 된다는거, 부모가 지나치게 관섭하면 '마마보이' 소리 듣는다는 거 모르는거 아닙니다. 그래서 나는 오늘도 우리 주댕이가 친구만 좋아하고 친구들 일이라면 물불을 가리지 않고, 그게 의리라고 생각하고 당연하게 생각하면서 그렇게 저들만의 세상속으로 들어가는 것을 지켜 보면서 기도합니다

–하나님 우리주혀니가 청소년기를 무사히 별탈없이 후다닥, 지나가게 해 주세요

그래도 내가 몸이 아플때면 제일 먼저 염려가 되는 것이 남편과 주댕이였거든요 우리 예빵이는 똑부러지는 데가 있어서 적어도 제 배고프면 굶지는 않을 것 같지만, 남편과 주댕이는, 어디가서 밥도 못 얻어먹을 텐데.. 싶습니다. 우리 주댕이는 공부를 잘 하는 것도 아니고, 그렇다고 뭐 하나 뾰족하게 뛰어난 것도 없고 그래서 아마 언제나 울 주댕이가 더 염려가 되는 것일 테지요 그래도 참으로 다행한 것은 하나님이 계시다는 것입니다. 우리주댕이와 우리 예빵이를 어떠한 경우에도 하나님이 눈동자처럼 지켜 주실 것을 믿기 때문이죠. 그래도 자기 스스로 무엇인가를 해보려고 하는 우리 장한 주댕이에게 밝아오고 있는 2004년도 에도 하나님 안에서 몸과 마음 모두 건강하게 잘 자라게 달라고 기도합니다 그리고 오늘도 우리주댕이와, 예빵이가 이세상의 모든 위험 물리치고 당당하게 살아가라고 파이팅을 외칩니다.

2004. 01. 27.

21. 고등학교

방학은, 공부하느라고 힘들었던 아이들 맘 편하게 놀라고 있는 거라고...(글타면 공부 안한 너는 왜 놀아야 되냐,) 그 소중한 중3 겨울방학 을 1월 에서 3 월초 까지 원 없이 놀아 재낀 울 장한 주댕, 고등학교 입학 후 3 일째 등교 입니다. 남녀공학 이 되기를 그렇게 원하던 주댕이가 남자 학교로 배정 받은 건 하나님이 도우신 일이고, 제게는 말할 수 없이 고소한일 입니다

–엄마 그래도 으흐~ 바로 옆 학교가 담 하나사이로 여학교야 ~ 이쁜 애들 디게 만드만, 하믄서 아침마다 머리에 힘주는 시간이 30 분 입니다. 그런데 한 가지 이상한 것은 요즘 고등학교 입니다 우리 주댕이의 머리가 거의 장발 에 가깝거든요 조금만 더 길면 묶어도 될 정도로요 그런데 학교 에서 '두발 자율화' 라고 머리 단속 을 안 하는 거예요 입학하기 전에 머리 자르라고 그렇게 이야기를 해도 안 듣기에 저는 속으로 쾌재 를 불렀거든요 왜냐구요? 볼 것없이 학교 에서 울주댕이, 머리 한쪽에 고속도로 를 뚫어 줄 것이라고 기대 했기 때문이죠 그랬는데, 어제도 무사히 오늘도 무사히 울 주댕이 머리가 멀쩡하단 말입니다.

–엄마 간도 큰 녀석 하나가 복도에서 담배 피다 선생님한테 딱' 걸린 거 있지, 아니, 입학한지 얼마나 됐다고 그러나 그러길~요즘애들 조심성이 너무없어 겁난다니까 합니다. 나는 애늙은이 같이 혀까지 차며 말하는 울 주댕이, 얼굴 물끄러미 바라 보믄서 말했지요.

–다른 애들은 니가 더 겁날거다 임마

–엄마 입학전 날 소집 일날, 본 셤 결과가 나왔는데 내가 반에서

17등 이 라데, 난 그날 셤 보는 줄도 몰랐었잖아~이건 순전히 기본 실력으로 본 건대 17등 야~ 그래도 잘 본 거네~

넘들 중3이면 고등학교 1학기 다 떼고 입학 한다고 공부 하느라고 눈이 오는지 바람이 부는 지 모를 때, 긴긴 겨울방학 내내 놀아 재끼고 나더니 전교 17등 도 아니고 반에서 17등을 했다는 이야기를 스스로 감탄까지 해가며 남의 이야기하듯 하던 울 주댕, 나름대로 양심은 있는지 내 눈치 힐끔거립니다. 그러다간 꼬리 조금 내리고 넌즈시 내게 묻습니다

–엄마, 왜 아무 말 안 해요~

아마 아이들 우열을 가리기 위해서 본 시험인것 같은데 울 장한 주댕이는 반에서 17 등을 했다는군요 내가 오히려 울 주댕이 에게 물었습니다

–너는 엄마가 어떤 대답을 해주길 원 하는데? 그러자 나름대로 분위기 파악은 잘 되는 터라, 울 주댕이, 금세 대화의 화제를 바꾸면서 "엄마~ 나 올라 갈께요~ 하면서 콧 노래까지 부르며 자기 방으로 가더군요

–평생 살 것처럼 공부하고 내일 죽을 것처럼 오늘을 살아라.

우리 예빵이가 너무 멋있는 말이라고 자주 애용하는 말입니다 어데서 데려온 자식 분명 아닌데, 우리 예빵이와 울 주댕이는 너무나 다릅니다.

–차이는 인정하되, 차별은 도전한다 차이는 인정 합니다. 남자와 여자이니 생각이나 성격도 같을 순 없겠죠 다만, 공부 잘하고 못하는 차별은 도전할 가치가 있다는 것이죠. 그러나, 공부가 인생의 전부는 아니라고 울 주댕, 당당하게 말합니다.

–인생에는 그럴 수 있지만 학생에게 공부는 전부다라고 제가 설득

해 봅니다. 울 주댕이, 이제 고등학생입니다. 우리나라의 모든 입시 제도 가 바뀌지 않는 한 오로지 성적으로 절대 평가를 받아야 하는 현실 앞에 우리 주댕이가 가야 할 길은 멀고 험하다는 생각입니다. 물론, 제 개인적인 생각으로는, 우리주댕이가 반에서 17등을 한다고 인생에 17등은 아니라고 생각 합니다. 이 땅에 공부 잘 하는 아이를 가진 부모보다는 우리 주댕이와 같은 아이들과 그런 아이를 가진 부모가 훨씬 더 많습니다. 우리의 보통 아이들이 설 땅이 없는 것이 그 아이들의 책임은 절대 아니겠지요 우리 어른들의 책임 이라고 생각 합니다 그래서 나는 오늘도, 이 땅에 우리의 보통아이들, 그 아이들이 만들어 갈 희망찬 내일의 세상을 위해서... 그리고 새롭게 고등학교 생활을 시작하는 우리 장한 아들, 주댕이를 위해서 오늘도 힘찬, 파이팅 을 보냅니다

2004. 03. 06

22. 사랑

울 주댕이에게. 이 찬란한 봄에 '사랑' 이라는 선물이 찾아 온 것 같아요 초등학교 때부터 많은 여자애들 한테 수많은? 편지나 선물 같은 걸 받고도 그저 덤덤하던 울 주댕, 남들이 다 사귀니까 나도 사귄다는 정도 였는데요 17살 꽃 미남 주댕이가 이 봄에 달라지고 있네요 작년 빼빼로 데이 때도 여자친구한테 줄 선물 사는라고 그 난리를 치루더니

–엄마 돈 좀 주시면 안되요?

–얼마나?

–3만원 만이요 나는 두 말 않고 주었습니다. 뭔 돈이 그렇케 흔하냐구여? 절대 아닙니다

울 주댕이, 3월 14일날, 여자친구한테 사탕을 준비해야 한답니다. 그런 돈을 그케 쉽게 주느냐구요? 것도 아닙니다 나는 다만, 울 주댕이가 내가 돈을 주지 않아도 수단과 방법을 안 가리고 그 돈을 모을 것을 압니다 작년일을 떠 올려보면요 그러자면 울 주댕이, 나에게 참고서 같은 거 두 번 산다고 해야 할거고 불행이도 내가 똑같은 참고서 값 두 번씩 주는 엄마 아니므로 울 주댕, 머리 그 쪽으로 비상하며 나를 속일 재주도 없고요 애매하게 용돈 줄여가여 헬슥해진 얼굴로 (짜장면 먹었다 치고 돈 좀 주세요) 또 밥 굶고 해야 합니다.

–엄마 우유값 주셔야 되는 데요 5,000원이요

–아들, 저번 주에 우유 값 7,000원은 누구 갔다주고 왔니? 그리그~ 왜 금액이 틀려?

–어? 그랬어요 ? 그랬나?

눈 껌벅이며 뒷통수 긁는 단순 무식한 울 아들 주댕이, 아직은 나를 그럴듯하게 속일 줄을 모릅니다. 나는 울 주댕이가 나를 자꾸 속이게 되길 원치 않습니다. 그래서 주댕이 입장에서 생각 해 보고 필요하겠다 싶으면 선뜻 주는것 뿐입니다. 그랬는데 이번엔 좀 다른 것 같습니다.

–누나 아름다운 말 좀 골라 봐봐 ~

–엄마, 엄만 시인이잖아, 시적으로 글 한번 써봐줘요

울 주댕, 몇 일째 이쁜 노트 들이대며 울 검두 와 저에게 그림을 그려달라 좋은 말을 써 달라 하며 울 예빵이 에게 짜증 섞인 모든 수모를 다 겪고도 화도 안냅니다. 그 이쁜 여자친구 생일이 얼마 남지 않아서 선물 하려고 그런다네요 나는, 울 주댕이의 전에 없는 이상한 모습에 나는 웃음이 나오면서도

–지금 저럴때 가 아니데 싶어 걱정이 앞섭니다

–아들, 어떤 대학생 형 하나가 이쁜 여자친구 명품 사주느라고 공부도 안하고 아르바이트 해서 여자친구 명품으로 치장시키다가 학점 모자라 대학졸업도 못했다더라, 그랬더니 그 여자친구 그 남자친구 능력없다고 차버렸다더라 사랑이 물질로 되는 거 같으면 그건 사랑이 아니야 그런 사랑은 물질이 떠나면 함께 떠나는 거란다 사랑은, 그 사람을 사랑하는 일이란다. 그 사람을 사랑하는 일 이라는 건 이 세상많은 사람 중에서 다만, 그 사람이기 때문이어야 하는거야 내가 좀 길게 이야기하는데도 울 아들 ' 멍 '하게 내 이야길 듣더니

–엄마 다시 한 번 말 해봐, 그거 디기 멋있는 말이다 그거 적을래 하네요

지금, 울 주댕이 에게는 그 흔한 유행 가사 하나도 소중해지고 아주 작은 사물 하나도 의미가 부여되고 있는 듯싶습니다. 왠일인지

요즘들어 울 주댕이방에 불이 늦게까지 지지 않은 날이 많습니다 (공부 하냐구요? 그건 학교서 다 하고 온답니다]

아마 우리주댕이 가 성장해 가는 과정에서 이번에는 '사랑' 이라는 아름다운 다리를 건너가려 하고 있는것 같습니다. 나는 울 주댕이가 이 아름다운 다리를 잘 건너 갈 것을 믿습니다. 그리고 더욱 성숙해진 모습으로 제 자리로 돌아오겠지요. 나는, 빨리 건너라고 재촉하지는 않을 생각입니다. 그러다가 넘어지거나 다리에서 떨어질 지도 모르니까요 나는 울 주댕이 가 상처가 나는 것을 원치 않습니다. 그저 서두르지 않고 기다릴 것입니다. 그리고 오늘도, 꽃미남 주댕이에게 그리고 그 엄청이쁘다는 우리주댕이의 여자친구에게 힘찬 파이팅을 보냅니다

2004. 03. 18

23. 대의원 회장 엄마

우리 주댕이, 개학 후,

한달도 채 되지 않았는데 학교 담임선생님한테 부모님 호출이 있어서 개학 후 일 면식도 없이 교무실에서 담임선생님을 뵙게 되고, 내가 교무실에 도착하자 우리 주혀니도 교무실로 불려왔습니다 우리 주혀니가 무슨 잘못인가를 했는데 선생님한테 말대꾸를 했다는 이유였지요 그런데 그 담임 선생님이 제가 보는 앞에서 우리 주댕이의 머리를 탁' 하고 치는 거였어요 나는, 아무리 담임선생님이지만, 그래도 학부모가 앞에 있는데 그 아들을 때렸다는 것에 눈에 불이 나는 것처럼 자존심이 상했습니다 그렇지만 어떻게 해 볼수도 없고 해서 나는, 아무말도 않고 조용히 교무실 밖으로 먼저 나왔읍니다 그리고 우리 주댕이가 담임선생님한테 혼 날만큼 혼나고, 다시 제가 교무실로 들어가서 담임 선생님께 먼저 죄송하다고 말한 뒤 고개를 숙이고 울고있던 우리주댕이에게 말했습니다

-선생님한테 무조건 잘못했다고 해라 당장, 하고 소리를 쳤습니다

나는 화가나서 오히려 우리주댕에게 교무실에서 소리를 치고 있었고, 내가 그렇게 소리를 지르자, 우리 주댕이는 무엇이 억울한지 약간 소리까지 내고 울면서 사과를 했고, 교무실에 있던 몇몇 선생님들이 저를 힐끔거렸지만, 담임선생님은 뒤 늦게 제게 미안했는지 오히려 죄송하다고 학기초이고 애들 기강을 잡으려면 어쩔 수 없었다고 하셨습니다 하필이면 우리주댕이가 그 표적이 되었던 거지요 나는 아니라고 웃으면서 말했지만, 손이 떨리는 걸 느끼고 주먹을 꽉 쥐어졌습니다

그때 나는 결심했습니다 우리주댕이가, 그렇게 막대먹은 아이가 아니다, 선생님들이 표적으로 함부로 해도 되는 그런아이가 아니다 라는 걸 보여주고 싶었습니다 아무리 우리주댕이가 잘 할려고해도 선생님들이 인정해 주지 않으면 그건 오히려 우리주댕이를 정말 나쁜아이로 몰아가는 것이 될 테니까요 간혹 선생님들의 특성이 새 학기가 시작되면 아니다 싶은 아이들 몇 명을 표본으로 그 반 기강을 잡으려는 분들도 있다는 것을 압니다 어쩌면 그건 어쩔 수 없이 그래야 되는 일일수도 있습니다. 대를 위해서 소를 희생한다고 할까요, 전체아이들을 위해서 어차피 해도 안 되는 녀석들이 대신 희생하는 거지요 나는, 그 대상이 아이가 우리주댕이가 되어서는 안 된다는 것이었지요 그래서 저는, 우리주댕이가 싫어하니까 고등학교 때는 학교에서 임원 같은거 안 하고 조용히 있을려고 했는데 그 마음을 바꿔서 다음 달 대의원 어머니 회장에 출마했습니다, 그러나, 사립고다 보니 예상보다 대의원 어머니 회장의 경쟁력이 치열했지만, 그동안 우리주혀니와 예빵이 중학교때 어머니회장을 했던 경험도 있고, 대부분의 학교의 흐름을 알고 있는 터라 자신있게 500 여명의 어머니들 앞에서 내가, 언제부터 이 학교에 관심이 있었다고 때아닌 열정적인 연설로 선거유세하고 당당하게 70%이상의 어머니들의 지지를 받아 당당하게 어머니 회장이 되었습니다.

사립학교는 일반학교와 달리 어머니 회장이 될려면 많은 시간과 물질적인 것도 많이 투자해야 했습니다 하지만, 그 만큼 어머니 회장의 위세가 대단하다는 것도 알았기 때문이죠 그렇게[우리 주댕이, 학교 선생님들한테 기죽이지 않으려면 무엇을 못하랴 하는 그런 심정으로 회장이 되었습니다]

우리주댕이의 담임선생님은 생각지도 못했다가 내가 어머니회장으로 뽑히자 처음엔 나를 많이 어려워 하는듯이 보였지만, 나는 담임선생님에게도 나름 최선을 다했습니다 그리고 어머니 회장이 된 후로는 학교를 내 집처럼 이삼일 간격으로 출근하다시피 하다보니 이제는 복도나 계단에서 아이들을 만나면 아이들이 혹시 선생님인가 싶어서 인지 인사를 하는 아이까지 있습니다.

나는 성격상 남의앞에 나서는 거 좋아하는 성격도 아니지만, 고등학교 대의원 회장직이라는 것이 학교에 1년 계획과 모든 대 소사를 관여해야 하기 때문에 중학교 때 와는 많이 다르다는 걸 느끼면서 나설 일 많아지고, 몸이 둘 이었으면 싶을 만큼 사실 바쁩니다. 대부분 어느 정도 시간적으로 한가한 어머니들이 학교 일을 보시는데 나 같은 경우에는 정말 계획도 없이 느닷없이 회장직을 맞게되다보니 너무나 시간이 모자라서 시간 아껴 쓰는 법을 터득 해 가는 중입니다. 그러다 보니 글 한 줄 쓸 시간 없구요 이 나이에 큰 맘먹고 시작한 공부도 제대로 못 해서 강의를 빼먹기 일수 입니다. 그래도 그 중에서도 기쁨이라면, 우리 주댕이가 변해 가고 있다는 거죠 내가 학교에 나타나면 중학교 때는 "툴툴" 거리며 엄마, 학교 좀 안 오시면 안되냐고 짜증내던 우리주댕이가 요즘엔 오히려

−엄마 온 줄 알고 친구랑 찾아다녔는데 엄마 어디 있었어요? " 합니다. 그리고 무엇보다

−주혀나 엄마가 회장인데 임원 모든 아줌마들 아들들은 모두 "심화반" 이야 (심화반= 공부 잘하는 아이들만 반 입니다)엄마는 다만 우리 주혀니 가 말썽만 안 부려주면 되는데 엄마 체면 생각 좀 해주라~ 그 말에 우리 주댕, 자극을 받았는지, 요즘 나름대로 공부 열심입니다.

−엄마 나 이번 내신에 들어가는 영어 듣기평가 A 야~찍은 것도 다 맞았어 이, 히히~

개선장군처럼 씩씩한 우리 아들 목소리에

—우와~아들, 잘했네, 찍는 것도 그거 실력이야, 우리 아들 사랑해~ 하면서 제가 또 엄청 추겨 세워 줍니다.

—야자시간에 주현이가 하도 오랫동안 안 떠들고 뭔가 열심히 보길래 첨엔 교과서 밑에 만화책이라도 넣고 보나 했거든요 그런데가 보니까 왠일로 공부를 그렇게 열심히 하더라구여 "(담임 선생님 말씀입니다 - 왠일로' 가 좀 걸리지만서도] 이렇게 조금씩 달라지고 있습니다. 그리고 이제 몇일 있으면 중간고사입니다. 오늘 아침도 열심히 머리에 힘주고 있는 우리 주댕이 이쁜 뒷 통수에다가 한 마디 던졌습니다.

—주혀나 이번 중간고사 반에서 10등 안에만 들어주면 MP 3 사줄께

누나는 MP 3 가 있는데 가끔 빌려쓰거든요 요즘은 울 아들 가방에 다른 아이 MP 3 가 들어 있는 것을 제가 몇번 보았는데 남의 것 분실 할까봐 걱정도 되구요 빌려 쓰면서도 MP 3 사달라고 안 하는 것이 기특하기도 했거든요 그래도 제가 요구한 반에서 10등은 해 볼만 했던지 울 주댕이 씩 웃으면서

—셤 잘 볼께요 합니다 공부 잘 하는 아이 엄마들이 들으면 반에서 10등, 하고 웃으시겠지만, 물론, 전교 1등이나 전교 10등 하면 더 좋지요 그러나 강아지를 몰아도 나갈 문을 열어놓고 몬다지 않습니까? 가능한 선을 그어놓아야 도전할 맘이 생길 것 같아서죠 이번 중간고사에 반에서 10등 안에 들면 기말고사에는 반에서 5등을 바라볼 수 있을테니까요 저는 한번도 너희 누나는 어쩌고 하면서 우리 주댕이와 비교하며 기죽인 적은 없습니다. 둘다 내가 낳아서 차별없이 키웠지만 공부라는 것이 그게 맘대로 되는 것은 아니니까요 그리고 공부 말고도 우리 주댕이가 잘 하는 것 무지 많거든요

한번은 공부 잘 하는 울 예빵이가 주댕이 에게 한심하다는 듯이

–남들 공부 할 때 넌 머 했니? 것도 몰라? 얘가 돌 머린가?

그때 내가 말했죠

–넌 그럼 공부 말고 잘하는 거 뭐있니? 너 주혀니보다 노래 잘할 수 있어? 철봉 오래 매달릴 수 있어 ? 너 친구 주혀니 보다 많아? 너, 그리고 영어, 수학 되는 돌 머리 너 본 적 있어 얘가 공부에 관심이 없을 뿐이지 돌 머리는 아니야? 했더니 우리 주댕이, 좋아서 헤벌쭉 해지며 나에게 엄지손가락 쭈욱 내밀고 우리예빵이는 대신 입 쭈욱 내밀며

–말도 안돼 합니다.

열 손가락 깨물어 안 아픈 손가락 없다는 속담, 어느 분이 만들었는지 그 속담 없었으면 아마 제가 만들었을 겁니다. 내 살점 보다 귀한 거 이 세상에 자식 말고 또 있을까요 나는 오늘도, "다녀 오겠습니다~" 하며 계단이 부서질 듯 큰 소리로 인사하며 내려가는 우리 멋진 주댕이 에게 이세상을 언제나 당당하고 자신 있게 살아가 주길 바라면서 파이팅, 파이팅 을 보냅니다

2004. 4. 22

24. 중간고사

학교 시청각실에서 아이들 공동구매 하복 잰다고 몰려드는 아이들 접수를 받고 있는데 임원 엄마들 그 틈에도 한 마디씩 합니다

–000 시험 잘 봤어~? 000는 올 백이 5개나 나왔다며~

–이번 셤이 쉬웠나? 그런데 우리 애는 시험 저 혼자 망쳤다고 야단야단 하던데~ 수학에서 2개나 나갔는데 어려운 건 다 맞고 더하기 빼기 같은 수준을 틀렸데 정말 속상해~

오늘, 우리 주댕이 중간고사가 끝나는 날입니다. 학교 임원 어머니 장한 아드님 들은,대 부분이 공부 잘하는 아이들 입니다. 셤을 못 보았다는 아이는 한 과목에 1문제 정도 나간 아이, 셤을 망쳤다는 아니는 2개정도 나간 아이, 셤을 아주 망쳤다는 아이는 3개 정도 나간 아이입니다. 나는 그러한 이야기들 뒤로 들으면서 열심히 접수를 받는데

–회장님, 주현이는 이번 시험 어땠데요? 잘 보았데죠~

나는 순간 뒷통수가 지릿, 해지며 그 이야기 거기선 안 끝나고 왜 나한테 까지,하는 착찹한 심정으로 씁쓸하게 웃으며 말했지요

–어, 우린 아들하고 떡 집이나 차릴려고

–어머나 그건 무슨 말씀이세요~?

말씀은 무슨 말씀이겠습니까요, 셤을 아주 여러번 떡을 쳐서 남아도는 떡으로 떡집이라도 차린다는 거지 반에서 10등, 물건너가는 소리 중간고사 첫날, 들었습니다

–아, 이상하네~ 왜 셤문제가 내가 공부 한데서는 하나도 안 나오는거냐구요~ 하도 많이 틀려서 문제 채점도 못했어요 엄마 죄송해

요~ 우리 주댕이는, 그 작은 셤 범위, 얼마나 대충 공부 하셨으면 공부 하신데가 하나도 안 나왔다는 군요 그러면 그 담 날이라도 골고루 공부해야지요 책만 펴 들면 어느새 졸고 있는 우리집 주댕이, 셤기간 아닐때는 2시 3시가지 혼자 티브이 켜놓고 잠 안 자던 넘이...

-공부는 노동이야 노동. 해가면서 요즘은 잠 하고 왠수라도 진 사람처럼 12시를 못 넘기고 코를 골아 댑니다. 뭐, 시험때라 스트레스 받아 그렇다나요 울 예빵이 또한, 같은 날 중간고사 시작 이었습니다. 울 예빵이는 커피 대접으로 마셔가면서 밤3시 까지 교과서 뚫고, 새벽 5시에 일어나서 어제 뚫다만 교과서 또 파는 울 장한 예빵이. 중간고사 이틀째 보고 나선 좋아서 죽겠다는 듯이 입을 몬 다물면서

-엄마 엄마, 나 이번 셤을 너무 잘 봐서 애들한테 말도 못해, 몰매 맞을까봐 ~ 나, 수학에서 1개 나갔어 1개, 이번 수학 셤 얼마나 어려웠는데 애들 울고 장난 아니였거등~ 히히~

각 중학교에서 전교 1,2등만 들어간 특목고 [안양외고] 2학년 수학 셤에서 우리 딸은 1개 나갔다 네요 내 속으로 나은 자식, 어쩌면 이케 다릅니까? 하나님. 우리 주댕이, 그 틈에도 당당하게 공부 잘하는 아드님 둔 많은 엄마들 사이를 뚫고 내게 다가와 이케 말합니다.

-엄마, 나 담 주 수학여행 가는데 친구들하고 옷 사기로 했어요 돈 좀 주세요~ 셤도 끝나고 했으니까 뷔페도가고 노래방도 갈 거니까 좀 넉넉하게 주세요

나름대로 자존심 하나로 버텨온 나는, 그 자존심 때문에 이런 상황에서도 웃으면서 아들한테 있는돈 다 털리구요 그런 내가, 우울해 보였던지 셤잘 본 아이 엄마가

-아유~ 회장님 멀 그런걸 갖고 그래~ 애들 말썽 안 부리고 건강하게만 자라믄 됐지 공부가 머 인생의 전부인가 힘내요~ 담에 잘 보

면 되지 뭐,

-우리 아들만 새나라 의 어린이 입니까? 그 좁은 문 한번 걸쳐보겠다고 넘들 코피 터지게 밤낮없이 공부하는데 우리 아들만 "말썽 안 부리고 건강하믄 되다니

중간고사 이후, 우리 집 주댕이와 나는 냉전 중입니다. 가급적 제가 필요한 말 이외는 우리 주댕이와 눈도 맞추지 않습니다. 셤 잘못 보았다고 너무 심한 거 아니냐구요? 그거 아닙니다 저도 학교를 안 다녀 본 것도 아니고, 시험 한두 번 본 거 아니지만, 제가 화가 났던 건 우리 주댕이가 최선을 다하지 않았다는 거죠. 그러다 보니 시험이 끝나던 날, 제가 우리 주댕이에겐 잔소리가 되는 말을 많이 했구요 물론, 자극을 준다고 아들이란 이유로 심한 말도 서슴치 않았었죠 우리 주댕이, 하루는 제 잔소리에 견딜 수 없었는지 벌떡 일어나 자기 방으로 올라가면서 계단에 우뚝 선 채 소리치며 이렇게 말 했어요

-나는 엄마가 싫어, 정말 싫어, 이 세상에서 제일 싫어, 나는 뒷통수를 무엇엔가 크게 한 대 맞은 것처럼 잠시 멍, 했죠 그리고 오늘까지도 제 머리 속은

-엄마가 싫어, 정말 싫어, 라고 소리치던 울 주댕이, 목소리가 쟁쟁하게 떠나지 않더군요 나는, 너무 속이상해서 설거지를 하면서 물을 크게 틀어놓고 울었습니다. 운전을 하다가도 울컥 눈물이 쏟아졌습니다 이상하게 입맛도 없어서 몇일 동안 거의 밥을 먹지 못했어요 그리고 몸살을 앓았지요.

-엄마 나는 엄마가 그케 아픈 거 첨 본 것 같애, 이젠 좀 괜찮아? 울 예빵이 몇일을 밥 못 먹고, 정신이 들락거릴 정도로 심하게 밤새 앓고, 아침에 일어난 나를 보고 묻습니다. 그리고 이상한 일은 그 후

로는 ,우리 주댕이 와 눈도 마주치기 싫다는 겁니다. 우리 주댕이 내게 다가와

—엄마 미안해 증말 미안해요 네~ 했지만 그저 형식적으로 들릴 뿐이었죠

—미안하다는 건 말로 하는 게 아니야, 잘못한 학생이 왜 반성문을 쓰는지 아니? 그건 반성문을 쓰면서 무엇을 잘못했는지 한번 깊이 생각해보라는 거야, 너는 니가 무얼 잘못했는지 모르면서 말로만 미안하다고 하고 있어, 나는 그런 사과 필요없어 우리 주댕이, 단호한 내 말에 머쓱해지더니 아빠눈치 슬슬 보며 자기 방으로 올라갑니다. 사람 좋은 우리 남편 오히려 내게 뭘 그렇게까지 하냐고 합니다.

어제도 쉬는 시간인지 울 주댕이 제게 전화를 해서 별 중요하지 않은 이야기하면서 내 반응을 살피다가 끊습니다. 울 주댕이 날 닮아서 어디 전화 쉽게 거는 성격 아니란거 제가 잘 알지요 저는, 정이 많아서 우리 예빵이나 주댕이에게 아침이면 잘 잤느냐고 안아주고, 뽀뽀 해주고 해야 되구요 하루에도 몇 번씩

—아들 사랑해~" 울딸 사랑해~ 하면서 그 큰 녀석들 궁둥이도 두들기고

—엄마 변태예요?

소리까지 들으며 푼수를 떨어야 직성이 풀리거든요 그런데 요즘 그게 하기 싫어졌어요 울 예빵이도 가끔

—엄마, 아직도 화 안 풀렸어? 주혀니 아직도 미워?

화가 안 풀린 건 아닌데, 나도 그게 이상 하긴 합니다. 나는 지금까지 살면서 아이들에게 아무리 화가 났어도 뒤돌아서면 내가 먼저 풀려서 애들 골난 거 툭"툭, 건들면서 엄마가 미안하다고 너스레를 떨면서 풀곤 했는데 이번에 그게 잘 안되는 것 입니다. 아마 울 주댕이

가 엄마가 너무 싫다고 소리치던 그 모습이 제게 조금은 충격이 되었던 것 같아요 오죽하면 우리 주댕이가 내게 그렇게 말했을까, 싶으면서도 그래도 어떻게 그런 말을 할 수 가 있나 하는 일종의 배신감 일까요? 아니면 제가 너무 아이들이나 남편한테 나의 모든 걸 맞추면서 살아가고 있었던 거에 대한 나, 스스로한테 반란이라도 이르키고 있는지도 모르겠어요. 이 땅의 모든 어머니들, 많이 외로우실 거란 생각이 들어요 이참에 "외로운 어머니들 모임" 이라도 있으면 가입해서 자식흉이라도 실컨 보고싶은 심정입니다. 이런 기회로 저도 많은걸 생각하게 되었지만 우리 주댕이도 좀더 신중하게 자신을 돌아보는 기회가 되기를 바랍니다. 하지만, 자식한테 "종신형"을 산다. 어느님의 말씀 참, 가슴에 와 닫는 하루 였습니다. 마음의 감옥, 이거 종신형" 맞습니다

내일은 다른 아침이 올까요 우리 주댕이 달라지겠지요 아니면 이 나라의 교육제도가 먼저 달라야 할까요 오늘도 울 주댕, 씩씩하게 " 다녀오겠습니다 "를 외치며 학교로 갔습니다 그래도 울 주댕이 오늘도 건강하고 씩씩하게 행복 하라고 파이팅, 파이팅, 을 보냅니다.

2004. 05. 19.

25. 예비 수능일

울 주댕이, 요즘 나와 냉전 진행 중 인데도 지 맘에는 내가 여전히 엄마 인지라 내 눈치 흘끔 거리며 말 합니다

–엄마 돈 좀 줘요 하루에 2,000 원가지고 머해요

–너한테 돈 줘봐야 너는 돈을 노는데만 쓰잖아, 그런데 돈 주고 싶은 부모 있겠냐, 내가 말하자, 울 주댕이, 염치가 없는지 두 말도 않고 자기 방으로 올라 갑니다 어제는 집에 와보니 수능 예비전날 이라고 일찍 온 주댕이는 공부를 하는 것이 아니라 음악을 틀어놓고 거울 앞에서 온갖 춤 연습을 다 합니다. 내가 물었죠

–너 지금 행복하니?

–응 ? 엄마 왜? 나 춤 잘 추지? 이거 함 봐 볼래~~

–2년 뒤에도 니가 그렇게 행복할 수 있을까 ?

어이가없는 내가 물었고, 울 주댕이 약간 시무룩 해지더니 여전히 콧노래 를 부르며 하던 일 열중 합니다. 우리 주댕이를 어쩌면 좋을까요, 예비수능전날 음악에 맞춰서 춤 연습을 합니다 자식 키우기 이렇게 힘이 들었던 가요, 다른 어머니들은 이런 고비를 다들 어떻게 넘기셨을까, 지금도 주댕이의 방에서는 이상한 랩섞인 노래 소리가 흘러 나옵니다

–엄마 나는 공부가 싫어요 나는 직장생활 같은거 안해, 사업해서 돈 많이 벌어서 엄마, 호강시킬거야 공부가 싫다는 울 주댕이, 사업 잘해서 엄마 호강시키겠다는 주댕이, 냉정하게 생각해보면 공부 잘 하는 아이들 몇% 가 장차 이 나라를 책임지고 가는 것은 절대 아니란 거 알지요, 공부 잘해서 특별히 잘 한다면 모를까 사실 공부 대충

잘해서 그걸로 우리나라 에서 무얼 할 수 있나요, 기껏해야 대 기업 말단사원 으로 취직 하는 것이 대부분 의 가는 길이겠죠 그걸 모르는 거 아닙니다 그리고 나도 우리 주댕이가 대 기업에 말단사원 으로 취직 하는 것이 목표도 아닙니다. 나는 다만, 우리 주댕이가 그 만한 나이에 누려야 할 것들 누리고 살기를... 누구를 만나도 어떤 상황에서도 기죽지 않고 인생을 살아가기를... 그러자면 최소한 대학 이라는 관문은 통과해야 한다고 보기 때문 입니다. 고2 중반인 울 예빵이도 이제 서서히 대학 이라는 문이 높아보이기 시작하는지.

–엄마 만약에 한 일주일 안자면 원하는 대학 보내준다면 나 안 잘 수 있는 데

–그러면 다른 애들은 눈에 반창고 붙이고 10흘은 안 잔다고 덤빌걸 그 경쟁률은 어떡할래? 내가 말했고,

–그럼 한 20일 굶으면 원 하는 대학 보내준다면 굶을 수 있는데~

–다른 애들은 40일도 굶는다고 할껄 내가 또 말 하자 울 예빵이 맥없이 웃으면서 "그렇겠네~" 합니다.

나는, 얼마나 마음에 부담이 되었으면 저런 생각을 다 할까 싶으면서도 뽀족하게 위로의 말이 생각나지 않더라고요 공부 잘하는 아이는 잘 하는 아이 대로, 못 하는 아이는 못하는 아이 대로, 대학이란 문은 높고도 높습니다.

–엄마 어디 아프세요? 요즘 계속 엄마 기분이 별로 안 좋아 보여

힘없이 누워있는 내게 울 주댕이, 묻습니다. 내가 아무 말 도 안 하자 울 주댕, 다시 말합니다

–엄마, 내가 엄마 주물러 드린지가 언제 였어요?오래 된 것 같지, 전에 자주 주물러 드렸었는데 엄마, 내가 주물러 드릴까요?

–아니, 됐어

내가 눈을 감은 채 대꾸하자, 울 주댕이 누워있는 내게 다가와 누으며 내 목을 끓어앉고는 그 큰 머리 를 내 가슴에 묻은 채 말 합니다.

−엄마, 죄송해요~이제부터 정말 공부 열심히 할께요 필기도 꼬박, 꼬박 할께요 지금부터 기말고사 시험 대비할께요 꼭 약속할께요 엄마 내가 엄마 한테 덤빈거 잘못했어, 정말 죄송해요.

나는 우리 주댕이의 말에 감동이 되어 눈물이 나왔습니다. 무심한 듯 하면서도 울,주댕이, 예전처럼 소리내서 웃지도 않고 수다도 떨지않는 나를 마음에 두고 있었던가 봅니다 그리고 컴퓨터도 잘 안하고 요 며칠 있는 내가 염려 가 되었던 것 같습니다. 그런데 우리 주댕이 내 가슴에 얼굴을 묻고 말 하면서 조금 우는것 같았어요 이렇게 착한 아들이 제 아들 입니다.우리 주댕이가 말합니다

−엄마~ 사랑해요 오래오래 살아야되요

이 글을 쓰는 지금그때를 생각하니 눈물이 나올려고 합니다 오늘 아침도 우리 주댕이는 씩씩하게 "다녀오겠 습니다" 를 외치며 학교로 갔습니다 그렇지만 나는 우리주댕이가 그런 결심을 했다고 그 결심이 언제 까지 갈 지는 장담할 수 없습니다. 하지만 어제 그 밤에 우리 주댕이는 진실 이었을 겁니다 그러면 되는 거라고 생각 합니다. 어른들도 한번 먹은맘 지키기 힘든데 우리 주댕이에게 나는 약속을 강요 할 생각은 없습니다 그래도 그 약속이 지켜지기 를 기도할 생각 입니다. 우리 하나님께서 모든 것 을 아시고 미리 준비하시고 예비 하시는 그 분이 우리 착한 주댕이를 모른 척 하실 리가 없기 때문 입니다. 우리 주댕이는 아무래도 가슴에 아니 내 심장 어디쯤에 살고 있는것 같습니다 그러기에 이렇게 가슴이 시도때도 없이 아파오는거 겠지요 누군가 부모는 산 에다 묻고 자식은 가슴에다 묻는다고 했던가요 내 힘으로 될거라고 믿었었던 저의 교만함을 무릎꿇

어 그분께 용서를 구하며 제 가슴열어 우리 주혀니, 송두리채 하나님께 맡깁니다 나는 죽어도 우리주혀니를 포기할수 없습니다 하나님도 우리 아들 끝까지 지켜주세요.

서울대에서는 이번 예비 수능 점수를 높이 평가하겠다고 했다지요 오늘은 예비 수능날입니다. 지금 이 순간 또 얼마나 많은 아이들이 예비 수능을 치루면서 가슴 졸이고 삶과 죽음의 골짜기를 넘나들고 있을까요 그걸 생각하면 눈물이 나옵니다. 우리 어른들 우리의 아이들에게 왜 이렇게 밖에 할 수없는 세상을 만들었을까요 우리의 보통의 아이들 어떡하라고요 나는, 오늘도 우리 보통 아들, 주댕이에게 소리없는 눈물의 파이팅을 보냅니다 우리 주댕이 사랑해, 파이팅!

2004. 06. 02.

26. 호국수련회

우리 주댕이, 엄마가 대의원 회장 이라는 이유 하나로 경기도 내에 80 여개 모든 남자 학교가 각 학교 에서 한 명씩 참여 하는 강화도 호국 수련회에서 갔습니다.

−나라에 충성하고 부모에게 효도하자] 라는 표어아래 21세기 지도자 양성 훈련을 떠난 것 입니다. 그리고 4박 5일 이라는 긴 시간 동안 합숙 훈련을 시작 하게 된 것입니다. 이번 훈련은 아이들이 먼저 떠나고, 어머니들도 목요일엔 호국수련에에 가서 모든 프로그램을 1박2일동안 아이들과 함께 하고 금요일날 아이들과 함께 돌아오는 이른바' 학부모 동반 21세기 지도자 양성 훈련 " 이었습니다 물론 울 주댕이는, 누가 그런델 간다고 했냐" 고 반항이 이만저만 이 아니였습니다.

−내가 왜 그래야 되냐고 내가 무슨 모범생도 아닌데 그런 찌질이들 "

[울 주댕이는 공부만 하는 얌전한 학생을 그렇게 부릅니다] 하고 일주일을 어떻게 보내냐고. 그러나 학생부장 선생님은 틈틈히 울 주댕이를 학생실로 불러서

−이번에 우리 고등학교를 빛내고 와야 한다 모든 프로그램에 열심이 참여해서 상이라도 타오면좋겠다' 고 당부 하시고

−이런 좋은 기회는 다시 없다고 생각해 그렇지만 부담 줄 생각은 없으니까 그저 건강하게 잘 있다가 와, 그리고 좋은 친구들이 많이 오니까 그 친구들을 잘 사귀도록해 내가 그렇게 부담 아닌 부담을

주고... 그렇게 시간이 다가오자 울 주댕이 어쩔 수가 없었던지

–그럼 나 이번에 잘 갔다오면 겨울 자켓 한 벌 사줘!

아주 대단한 결의라도 한 표정으로 말했습니다. 그렇게 울 주댕이가 떠나고 몇일이 지나도 전화 한 통이 없었고 무소식이 희소식이라고 생각하고 목요일날 저도 각 학교 어머니들과 강화도에 있는 호국수련회에 도착 했습니다. 박정희 전 대통령께서 지었다는 호국 수련원은 강화도 깊은 산중에 얼핏 보면 청와대 같은 느낌을 주는 커다랗고 단아한 건물이었습니다. 건물 앞에는 세계의 국기가 휘날리고 맨 처음 우리나라 국기가 있었습니다. 그리고

–리더의 기본은 신뢰이다 라고 건물 중앙에 크다랗게 쓰여 있었습니다. 같이온 어머니들과 정해진 숙소에 짐을 내리고 나자 여기저기서 서로를 찾아서 아이들과 어머니들은 마치 이산가족이라도 만나듯이 쓸어않고 다독거리며 아들과의 만남을 기뻐 하더라고요 그렇게 만나지 않아도 정식 프로그램 중에 아들과의 대화시간이 있었는데 울 주댕이와 나는 그 대화의 방 에서 처음 만났지요

–엄마 어디 있었어요 점심시간에 엄청 찾았었는데

울 주댕, 나를 보자 반색을 하며 달려 왔어요 그날 아들에게 하고 싶은말, 아들이 엄마에게 하고 싶은 말을 솔직하게 편지로 써서 누구의 아들인지누구의 엄마가 쓴건지 모르는 채 서로 돌아가면서 읽고 나름대로 느끼는점도 많았고 감동도 받았습니다.

그날 밤 우리 주댕이는, 일주일간 호국단에서 느꼈던점을 발표하여 많은 어머니들을 웃기기도 하고 울리기도 하며 모범상까지 타왔습니다. 아마, 울 주댕이로서는 모범상' 은 처음인 듯싶었고 이번 수련회 기간이 우리주댕이의 일생에 어떤 전환점이 되어주길 간절히 바라는 나의 기도가 거기 있었지요

–엄마, 나 이제 정말 착한 아들 될 께요 그리고 공부도 열심히할께

요.

눈물 글썽거리며 말 하는 우리 주댕이, 나는 믿습니다. 지금 이 순간만은 우리 주댕이 진실이라는 것을, 그리고 조금씩 그렇게 변해 갈 것 이라는 것도 ...

수련회를 다녀와서인지 피로가 몰려 오네요 오늘은 이만 쓰고 자야겠어요 그래도 우리주댕이에게 파이팅! 파이팅을 보냅니다 사랑하는 내아들 파이팅,

2004. 09

27. 왕따

울,주댕이 , 2학년 새학기가 시작 되고 15일쯤 지났는데 ... 새로운 담임 선생님 한테 전화가 왔습니다

-○○ 이라는 아이가 주현이 때문에 무서워서 학교를 다닐수가 없다고 한다는데 어쩌면 좋을까요 어제는 ○○의 부모님까지 학교를 찾아와서 주현이를 만나고 갔는데 회장님 주현이한테 아무이야기도 못 들으셨습니까?

느닷없이 걸려온 담임선생님의 전화였죠. 아직 담임선생님하고 상견례도 제대로 못 했는데 이 무슨 멀쩡한 하늘에서 마른 번개치는 소린가? 나는 전화기를 든 손이 떨렸습니다. 나는, 전화를 끊고 서둘러 ○○라는 아이의 부모와 통화를 했어요 아이는 겁에 질려있는 상태라고 했고, 아이의 엄마는 분이 가시지않은 듯 격앙된 목소리로 두서없이 내게 말했지만,나는 곧 모든 내용을 알 수가 있었어요 문제는 그아이가 1학년때부터 우리 주현이와 친하게 지내는 아이들과 한 반이었는데 그 아이들한테 1년동안 시달려왔다는 것이었어요 그리고 2학년이 되면서 그 아이들과는 헤어졌지만, 그 아이들과 친한 우리 주댕이가 한반이 되자 그 아이는 지레 겁을 먹었고 우리 주댕이는 안면이 있는 아이가 한반이 되었으니 아무생각없이

-앞으로 친하게 지내자 " 했는데 그 말 자체도 공포가 되어있었던 것이라고 하네요 거기다가 우리주댕이가 600원하는 자판기 음료수를 500원을 주면서 빼오라고 시키기도 하고, 여러가지 잔심부름도 시켰던 것 같았는데요 우리주댕이의 말에 의하면

-엄마 나는 정말 억울해요 ○○ 그애는 나 초등학교때 동창 ○○

이 개네들하고 친구라서 몇번 본적이 있었는데 2학년때 나랑 같은 반이되서 나는 반가워서 잘 지내자고 한 것뿐이었어요

–그럼 왜 500원주고 600원짜리 음료수 빼 오라고했니? 그리고 심부름은 왜시켰는데?

내가 물었고, 우리주댕이, 정말 어이가 없다는 듯이 말 하더라고요

–맞아요 내가 가끔 500원주고 음료수 빼오라고 한적 있어요, 그런데 내가 천원주면서 두개 빼 오라고해서 ○○랑 하나씩 먹은 적도 많아, 그리고 심부름은 지가 한다고 해서 그러라고 한 것 뿐이예요 정말 난 억울해요 내가 확인한 내용으로 우리주댕이의 말은 사실이었고, 그애 엄마도 그건 인정했다 그리곤 말이 순해지면서 나한테 하소연하기 시작했어요

–사실, 우리 ○○가 그러는데 주현이 한테는 맞은 적도 없고, 강압적으로 뭘 시킨적도 없데요 주현이 말대로 우리아이가 500원 주고 음료를 빼온적도 있지만 1000원 주면서 음료수 2개 빼와서 같이 먹은 적도 몇 번 있데요 사실 우리애는 1학년때 그애들한테 너무 당해서 주현이도 개들 하고 친하니까 또 1학년때처럼 괴롭힘을 당하겠구나 싶어서 미리 겁을 먹었었데요 그래서 주현이는 애매하게 표적이 된 것 뿐이예요 담임선생님한테도 나중에 전화로 다 말씀드렸어요 사실 주현이는 우리 애를 괴롭힌적이 없다고. 그리고는 작년에 괴롭혔다는 아이들까지 모두 교무실로 불러들여서그 ○○라는 아이에게 사과를 시키고 한 모양이었어요 맘이 약한 우리 주댕이는 진심으로 ○○라는 아이에게 앞으로는 그런 일 없을 거라는 약속을 하고 ○○라는 아이를 보호해주겠다고까지 약속했죠 그렇게 일이 잘 마무리되나 싶었는데 몇 일뒤 ○○의 엄마라는 사람한테서 다시 전화가 왔어요

–아무래도 수원쯤으로나 어디 더 멀리 전학을 가야겠다고 ...

그런일이 있은 후 작년에 같은 반을 했다는 친구들이 교무실로 불려가서 선생님한테 혼난 것을 빌미로 그 ○○라는 아이를 다시 괴롭혔던 것 같았어요 오히려 우리 주댕이는 그 ○○라는 아이의 편이 되어 주었지만 그 아이들은 우리 주댕이가 없는 때를 노려서 그 아이에게 협박 비슷한 문자를 보내기도하고, 길에서 만나면 조심하라고 엄포를 놓기도 하는 등, 정신적으로 괴롭혔던것 같았어요

그 아이는 결국 전학을 갔습니다. 나는 이제 3월 첫 학기 시작인데 부디 우리주댕이가 무사히 2학년 잘 보내주었으면 하는 마음으로 오늘도 맘 약한 우리 주댕이에게 세상의 모든 위험이 피해가기를 간절히, 간절히 기도하는 맘으로 파이팅, 파이팅을 해봅니다.

2004 [주댕이 고등학교 2학년 3월에]

28. 패싸움

남편 사무실로 운전을 하고 가고 있을때였는데
우리주댕이와 중학교 동창 ○○이 엄마한테 전화가 왔다.

-주현이 엄마 큰일났어요 글쎄 우리애들이 어제 어떤 애를 CGV 옥상으로 델고가서 때렸다는데 그애가 입원했데요

○○이의 엄마 목소리는 덜덜, 떨렸고 나도 무릎이 떨려서 도저히 운전할 자신이 없어서 길가로 차를 세웠다 우리주댕이는 오늘아침에 2박3일로 학교에서 수련회를 떠났는데 어제저녁에도 평소와 별로 다를 것이 없이 옷가지를 챙기고 수련회가기 전 날의 보통애들처럼 굴었었는데 도대체 이게 무슨 말인가, 우리 주댕이는 지금 살고 있는 이집에서 태어났다 그래서 초등학교와 중학교때 동창이 거의 같았다 그 중에서도 초등학교때부터 10년을넘게 친하게 지내온 아이들이 10명쯤있는데 이 아이들은 중학교 때부터 "시골친구들" 이라고 스스로 이름을 지어놓고 집에와서 자는 시간만 빼고는 함께 다녔었다 그래서 나는 고등학교에 가서는 학교가 갈라지면 좀 자주 못만나겠지 하는 마음에 그 애들과 우리 주댕이가 같은 고등학교에 가지 않게 하려고 굳이 인문계를 보냈었고, 9명은 그 주변의 공고로 흩어져서 그 나마 다행이다 싶었었다. 그랬는데 오히려 공고는 인문계보다 일찍 끝나니까, 학교가 끝나기만 하면 그 아이들은 우리 주댕이의 학교 교문앞에서 앉아서 진을 치다시피하고 고등학교 1학년 내내 교문밖에서 울 주댕이를 기다려왔던 것 같았다.

아이들이 개인적으로 보면 하나같이 착하고 괜찮은 아이들인데 그

래도 2학년이 되면서 덩치도 커지고 그런 놈들이 한 두 명도 아니고 10명씩 뭉쳐 다니다보니까 알게 모르게 주변 아이들에게 공포의 대상이 되어가고 있었던 것 같다 그리고 이 아이들 대부분이 초등학교 때부터 같은 학교를 다녀서 각 학교마다 소위 좀 ' 논다' 하는 녀석들 몇 무리가 있어도 끼리끼리 서로 다 아는 처지라서 섣불리 서로의 자존심을 건들지 않고 패싸움 같은 것도 하지 않고 잘 지내고 있는 것 같았는데 그래서 그런지 싸울 일은 거의 없었다 그런데 이번에 싸웠다는 아이들은 이 주변에 살던 애가 아닌 것 같았다

○○이의 엄마랑 입원을 했다는 그 아이 병실을 찾아갔는데 아이는 얼굴이 좀 부워있을뿐 다행히 별다른 외상은 없어 보였는데 오히려 보험회사를 다닌다는 그 아이 엄마는 자신이 다니는 보험회사 거래하는 병원이라고 작은 개인병원에 그 아이를 눕혀놓고 기세가 너무 등등했다.

–이 시끼들 다 폭행죄로 고소 할테니까 알아서 해, 학교도 몽땅 퇴학시켜버릴꺼니까 법적으로 손해배상 해

그 아이 엄마는 병실이 떠나가라 소릴쳐댔고, 우리들은 생전 첨보는 여자앞에서 미안하다고 죄송하게되었다고 죄인처럼 머리를 숙여 사과해야 했다.

–당장 우리애 때린놈들 다 와서 무릎꿇고 우리 애한테 사과하라고 해, 쓰레기 같은 놈들

엇 그제 같은 반 아이가 꼭 우리 주댕이 때문만은 아니지만, 그렇게 전학을 가고 그때 그 심장 두근거림이 아직 채 가시지도 않았는데 이런 일이 또 터진 거다 다행스럽게도 맞은 아이는 별다른 상처가 없었지만, 그 아이는 10 여일이나 이나 퇴원을 안 하고 있었는데 그 아이는 우리가 병문안을 가보면 병실엔 없고 근처 PC방에서 시간을 보내었다 우리는 하루하루가 다 돈이 들어가는 것인데 별다른

증세도 없이 놀면서도 퇴원을 안 하니까 너무 속이 상했지만, 그래도 그런 말은 할 수도 없는 상황이라 그 비위 다 맞춰가면서 그 아이 엄마를 설득해서 간신히 퇴원을 시켰다 그리고 우리는 아이의 치료비와 교복이 찢어졌다 해서 교복도 새로 맞춰주고 정신적이 피해가 있었다고 해서 백만원정도를 걷어서 주고 무사히 잘 끝났다 그래도 다행인 것은 소란스러울 당시에 우리 주댕이가 수련회중이라서 학교에는 아무 연락도 안 가고 잘 마무리가 지어졌다는 거였다 그런데도 우리 주댕이는 다른 친구들은 학교에 알려져서 징계를 받고, 학생부실에 불려가서 몇 일씩 공부도 못하고 혼이나는데 자기혼자만 학교에 안 알려져서 편안하게 공부한다고 자신이 비겁한 것 같이 되었다고 마치, 엄마가 뭐 학교에 대단한 권력이라도 행사해서 자신만 무사한 것 같다고 생각이 드는지

–엄마는 엄마 아들만 중요하고 다른 애들은 아무렇게나 되도 상관없어요! 하고 대들면서 철없이 내 속을 뒤집었다.

이제 2학년 시작인데 왜 자꾸 이런 일들이 생겨나는 것인지 마음이 불안해서 그렇게 하루, 하루가 바늘방석을 걷는 느낌으로 별다른 이유없이도 두근거리는 심장을 움켜지고 하루가 간다 어서어서 세월이 가서 우리 주댕이가 고등학교만이라도 무사히 졸업을 해주기를 간절히 기도하는 심정으로 그렇게 우리주댕이, 싸우지 말라고 … 앞으로는 더 이상 싸울 일 생기지 말게 해 달라고 하나님께 기도하며 오늘도 파이팅, 파이팅을 외쳐봅니다.

*사랑하는 아들아

주님.
그저 언제나 그렇듯이 길을 가면서
습관처럼 기도했는데
눈물이 나왔습니다

"엄마는 나를 사랑하지 않는 것 같아요"

아들아,
내 사랑하는 아들아
이 세상에 너보다 귀한 것은 없어
네가 지금 서 있는 그 자리는
내 가슴 깊은 곳에 자리잡은 나의 심장이라는 곳이란다
네가 홀로 있어 외로울 때에도
네가 친구들에게 둘러싸여 행복한 웃음을 지을 때에도
아들아,
한번만 가만히 귀를 기울여보렴
그러면 어디선가 너를 향해 쉬지 않고 뛰고 있는
심장소리가 들릴 게야

그 소리는 언제 어디서나 어떠한 경우에도
너를 사랑하고 있는 엄마의 심장소리란다
그렇게 나의 심장이 뛰고 있는 한 너를 사랑한다는 말 이란다
아들아,
사랑하는 내 아들아
오늘도 친구들 사이로 멀어져가는 너의 뒷 모습을 보며
엄마는 오늘도 기도한다

하나님,
오직 나의 힘이 되시는 여호와여 ,
저 어린양을,
언제 어디서나 어느 때에라도
세상의 모든 위험으로부터 보호해 주시고

눈동자처럼.
눈동자처럼 지켜주소서.

2005, 03

29. 김 주현 동작그만

우리 주댕이가 학교에서 돌아오더니 쓰윽 내 눈치를 한번 살피곤 말합니다.

—엄마, 오늘 학교에서 무슨 전화 같은 거 안 왔어요?

—응? 아니, 왜 오늘 무슨 일 있었니?

—네? 아, 아니요 아니에요 아무 것도

황급히 말을 줏어담고 서둘러 자기 방으로 올라가려는 울주댕이, 모습에 공연히 가슴이 철렁, 해진 나는, 주댕이를 떠볼 요량으로 말했다

—아, 그러고 보니까 모르는 전화가 여러 번 찍혀있던데 니네 학교 교무실 전화 인가보구나 어제 교회갈 때 전화기를 진동으로 해놓고 안 풀어놓았거든 그리고 전화기가 가방 안에 있어서 몰랐네~ 전화함 해봐야겠구나 그리고 내가 전화기를 드는척 하자 우리 주댕이 자기 방으로 올려가려다 말고 다시 내려와 내 팔을 잡으며 다급히 말합니다

—어, 엄마 뭐 전화까지 걸 건 없어요

—왜? 무슨 일인데 ~ 어차피 전화 다시올 건데 내가 거는 게 예의지, 무슨 일인데 그러니? 그러자 할 수 없다는 듯이 울 주댕이 털썩 앉으며 말 합니다

— 별 일은 아니구요 오늘 낮에 컴퓨터실에서요 하면서 이야기를 풀어놓는데 나는 이미 가슴이 두 방망이질을 하고 있었지요 내용은, 우리 주댕이가 컴퓨터실에서 이동 수업을 받고 있었는데 선생님 말씀이 잘 안 들려서 "선생님 잘 안 들리는데요" 했더니 뒤에서 어떤

녀석이 기어드는 목소리로

－XX 귀는 X로 달고 다니냐 하기에 우리 주댕이 욱, 하는 성질에 참지 못하고 수업 중에 벌떡 일어나서 뒤 돌아보며

－어떤 X이야, 너야? 누구야 어떤 X야 당장 안 나와! 했다가, 앞에 계신 선생님한테 수업 중에 무슨 짓이냐고 겁대가리 상실했다고 화가나신 선생님한테 안 죽을 만큼 맞고 맞은 다리 절룩거리며, 그래도 목구멍이 포도청이라 밥은 먹어야겠기에 점심시간에 친구들과 식당으로 가는데 뒤에서

－야, 아까 매 맞은 데 많이 아프냐? 평소에도 좀 깐죽거리던 000이 여러 명의 친구들과 걸어오며 빙글거리며 물어왔다는군요 그러고 보니까 그 목소리가 아까 컴퓨터실에서 "귀는 X달고 다니냐"하던 그 목소리인 것 같아서 "아까 컴퓨터실 에서 너였냐?" 물었고, 그 녀석 여전히 싱글거리면서 "왜, 내가 그랬다면 한방 치게? 여긴 학교다~"하는데 '학교면, 학교가 너네집 안방이라도 되냐,"하면서 말이 끝나기도 전에 성질 급한 우리 주댕이가 뭐 돌려차기로 발을 날려서 그 애를 치자, 순식간에 학교 식당 앞이 아수라장이 되고 옆 학교 여학생들도 같은 식당에서 밥을 먹으려고 줄을 서 있다가 소리를 지르고 갑자기 식당주변이 아수라장이 되었다는데 주변에 있는 학생들과 선생님이 말려도 안 되니까, 누군가 학생실로 전화를 걸었는지 운동장 저편 학생부실에서 갑자기

－김. 주. 현. 동. 작. 그. 만! 하는 스피커 소리가 천둥소리처럼 들려오고, 그 소리에 정신이든 우리 주댕이가 돌아보자 운동장을 가로지르시며 학생부실 건물에서 학생부장 선생님이 야구 방망이를 들고 바람같이 달려오고 계셨다는데 ...

그렇게 점심도 못 먹고 학생부장 선생님한테 끌려가면서 오늘은 제대로 죽었구나 생각하고 그 녀석과 함께 끌려갔는데 그래도 다행

히도 우리 주댕이에게 매 맞았던 그 녀석이 얼굴이 퉁퉁, 부은 채로 학생부실로 불려가서는 무슨 마음에 변화가 생겼는지 "주현 이는 잘못 없어요 제가.." 하면서 컴퓨터실에서 있었던 이야기와 자기가 놀렸던 사실을 말해줘서 그 녀석은 일주일 동안 학생부실에 내려와서 수업하는 걸로 징계를 먹고 우리 주댕이는 훈계만 듣고 무사히? 풀려나올 수가 있었다는군요

나중에 알고 보니 그 애는 중학교때 자기네 중학교에서 짱, 이었고 싸움이라면 누구한테 지지 않는 그런 녀석이었는데 우리 주댕이 하고 한 번 붙어보고 싶어서 일부러 그랬다고 하는데 그 녀석은 교무실을 나오면서 우리 주댕이에게

—야, 앞으로 너하고 친하게 지내면 안되겠냐"하기에 울 주댕, 영화에서 본 폼을 흉내내며

—왜 안되겠냐 임마,"하면서 잘 풀었다는군요

학교에서는 조그만 일만 생겨도 내게로 전화가 오기 때문에 우리 주댕이는 그 모든 일들을 이미 내가 알고 있을 거란 생각을 했던 것 같았어요 나는 아무렇지도 않은 것처럼 우리 주댕이의 이야기를 쭉 듣는데 심장이 여러번 조여드는 느낌을 어쩔 수 없었지요 그래도 무사히 잘 마무리가 되었다고 하니 그저 하나님께 감사할 뿐이지만, 그런 아이와 친해졌다는 것도 두렵기 만하고 그 만한 일로 그렇게 싸울 수 있는 우리 주댕이가 너무나 걱정이 되어 그 날 밤에는 잠을 쉽게 이룰 수가 없었지요

지금이 4월입니다. 2학년이 시작된 지 두 달이 조금 넘는데 한 달, 한 달이 고비가 되는 것 같고, 오늘도 바늘방석 위를 걷습니다. 하나님, 제발, 우리 주댕이, 3학년까지 무사히 고등학교 생활을 마치게

해 주십시요. 그저 공부는 못해도 좋으니 아니 탈 없이 아무 문제없이 학교생활만 잘하게 해주십시요 세상의 모든 위험으로부터 지켜주시고 주변의 허다한 악한 일에 가담하지 않게 해주시고 부디 눈동자처럼 건강하게 지켜주십시요. 그리고 우리 주댕, 학교생활 잘 하게 해 달라고 오늘도 파이팅, 파이팅을 외쳐봅니다.

2005. 04.

30. 청소년 폭력 단속기간

밤 12시가 넘어도 우리 주댕이가 오지 않아 걱정을 하고 있는데 경찰서에서 전화가 왔습니다.

–김 주현학생 집이죠? 여기 안양경찰서인데 부모님 좀 오셔야 겠습니다

안양경찰서라는 낯선 남자의 딱딱한 목소리에 나는, 수화기를 든 손보다 무릎이 먼저 휘청하고 꺾어지는 느낌이 들었습니다. 남편과 함께 달려간 경찰서에는 우리 주댕이 말고도 눈에 익은 고만고만한 녀석들 몇 명이 경찰서 보호소에 고개를 수그린채 쭉 앉아있었고, 먼저온 녀석들의 부모가 놀란 표정으로 우리를 기다렸습니다 4월 30일까지 청소년 폭력 단속기간이라 각 학교에 경찰들이 한 명씩 배치되어 있을 정도로 청소년 범죄예방에 모든 신경을 세우고 있던 경찰관들한테 우리 주댕이와 그 친구들이 잡혀온 것이었어요 안양경찰서라면 지역방범을 10년 이상 해온 남편으로서는 형님동생 할 정도로 아는 형사가 있었지만,

–형님 죄송하게 되었습니다 이번 소탕기간에 저 애들이 재수없게 본보기로 걸린 것 같아요 이런 경우엔 누구도 손을 쓸 수가 없어요 정말 운이 나빴던 것 같아요 죄명이 '상습 특수절도" 라는데 이런 경우 무조건 구속이예요 최소한 학교는 포기하셔야 될 것 같습니다

나는 남편과 알고 지낸다는 형사의 말에 하늘이 노랗게 변한다는 게 이런 경우에 있는 말인지 나는 모르겠지만 갑자기 온 세상이 고요해지고 아무소리도 들리지 않았습니다.

–상습 특수절도라니요 우리 애들이... 학교를 포기 하라고요!

우리 아이들이 다른 아이들의 돈을 뺏었다는 거 였어요 그것도 돈을 뺏다가 경찰한테 걸렸다는 거지요 그러니까 그 동안 그런 비슷한 신고가 여러 건 들어와 있었고, 신고 들어온 아이들을 불러서 우리 아이들을 보여주면서 확인까지 했다는 거였습니다. 우리 아이들을 검거한 형사는 아직 싹이 트지도 않은 아이들의 장래는 안중에도 없는 듯이 오히려 의기양양하게

—나머지 놈들도 내일 학교로 가서 모두 잡아들여서 구속시켜버린다고 큰 소리를 쳤습니다.

그 형사는 자식도 없는 사람인지 잔뜩 영웅심에 가득한 얼굴이었습니다 그도 그럴 것이 아이 한 명에 3점이고 우리 애들이 10명이니까 30점이면 일 계급 특진을 한다고 하네요 나는, 태어나서 형사를 무서워 해본 적이 한 번도 없었습니다. 하지만 그 형사는 저승사자보다도 더 무서웠지요 나는 울면서 그 무서운 형사를 붙들고 한 번만, 한 번만, 선처를 해줄 수 없냐고 사정했지만 자식 잘못 키운 죄가 많은 부모에게까지 범인 취급하는 그 형사에게는 더 이상 대화도 길도 사람다운 인정도 없어 보였습니다. 우리 아이들의 부모들은 밤을 세워 경찰서에서 동동, 걸음을 쳐보았지만 별다른 방법이 없었습니다.

다음날 경기 ○○일보에는

—주동자 김 주현 외에 9명 상습특수절도 검거라고 내 눈에 우리 주댕이의 이름이 대문짝 만하게 확대하여 보였습니다. 나는, 하늘이 무너진다해도 세상이 이렇게 깜깜할 수는 없었습니다.

—"상습특수절도 검거" 라니요

아침 9시가 되자 다른 나머지 아이들도 하나씩 잡혀왔습니다. 학교에 가다가 잡혀온 아이, 학교에 가서 공부하다 잡혀온 아이, 그렇게

아이들이 줄줄이 잡혀왔습니다. 나는, 밤새 얼마나 울었는지 눈이 퉁퉁부은 우리 주댕이의 얼굴을 차가운 시멘바닥의 유치장에서 면회하면서 나는 몇 번이나 무릎이 꺽이고 숨이 멎었는지 모릅니다

–엄마 죄송해요 그렇게 나쁜 일인줄 몰랐어요 그렇게 내 아들을 영화에서나 본 차가운 철창을 가운데 두고 만났습니다. 그곳에서 28시간 조사를 받은 후 검찰로 바로 넘어간다고 했습니다. 하루먼저 들어온 우리 주댕이을 포함한 3명이 먼저 조사를 끝내고 내일 아침이면 ○○검찰로 송치가 된다고합니다. 오늘 잡혀온 나머지 아이들은 그 다음날 9시에 수원검찰으로 가게 되어 있었지요 검찰로 들어가면 더이상 어떻게 해 볼 도리가 없이 학교 퇴학은 물론 실형까지도 떨어진다는 거였죠.

그때 아이들의 부모중 한 사람이 남편을 조용히 불렀습니다. 그리고 아이들의 부모중 한 사람의 친척이 그 쪽에 있다고 그 분께 부탁을 했으니까 기다려 보자고 했습니다. 죄를 지었으면 당연히 그 댓가를 치러야 하겠지만, 그러기에는 아직 너무 어린 우리의 아이들이고 그 애들의 장래가 아직 싹도 틔워보지 못하고 그렇게 망가진다면 ... 그건 있을 수도 있어서도 안 되는 일 이라고 생각했습니다 그때의 심정은 우리 아이들을 무사히 학교로 돌려보낼 수만 있다면 악마하고 라도 타협을 할 수 있을 것 같았습니다.

아이들에게 사식을 넣어주고 나는 거의 서 있을 힘도 없어 집으로 와서 누운 채 그저 울고 또 울면서 하느님께 기도 할 수밖에는 없었습니다. 자다가 깨다가 거의 기절한 상태로 그 밤을 보내고 어쩌다 보니 다시 아침이 되었는데 나는 구토를 심하게 하기 시작했고 온몸은 가눌 수 없을 만큼 기진해져서 일어날 수가 없었지요

그 날, 아침 9 시에 우리 주댕이와 2명이 먼저 검찰로 송치되는 날

이었거든요 남편은,

–그 쪽과 이야기가 잘 되었으면 9시 전에 풀려 날거니까 너무 걱정하지 말어 그렇게 나를 위로하고 남편만 경찰서로 갔지요 그리고 9시가 조금 지나 남편이 전화가 왔습니다.

–여보 어쩔 수 없나봐, 마음 굳게먹고 포기해, 애들 3명 지금 수감차 타고 수원 검찰로 떠났어

'포. 기. 해.'

포기를 하라니... 누굴 , 포기하라는 말인가, 내 아들을 포기하라고 ... 그 말을 듣는 순간 나는 또다시 구토를 하기 시작했고, 온 몸에 경련이 일어나면서 거의 실신을 했던 것 같습니다. 그렇게 아무 기억이 없는데 얼마가 시간이 지났는지 다시 전화벨이 울렸고...

–여보, 애들이 돌아오고 있데, 검찰로 가는 도중에 수송담당 한데 전화가 가서 우리 아이들만 수감차에서 내려서 지금 택시로 오고있데 여보 듣고있어? 나는 수화기를 꼭 끌어앉고 울면서 하느님 감사합니다를 백번쯤 웅얼거렸습니다. 담당형사는 아이들이 돌아온다는 뒤 늦게 사실을 알고는 서류를 집어던지면서 심한 욕을 해대며 이런 일은 있을 수 없는 일이라고 흥분 했다는군요 그리고 그 형사는 흥분이 가라앉지 않은지

–이 새끼들 꼭 다시 집어쳐 넣을꺼니까 두고 보라고

협박하면서 나머지 아이들도 풀어줬다는군요 똑같은 사건이고 먼저 잡힌 애들 3명 중에 김 주현이가 주동자라고 믿고 있는데 그 주동자를 포함해서 다른 애들이 검찰에서 기각 명령이 떨어져 검찰로 가는 도중 돌아왔기 때문에 같은 사건을 또 올릴 수는 없다는 거였어요 그렇게 그 날 나머지 아이들도 다 풀려서 학교로 돌아가고 우리 주댕이도 돌아왔는데 우리 주댕이와 같이갔던 녀석 3명중 2명은

돌아오고 한 명이 못 돌아오고 검찰로 갔다는 소식을 뒤늦게 알았지요 셋이서 나란히 수감 차를 타고 검찰로 가다가 갑자기 마이크로 김○○, 이○○ 차에서 내려, 했다는데 나머지 한 명의 이름이 안 불리자 그 남은 아이는 갑자기 얼굴이 사색이 되어

—야, 나는, 나는 내 이름은 왜 안 부르냐, 너희들만 가면 나는 어떻하냐! 하면서 우리 아들을 붙잡고 울면서 벌벌 떨었다는 거였어요 집으로 돌아온 우리 주댕이는, 그 이야기를 울고 또 울면서 말 했어요 그리고 나에게 소리쳤어요

—내가 걔 대신 들어가야 하는데 ○○ 혼자 얼마나 무섭겠어. 엄마, 나 ○○우는 거 처음 봤어 경찰 유치장에 있을 때도 혼자 안 울고 우리 위로해줬던 애란 말이야 ○○이는 이제 어떻게 되는거야, 나도 풀려나는 게 아니었었는데 엄마, 나를 왜, 풀어줬어요, 왜요, 다 내가 잘못한거라고요

우리 아들은 자기 죄가 제일 많다고 그 애들은 아무 잘못도 없는데 내가 제일 나쁜 놈인데 하면서 아들은 나를 붙들고 소리지르면서 통곡을 하다시피 했습니다 나도 ○○이란 아이의 웃는 얼굴이 생각나서 가슴이 미어지는 것 같아 우리 주댕이를 붙잡고 울며 말했습니다

—네 친구면 다 내 자식이야 누구만 빼고 누구만 안 뺀 것이 아니야 엄마가 무슨 힘이 있겠니 엄마도 ○○를 생각하면 너만큼 가슴이 아퍼, 하지만 너희가 다 풀려났으니까 ○○이도 곧 풀려날거야 제발 이러지마라~ 엄마도 지금 죽을 것 같다 그리고 며칠 뒤에 ○○이가 검찰에서 조사를 받고 다시 ○○경찰서로 왔다고 해서 그 아이가 있을 동안만큼의 사식과 간식을 예약해주고 ○○를 면회를 했지요

○○는 오히려 안정을 찾은 듯이 보였는데...

나는 ○○이를 보자마자 울기부터 했습니다. 눈물이 주체할 수 없

을 만큼 흘러서 준비해 간 말도 다 하지 못하고 철창으로 내민 그 아이의 손을 잡고는 가슴이 미어지는것 같아서

-○○야~ 미안해, 정말 미안해 너 혼자 고생하게 되서 정말 미안해~ 말만 되풀이하고 있는데 오히려 ○○이란 아이가

-어머니 울지마세요 다 잘 될 거래요 어머니가 뭐가 미안하세요 다 우리 잘못인데요 이젠 정신 차릴게요 이제 나가면 잘 살게요 다른 애들은 다 잘 있나요? 하면서 나를 위로했습니다. 일주일 후에 ○○이 무사히 나와서 학교로 돌아갈 수 있었습니다 그러나 학교마다 이해하는 폭의 사정이 다 달라서 퇴학 직전까지 간 아이도 있었는데 그 아이 부모는 아이 학교에 찾아가서 학교 징계운영위원회에까지 나가서 같은 부모들에게 자존심 다 버리고 무릎을 꿇고 퇴학만은 시키지 말아달라고 울면서 사정했다고 하네요 그리고 우리 아이들은 그 후에 법원으로 불려가서 간단한 재판을 받고 2년이란 기간동안의 "보호감찰' 을 받게 되는데 '보호감찰이란 것이 한 달에 한 번씩 검찰에 가서 하루종일 선도교육을 받는 거라고 했습니다. 그리고 보호감찰 받은 기록은 보호감찰기간이 지나면 소멸되기 때문에 아무 기록도 남지 않는다고 했습니다 그래도 그저 그만하게 일이 끝난 것이 하느님께 감사할 뿐입니다. 아이들 모두들 무사히 학교도 다니고 있구요 그리고 이런 일이 있은 후 아이들은 나름대로 정신을 차렸는지 요즘은 일찍일찍, 집에 들어가고 서로 몰려다니는 일도 자제하고 있습니다. 물론 우리 주댕이도 학교가 끝나면 바로 집에 와서 집안에서 컴퓨터로 게임을 하고 놀고 있습니다.

그 후로 한 밤에 전화벨만 울리면 제 심장이 벨소리보다 더 크게 뛰는 것만 빼곤 모든 것이 오히려 전화위복이 된 셈이죠 지금 우리 주댕이 TV를 보다가 제 무릎을 베고 이른 잠이 들었네요 아직 초 저

녁인데요 이제 곧 여름입니다. 우리 주댕이와 그 친구들이 이번 여름방학을 잘 보내기를 기도합니다. 여름방학이 지나고 나면 곧 겨울이 올 것이고 그러다 보면 우리 주댕이도 고3이 되겠지요. 부디 이 힘든 시간들이 무사히 지나가기만을 기도하고 또 기도합니다. 이전 것은 생각도 안 하시고 오직 더 좋은 것으로만 채워주시는 우리 하느님 모든 것을 용서해 주시리라 믿고 우리 주댕이 하나님께 맡겼습니다. 제 맘 아시지요 하나님, 언제나 항상 어디서든지 눈동자처럼 보호해주세요 오늘도 우리 주댕이 건강하게 잘 자라고 세상의 모든 위험에서 보호받게 해달라고 하느님께 기도 드리며 파이팅, 파이팅 외쳐봅니다 사랑하는 내 아들 오늘도 파이팀,

2005. 05. 12.

31. 가출

우리 주댕이가,

−엄마, 갈게요 하고 작은 가방에 옷 몇 가지를 챙겨들고 집을 나간 지 6일째입니다. 겨울방학을 하고 보충을 하기전 5일 정도 쉬는 기간에 거의 날마다 낮에는 집에서 자고 저녁이면 나가서 친구 집에서 자거나 PC방에서 밤을 세우다시피 하고 4일날 밤 10경 집엘 들어왔었거든요 그 날도 아마 5일부터 학교 보충이 시작되기 때문에 우리 주댕이 어쩔 수 없이 들어온 것 같았죠 하지만 그 동안 참다 못한 제 남편이 밤 늦게 들어온 주댕이에게 화를 내자 우리 주댕이가 전에 없이 아빠에게 대들기 시작했어요 아마 우리 주댕이는 내일부터 보충을 가야하기 때문에 짜증이 나 있었던 모양인데 남편은 남편대로 잘못했다고 빌어도 시원찮을 판에 대들기까지 하니 더 이상 참을 수가 없었겠죠 그 밤에 우리 주댕이는 아빠에게 몇 대 맞기까지 하고

− 그럴 바에는 차라리 나가서 네 맘대로 살아라 고 소리치자 우리 주댕이는 기다렸다는 듯이 가방을 챙겨들고 나간다고 맞섰습니다. 나는, 너무나 마음이 아파서 울면서 말했습니다.

−너, 지금 나가면 다신 못 들어오게 할 거니까 잘 생각해서 나가라고.. 그래도 울고 있는 나를 보면서 마음이 약해졌는지 우리 주댕이는 장갑을 찾는다고 시간을 끌고 양말을 찾는다고 어물쩡거리며 집안을 돌아다녔습니다. 그러다가 제 남편이 "당장 안 나가냐고" 더 큰 소리를 치자 우리 주댕이는 어쩔 수 없이

−엄마 갈게요

하고는 집을 나간 것입니다. 언젠가 중학교때는 집에서 쫓겨나 갈

때가 없어서 집 앞 공원에서 그 비를 다 맞고도 내가 나와주길 기다리고 있더니 그 공원에 가봐도 이젠 우리 주댕이는 없었습니다. 그렇게 주댕이가 집을 나가고 나는 날마다 우리 주댕이가 너무 보고싶었습니다 그래도 전화를 할 수가 없어요 이번에는 스스로 무릎을 꿇고 들어올 때까지 절대로 받아들여서는 안 된다는 걸 알기 때문이었죠 그렇지 않으면 우리 주댕이는 앞으로도 이런 일을 반복하게 될 것이고, 더 이상 부모로서도 우리 주댕이를 통제할 수가 없기 때문입니다. 그래서 보고 싶어도 참고 있는 겁니다.

우리 주댕이는 계란후라이만 해주면 밥을 두 그릇씩 먹거든요. 그래서 냉장고를 열 때마다 우리 주댕이가 생각납니다. 저녁이 되면 오늘은 어디에서 잠이라도 편안하게 자나 싶어서 마음이 아픕니다. 우리 주댕이는 자존심이 강해서 누구한테 아쉬운 소리도 못하는 녀석인데 돈도 별로 없이 나가서 어떻게 지내고 있는지 궁금해서 날마다 우리 주댕이, 싸이를 들어가 봅니다. 그래도 아직은 친구들 덕분에 그런 대로 살만한지 우리 주댕, 싸이에 새로운 글 흔적이 보입니다 그러면 그나마 마음이 놓이곤 합니다. 나는 살 얼음 위를 걷고있는 심정으로 아침에 눈을 뜨면 기도합니다.

-하나님 부디 오늘도 우리 아들에게서 눈을 떼지 마시고 지켜주십시요

-제발 나쁜 친구들 만나지 않게 하시고 나쁜 일 가담하지 않게 해주세요

-오늘은 우리 아들이 스스로 뉘우치고 집으로 들어오게 해주십시요 잠이 들 때도 기도합니다

-하나님 이 밤도 우리 아들 어디에 있든지 눈동자처럼 지켜주십시요

지금도 나는 우리 주댕이가 너무 보고 싶어서 눈물이 납니다. 뽀뽀도 좀 해주고 싶고, 그 좋아하는 피자도 시켜주고 싶고 계란 후라이도 한 10개쯤 해 주고 싶은데... 오늘도 벌써 어두어졌네요 금방이라도 현관문을 열고 들어오면서

–엄마 배고파 밥줘

할 것 같은데 날도 추운데 냉장고에 우리 주댕이, 좋아하는 계란이 그득한데 우리 주댕이는 지금 어디서 무얼 하고 있을까요 심장을 도려낸다 한들 이렇게 아플까요, 뼈를 깍아낸다면 이처럼 아플까요. 나는, 지금 가슴이 먹먹하고 너무 아파서 심장이 딱딱하게 굳어 버렸거나 아마 시퍼렇게 멍이 들은 것 같습니다 길을 지나치다가도 우리 주댕이처럼 생긴 아이들의 무리가 보이면 차를 세우고 봅니다 혹시 우리 주댕이가 그 속에 있나하고...

나는 요즘 Tv도 안봅니다

우리 주댕이가 좋아하는 '웃찾사' 라든지 다른 개그 프로그램같은 걸 봐도 웃음이 안 나와요 그냥 우리 주댕이가 보고싶네요 우리 주댕이, 웃을 때 얼마나 멋있는지 권 상우 닮았다고 칭찬해주면 굉장히 좋아하면서 거울을 힐끗거리거든요 오늘은 우리 주댕이가 보다가만 만화책을 챙겨서 만화가게에 갇다주고 왔어요 하나님, 우리 아들 주님께서 예비해 놓으신 축복의 땅으로 속히 인도해주세요 제 목숨을 주어도 아깝지 않은 내 아들, 주님이 지켜주십시요 그리고 사랑하는 내 아들에게 오늘도 파이팅.. 눈물에 파이팅을 외쳐봅니다

사랑해 주현아 너무너무 사랑해

파이팅 내 아들

2005.7

32. 사랑하는 아이가...

주님
사랑하는 ...
너무나 사랑하는 아이가
길 잃은 어린양처럼
저기 저렇게 방황하고 있습니다
어찌하면 좋을까요

목소리를 높여 불러도
여기 이렇게 내가 너를
사랑한다고
돌아오라고
온 힘을 다해 목청껏 불러보지만
들리지가 않는것 같습니다
어찌하면 좋을까요

손을 뻗어 잡으려해도
달려가서 가는길 막아서려 해도
재 손이 너무 짧아서
내 다리가 짧아서
잡혀지지가 않아요

아흔 아홉 마리의 양보다

잃어버린 한 마리의 양을 귀하게 여기시어
찾아 헤메이셨던 내 주님

주님
도와주세요
죽어도
포기할 수 없는
내 소중한 아이입니다

33. 주민등록 신고서

등기로 우편물이 왔는데.. 울 예빵이 어른 되었으니까 주민등록을 만들라는 통지서 였습니다. 우편물 한참을 들여다 보며 기분이 정말 이상 하더군요 아직도 출생신고 한 기억이 아직 남아 있는데... 어느새 세월이 이렇게나 많이 흘러 우리 예빵이가 이제 당당하게 한 사람의 성인으로써 살아가는 절차를 밟으라는 통지서. 울 예빵이 머가 크게 신이 나는지 자기 홈피에 올린다고 디카로 주민등록 통지서 막 찍고 올리고 하더니 그리고 이렇게 묻습니다

–엄마, 나 이제 부모 동의없이 하고 싶은 것도 다하고 어른들이 가는데 다 가도 돼?

–뭐가 하고 싶고 어디가 가고 싶은데? 내가 물었죠.

–헷헤, 그냥 그런가 해서 묻는거지 머~ 합니다

–그 대신 그 모든 것에는 책임도 뒤 따른다는 거 기억해라, 스스로 모든 것은 해도 된다는 것은 스스로 그 모든 것을 책임져야 한다는 의미도 있는거야, 그리고 아직은 주민등록증이 나온다 해도 고등학생 신분 이라는 것 잊어서는 안되는 거야. 이렇게 말하는 내 마음 또 번 묘한 심정이 됩니다. 마치 나만의 영역속에 폭 싸고 있던 그 무엇이 툭' 하고 풀어지는 느낌이랄까요,

우리 예빵이가 세상에 쏘옥, 나와서 우리들의 등본, 남편과 내 이름 밑에 '장녀 김예원' 으로 자리 잡을 때 그 묘했던 기분과는 좀 다른 느낌입니다. 주민등록 발급 신청서는 본인이 해야만 하며 아무리 엄마나 아빠라 해도 대신 해 줄 수가 없다고 합니다. 지금까지는 울 예

빵이에게 엄마라는 이름으로 무엇이든 대신해 주며 보호 할 수 있었는데...

이렇듯 우리 예빵이 바람많이 부는 이 세상에 본인이 직접 해야하고, 직접 결정해야 하는 일이 생기는 겁니다. 이제부터는 엄마라는 이름으로 대신 해 줄 수 있는 것이 별로 없다는 생각이 들었지요 그런 생각에서 그런지는 모르겠지만 기분이 정말 묘하고 이상합니다. 쓸쓸한 것 같기도 하고 딱히 무어라 표현 할 수가 없는 거 있습니다. 그래도 나보다 훨씬 더 똑똑하고 분명한 성격의 우리 예빵이, 매사에 보수적이고 판단력 명철한 우리 예빵이. 잘 해 나가리라 믿습니다. 한 사람의 인격을 갖춘 당당한 성인으로서 바르게 커 갈 것입니다

어느새 소녀에서 아름다운 한 사람의 숙녀로 커가는 우리 예빵이를 보면서 "사람이 꽃보다 아름답다" 라는 걸 실감 했습니다. 나는, 지금도 커피를 마시다가 식어지면 안 먹고 남겨두는 습관이 있습니다 우리 예빵이 겨우 걸어다니기 시작할 무렵이었을까요 다른 일을 하다가 커피잔을 닦으려고 하면 이상하게도 커피를 마시다 조금은 남겨두었던 커피가 없어져 있었어요 첨에 나는,

-나는 내가 다 마셨나? 했었죠 그러나 번번이 내가 마시다 남은 커피가 없어지는 것을 이상하게 생각하고 누가 도대체 그걸 없애는가, 신경을 써 보았는데 너무 어이없게도 우리 예빵이가 겨우 걸음마 띄면서부터 그 남은 커피를 찾아다면서 홀짝홀짝, 다 먹어 버리고 있었어요 나는 그런 예빵이의 모습이 너무 신기하고 귀엽기도 하고 뭐라 할 수없는 기분이었지만, 그런 모습이 너무너무 귀여웠지만, 그걸 내가 이쁘다고 막 뽀뽀해주고 안아주면 안 될 것 같아서 참았어요 그 어린아이에게 커피가 좋을리가 없잖아요 그 후부터는 먹던 커피가 남으면 싱크대에 올려 놓았더랬어요 바로바로 씻으면 되

는데 좀 게으른 나는 커피잔을 안 씻고 두다가 다음 커피 마실 때 씻곤 했거든요 그런데 그 높은 곳에 둔 커피가 또 없어지는 거였어요 그래서 몰래 보았더니, 우리 귀여운 예빵이가 장난감 통을 엎어놓고 그 위에 올라가서 고 작은 발을 까치발을 해서 그 커피 잔을 내려서는 또 홀짝, 하고 마시더라고요.

궁댕이도 예쁘고, 볼록나온 배는 더 예쁘고, 통통한 볼, 똥그란 눈 쬐꼬만 입술, 우리 예워니 이쁜짓~ 하면 다른 일에 열중하다가도 지체없이 돌아보면서 눈이랑, 코랑, 입이랑, 함께 찡그리며 윙크하는 우리 예빵이, 그 어느 것 하나 예쁘지 않은 데가 없는 우리 예빵이를 그때 처음으로 커피마시면 안 된다고 혼을 좀 냈더니 우리 예빵이는 이상하다는 듯이 똥그란 이쁜눈으로 나를 올려보았죠 마치, 그 어린 눈동자가 엄마는 먹는데 나는 왜 안되요 하는듯한. 그 모든 것이 엇그제 일 같은데 벌써 우리 예빵이가 주민등록증이 나왔네요... 하긴, 지금은 가끔 1번가에 나가서 우리 예빵이와 나는 함께 커피를 마시곤 합니다. 나를 닮아서 인지 예빵인 커피를 아주 좋아하거든요 그렇게 조금씩 우리 예빵이가 어른이 되어 가고 있었네요

우리 예빵이, 이 세상에 제일 소중한 나만의 보석 공주, 너무너무 소중해서 바라보기도 아까운 나만의 예빵이를 하나님께 몽땅 맡깁니다 사랑의 하나님께서 언제 어디서나 눈동자처럼 우리 예빵이를 지켜주시고 책임져 주실 것 또한 믿기 때문입니다.

오늘도 우리 예빵이에게 파이팅을 보냅니다 울이쁜 예빵이~*
사랑해 파이팅.

2004. 06. 05

34. 수술

기말고사도 끝나고 해서

울 이쁜 예빵이에 등에 중학교때부터 만져졌던 조그맣게 알맹이가 조금 더 커진 듯해서 병원에 갔었거든요 온 종일 긴 시간을 의자에 앉아 있다 보니까, 의자 부딛치는 그 부분이 굳어져서 작은 알맹이가 되었던 거였어요 아프지도 않고, 몸에는 아무 상관이 없다고는 하지만, 그것 때문에 울 예빵이가 의자에 앉아 있을 때 신경이 쓰여 자세가 조금 바르지 못하다는 것을 생각해 보면 아무 상관이 없는 것이 아닌 것 같더라고요

이제 고 2인데..

사실 울 예빵이네 학교는 외고이고 보니 아이들 성적이 1등에서 꼴등까지 별 차이가 없는 애들인데요 그래서 이제부터는 누가 오래 의자에 앉아 오래 버티느냐로 더 조은 성과를 기대할 수 있다는 선생님 말씀도 있었고, 자세가 바르지 못하면 그만큼 힘이 들테고 해서 병원에 간 김에 바로 수술을 해 버렸죠.

수술은 내가 지켜보는 데서 10분 정도 간단했지만, 차마 쳐다 볼 수가 없어서 울 예빵이 발밑에서 한 손으로 예빵이의 발을 꼭 잡고는 등을 돌린 채 기도했었요 수술이 끝나고 선생님께서

ㅡ활동하는 데 아무 지장 없으니까 엄마랑 좋은 시간 보내라 하시기에 나는 울 예빵이를 태우고 영화관 으로 가서 "인어공주" 를 예약해 놓고 맛있는 밥먹고 물왕리 저수지로 드라이브를 갔었죠 울 이쁜

예빵이는 등에 네모난 대일밴드 한 개 '딱 붙이고는 말끝마다 수술한 온갖 유세를 떨고... 엄망~ 나 수술 했는뎅..., 여기도 가자~ 저기도 가장~" 합니다 수술을 했으면 했지, 목소리는 왜 또 그렇게 굴리는지 그러지 않아도 나는 우리 예빵이 기말고사도 끝나고 해서 기분전환을 해 줄 마음이었으므로 울 이쁜 예빵이와의 데이트에 행복한 맘으로 시간을 비워 두었었거든요 우리는 한적한 시골길을 드라이브 하면서 조그만 샛길이 나오면 차가 들어 갈수만 있으면 들어가 보았어요 우리 예빵이는 ..

–엄마 참외나무 어떻게 생겼어?

우리는 참외 나무도 보고, 꽃도보고, 약수 물도 마시구요 차 안에서 흘러나오는 감미로운 음악도 들으면서 정말 오랜만에 여유 있는 시간을 예빵이와 제가 누렸습니다. 저도 바쁘고, 울 예빵이는 더 바쁘고, 그 바쁘다는 이유 때문에 살아가는 일중에 정말 소중한 시간들이 저 혼자 흘러가고 있었어요. 우리는 잠시 '오늘만' 하고 그 시간을 잡아서 우리가 썼습니다. 울 예빵이, 영화관람 시간이 되어 다시 시내로 나오자,

–엄마 잠깐만 차 세워 하더니 쪼르르' 나가서 음악테프 한 개를 사 왔어요 "SG 워너비'의 테프 였어요 "엄마, 엄마 좋아하는 노래 사 왔어 운전할때 들어~" 합니다 아마 제가 하루종일 봉사? 한 댓가를 해야겠다고 울 이쁜 예빵이가 생각한 것 같았어요 하지만 울 이쁜 예빵이 때문에 내가 더 행복했거든요 그래서 나도 보답을 하고 싶어서 차를 CGV에 세워놓고는 잠깐 쇼핑을 해서 울 예빵이에게 이쁜 청바지 하나를 사 주었죠 그 날 하루는 정말 행복한 하루 였음을 고백합니다.

울 이쁜 예빵이 이 글을 쓰는 지금 전화가 왔네요

"엄마" 오늘 비오는데 10시 30분에 학교 밑으로 나 데리러 올 꺼야?" 물론 당근이죠, 10시 30분이 아니라, 12시 30분인들 못 가겠습니까요, 울이쁜 예빵이에게 오늘도 이쁘고 착하게 자라 주어서 고맙다고 늘 눈동자처럼 지켜주시는 하나님께 감사하고 천사같은 우리 예빵이에게 파이팅을 보냅니다
파이팅!

2004. 09 14.

35. 예빵이 단짝 재림이

재림이는, 부천에서 통학버스로 학교를 오는데 학교에서 집이 젤 멀어서 통학버스를 첫 번째 타고 맨 나중에 내려야 하는 통학조건이 아주 애매한 친구랍니다 그래서 집에 들어갈 때는 젤 늦게 밤 한시가 넘어서 들어가고, 집에서 나올 때는 젤 먼저 새벽 4시 30분쯤 집에서 나온다고 하는데 그러다 보니 아침밥은 고사하고 교복도 거의 입지 못하고 새벽길을 달려서 통학버스를 목숨 걸고 타야한다나요 통학버스 놓치면 10시가 넘어서야 학교에 도착한다구요...

그러나 3학년이 되면서는 모든 것을 학교 사물함에 두고 다니니까, 기방은 별로 안 무겁다하더라도 겨울에는 교복이란 것이 교복상의 마의에다가 그 속에 조끼, 남방 그리고 넥타이 그리고 치마, 거기다가 오바, 목도리 장갑까지 그야말로 복잡한 짐이거든요 그러니까 잠이 덜깨서 달려나오다 보면 잠옷 위에 교복치마만 입고, 새벽에 뛰는 애도 생겨나고... 교복치마와 블라우스만 대충 걸치고 나머지는 거의 손에 들고 뛰어서 통학차안에서 입는 애들도 거의 상당수준이라는데요 그런데 그날은, 아침엔 분명히 들고 온 조끼가 차 안에서 입으려고 보니 없었다는 거죠 재림이가 집에 전화를 하고, 한 바탕 소란을 떠는데 다행히 재림이 아빠가 출근길에 그 조끼를 보시고 주워놓았다는 거였어요 그래서 그 나마 다행이다 싶었는데 그 옆에 다른 아이가 능청스럽게 공부를 하고 있는데 보니까 교복 속이 유난히 반짝 거린다 싶더라는 겁니다 그래서 우리 예빵이 자세히 보니까 , 그 아이는 교복 속에 조끼를 뒤집어 입고 와서 그것도 모른 체 공부에 몰두에 있더라는 거예요 조끼가 속 안 감은 번질 거리잖아요 그

래서 또 한 바탕 웃음 바다가 되었다는군요

어떤 아이는 조끼를 길에다 흘리고
어떤 애는 조끼를 뒤집어 입고오고
어떤 애는 교복치마 속에 츄리닝이나 잠옷을 입고 오고
3학년이 되면서 아이들이 모두 다 제 정신이 아니라고 하네요

남자 아이들 중에는 머리가 귀찮다고 빡빡 밀어 버린 애도 있고, 아예 장발로 기르면서 수염까지 덥수룩한 애도 있고 씻을 시간 없다고 학교에 와서 세수하고, 발도 안 딱고 이도 안 딱는 애들... 그리고 교실에서는 누가 기침만 좀 해도, 아이들이 예민해져서 서로 의식해야 하고, 책장을 넘길 때도 서로가 조심스럽게 바스락 소리도 내지 않는 정적이 흐른다고 하는군요 그런데다가 새로 들어온 1학년들도 무섭고, 우리예빵이는 1학년 때는 3학년 선배가 하늘처럼 느껴졌다는데 요즘 1학년들은 식당이나 화장실에서 줄설 때 언제나 우선순위여야 하는 3학년을 못마땅한 듯이 위 아래로 훑어보기도 하고 째려보기도 한 다거든요 그리곤 심하면 3학년은 들으라는 식으로

-3학년이면 다야~

하는 소리도 뒤에서 한다네요 겁많은 우리 예빵이는 그러면 슬그머니 뒤로 물러 선데요 그리고 잠이 많은 우리 예빵이와, 몇 아이들은 다른 아이들한테 피해를 줄까 싶어서 거의 복도 창가에 서서 공부를 한다는데 그래서인지 저녁이면 다리가 퉁퉁, 부어있어요 그리고 아이들이 헤어질 때는

-집에 잠깐 갈다올께~ 이게 인사라는군요

아침 7시 5분까지 등교하려면 보통 집에서 6시에는 나와야하는데 거기다 자정반까지 하다보니 집에 오고가는 시간 빼고 나면 정작 집에서 있는 시간은 잠자는 시간 4시간정도 빼고는 거의 날마다 함께

하는 것이니까요

재림인 집이 멀어서 자정반 신청을 안 했는데 집에 갈려고 통학 버스를 기다리니까 차가 안 오더라는 거예요 나중에 알고 보니까 같은 부천 통학버슬를 타는 애들이 재림이 빼고 거의 자정반을 신청해서 차가 재림이의 의사와는 상관없이 자정에 오기로 되어 있다는 거였어요 재림인 너무 흥분해서

—으아~ 나는 자정반 안 한다고요~ 누가 내 허락없이 니들맘대로 자정반하래~ 니들이 내 입장 되보면 그래도 자정반 하겠냐, 집에 두시에 들어가서 4시에 나오면 난 언제 자냐고요~~

하소연했지만, 어쩔 수없이 울며 겨자먹는다고 자정반을 신청했답니다 그렇게 우리예빵이, 힘겨운 3 학년 생활이 시작되고 있습니다. 책상 앞에는 날 마다 하루씩 지워져가는 달력에 "아자! 힘내자 '수능' 앞으로 290일, "써 있습니다 우리 어른들, 이 어린 아이들 한창 꿈을 심어야 할 어린 새싹들한테 수능이라는 이름으로, 일류 대학이란 타이틀로 도대체 무슨 짓을 하고 있는지 알기나 하는지 ... 그래도 우리 이쁜 예빵이, 힘, 내라고 나도 오늘도 소리 없는 파이팅을 외쳐봅니다

우리 예빵이, 아자! 아자! 파이팅,

2005. 03

36. 선별하여 더 좋은 것으로 주시는 하나님

어제가 우리 예빵이 대입 수능을 앞두고 40일 기도를 작정한지 7일째 되는 날이었습니다. 나는, 11월 23일 전 날까지 40일을 작정하여 10월 23일부터 새벽 기도를 시작 했는데요 46년 동안 살아오면서 새벽 기도를 작정하고 해본 적은 한 번도 없었어요

야행성이라 밤 잠은 없어도 새벽잠을 너무 많아서 제게는 새벽에 일어난다는 것은 거의 상상할 수도 없는 일이었지만, 40일 기도 들어가기 한 달 전부터 하나님께 틈틈이 중보기도 하면서 40일 새벽기도 꼭 할 수 있게 해 달라고 준비기도 했었거든요 그리고 하나님이 하게 해 주신다면 할 수있다는 믿음으로 새벽기도를 시작하면서 40일 동안은 가능하면 개인적인 것은 어떤 약속도 잡지 않고 40일 뒤로 모두 미루었지요 우리 올케 농담처럼 얼마나 가나 보자고..

-고모, 오늘도 새벽기도 나갔어요? 세상에 잠많은 고모가 ㅎㅎㅎ 며칠이나 하겠어 ~것도 그럴 것이 교회에서 이런저런 행사로 작정새벽 기도 들어가서 온 교인이 거의 다 나와도 저는 눈 하나 깜짝 안하고 웃으면서

-저는 새벽에는 못 일어나요 죄송해요~ 하던 사람이거든요

그런 내가 40일 새벽기도 한다고 온 교회 소문나니까 나를 알고 있는 웬만한 사람 대 다수가 나의 40일 작정 새벽 기도를 압니다

-하느님 저 새벽 기도 하는거 남들도 다 아는데 초등학교 때부터 공부 잘 한다고 소문난 우리 예빵이, 원하는 대학, 원하는 과, 못 들어가면 하나님 체면이 어떻게 되시겠어요

은근히 하나님 협박하는 기도해 가면서 새벽 기도를 나갔습니다. 그리고 우리 예빵이도 날자가 다가오자 은근히 '수능' 이라는 시험에 압박이 되는지 가끔 근심스런 얼굴로

–엄마, 나 진짜 불안해 그날 실수를 한다든지 늦잠을 잔다든지 하면 어떡해

–엄마 내가 12년 동안 공부해 온 것을 단 하루 '수능'이라는 시험이 공정하게 평가해 줄 수 있을까

–엄마 나 그 날 긴장하지 않아야 하는데 만약에 배탈이라도 나면 어쩌지

–엄마, 나는 '수능' 시험이 겁나서 하나님한테 1학기때 수능 안 보게 수시로 붙게 해 달라고 기도 계속했는데 결국엔 보게 되나봐

우리 예빵이는 날짜가 다가올수록 초조함을 감추지 못하고, 그렇지 않고도 삐적 마른 아이가 더 앙상하게 말라가는 것을 엄마라는 이름으로는 어찌해 볼 수도 없고, 나는 나대로 또 다른 수험생이 되어 하루하루, 그 모습을 지켜보며 기도만 했습니다. 그래서 하나님께서 마음이 급하셨던 것 같습니다 그렇게 새벽기도 7일째 되는 날, 우리 이쁜 예빵이 전화로, '엄마, 나 이대 수리물리학과 수시 학기 장학생으로 합격됐어! 면접, 수능, 모두 면제로 붙었어!~♬ 나, 이제 수능 안 봐도 되나봐 나, 인제 이화인이야~♬''

300명쯤 지원한 2차 수시에 18명 정도 뽑는데 그것도 18명 정도에서 20%안에 들면 면접, 수능이 모두 면제된다는 겁니다. 면접, 수능이 면제되게 붙었다는건 18명 중 3~4등 안에 들었다는 이야기죠 그러니까 우리 예빵이가 이번 수시 학기 장학생이 된 것은 등 수로는 2등 일 수도, 1등 일 수도 있다는 이야깁니다. 나는 오늘 미리 정해져 있던 문학회 모임이 있어서 아침에 새벽 기도 갔다가 2시간도 못 자고 머리가 너무 아파서 약국에서 약까지 사 먹고 어쩔 수 없이

모임에 참석해서 벽에 머리를 대고 눈을 감고 있던 중이었거든요 그런데 그 소식을 듣자마자 아팠던 머리가 언제 아팠냐는 듯이 말끔이 낫은 듯했고, 갑자기 세상이 환해지고 다른 날이 온 것같은 기쁨이 몰려 왔습니다. 나는 얼른 일어나 화장실로 가서 하나님께 감사 기도를 드렸습니다

-하나님, 감사, 또 감사를 드립니다 우리 예빵이가 그 두려워하던 '수능을 안 보게 해 주시고 이렇게 보란 듯이 우리 예빵이가 원하는 수리물리학과에 합격하게 해 주셔서요

우리 예빵이는 이과이고 수학을 좋아합니다. 그리고 이화 여대를 가고 싶어했고, 자신이 원하는 수리물리학과를 합격한 거죠 그래도 나중에 혹시 한군데만 썼다가 안 되면 후회할까 싶어 고려대학교에도 수시를 냈는데 이미 이화여대를 가기로 결정하고 원서까지 접수한 그 다음날 고려대학교에서 전화가 왔습니다

-김 예원 학생 집입니까? 김 예원 학생 고려대학교 경영학과 수시 합격을 축하드립니다

고려대학교는 합격은 합격이지만, 고대를 가려면 어차피 수능을 보긴 봐야 한다고 했습니다 그러나 이미 고대에서 전화로 합격통지를 받은 상태에서는 수능을 보는 것은 거의 형식적인 것이니까, 그냥 편안하게 시험만 보라고 했습니다.

사실 1학기때 고려대 수시를 내었는데 그 당시 외고다니는 학생들을 이대, 서울대, 연, 고, 서강대, 등에서 3학년 1학기만 되면 머리좋은 학생들을 이미 수시로 합격을 시키는 일들이 메스컴을 타기시작하면서 1학기에 수시로 외고학생들이 거의 합격을 못한 상태인대 으리 예빵이도 사실 1학기에 고대에 신청한 수시가 2학기에 연락이 온 거였습니다 그래서 우리 예빵이와 나, 그리고 남편은 약간은 망설이긴 했습니다 그러나 고대라면 합격을 해도 집에서 너무 학교가

멀고, 또 혹시 몰라서 경영학과를 지원했는데 경영학과는 우리 예빵이가 원하던 학과는 사실 아니였습니다. 그리고 요즘에는 이화여대가 어쩌구 하면서 학교 등급이 다소 떨어진다고 하던데 80년 대만 하더라도 이화여대하면 여자로서 최고 대학교였습니다 그리고 우리 예빵이가 이화여대를 나와서 사회생활을 하게 된다면 그 위 상사들은 우리 세대일 것이고, 우리 세대에서는 이화여대 절대 아무도 무시못합니다 그리고 아무리 시대가 변했어도 이화여대는 역시 최고라는 생각이 들었습니다 그래서 우리 예빵이는 수능을 안 보기로 하고, 고려대학교를 포기하고, 이화인이 되기로 결심했습니다

–엄마~ 하나님이 나를 너무 사랑하시는가봐~ 정말 왜, 날 이렇게 사랑하시지

정말, 하나님께서는 어찌 이렇게도 우리를 사랑하여 주시는지 모르겠습니다 내가 좀 거만하게 빼기면서 우리 남편한테 말합니다

–내가 기도해서 하나님이 안들어 주신 거, 여태 한번 이라도 있었어? 나는 하나님의 든든한 빽이 있는 사람이야 ㅎㅎㅎ~

–그렇죠. 기도할 수 있는데 왜 염려하느냐, 우리 하나님이 말씀하신 것처럼 기도 할 수 있는데요 저는 아무 염려가 없습니다 이제부터는 자랑스런 이화인, 우리 예빵이 하고 영화구경도 다니고 드라이브도 하고, 쇼핑도 하고 맛있는 음식점도 찾아다니고 할 거예요 아, 노래방도 가고요

우리 이쁜 예빵이, 아자, 아자!!
우리 보석공주에게 파이팅 , 파이팅 입니다

♡요조숙녀

사람들은 그녀를 일컬어 요조숙녀, 아니면 양가댁 규수 같다고 한다
그만큼 그녀는 천의 얼굴을 가졌다

자신이 필요하다고 생각되면
주저하지 않고 다른 얼굴을 보여줄수 있는 그녀는
어찌보면 요즘시대를 살아가기에 부족함이 없다

그녀는 어떤 분야에서도 해박한 지식을 가지고 있으며
적당한 농담으로 사람의 마음을 풀어주기도 하고
깍듯한 예의로 상하 관계를 적절히 유지할 줄도 알며
누가 보아도 아름다운 그녀는 당당한 눈빛 하나만 으로도
주변 사람들은 은근하게 압도하기도 한다

그녀는 언제 어디서나 흐트러짐이 없고
지적이면서도 부드러운 이미지로 어떤 사람도 자기사람으로 만들어
필요한 만큼의 웃음을 주기도 한다 그리고 그녀는 언제나 과장되지
않은 몸짓과 약간은 느린듯한 진지한 말투로 사람들이 그녀에게 집
중하게 하는 커다란 매력이 있다

사람들은 말한다
그녀는 요조숙녀,
또는 양가집 규수 같다고 ...

2005. 10. 20.

37. 보호감찰중인 주댕이

저녁을 먹는데 보니까 울 주댕이 이마가 좀 벌그스름하게 부워 있는 것 같아서 물었습니다.

-너 이마가 왜 그래? 오늘 학교에서 무슨 일 있었니?

-응? 아~ 아니~ 일은 무슨일 왜? 아~ 이, 이마 별일 아니에요

하면서 우리 주댕이 약간 당황해하는 표정이었죠

-말해, 무슨 일이야

그렇게 말하는 내 가슴은 벌써 내 귀에도 들릴 만큼 쿵. 쿵. 뛰고있었어요 그런 내 표정이 너무 심각해 보였던지 우리 주댕이 갑자기 너스레를 떨면서

-아이고~ 우리 엄니~ 왜 또 이렇게 바짝 긴장하고 그러삼 ~ 식사나 하세요~

-말하라니까!

내가 또 다그치고 우리주댕인, 슬그머니 눈꼬리를 내리며 할 수 없다는 듯이 말합니다

-별일은 아니고... 아까 집에 오는데 버스 안에서 ○○공고 교복입은 어떤XX 둘이서 나를 기분 나쁘게 계속 쳐다보잖아 그래서 나도 사람 첨보냐 하는 눈으로 쳐다봤더니 그XX 둘 중에 한 명이 나한테 오더니 몇 학년이냐고 그러잖아, 자기네는 3학년이라고 하두만, 그래서 뉘들 3학년이라 좋겠다 했지, 근데 어쩌냐 나는 2학년인데 그랬더니 2학년이 반말했다고 기분 나쁘다고 나보고 차에서 내리라고 하더라구

-그래서 내려서 싸웠니! 너, 지금 보호감찰중 이란거 잊었어, 너

보호감찰중에 싸우면 어떻게 된다는거, 니가 더 잘 알잖아, 바로 실형 이란거 너 몰라, 그런 애들은 봐도 못 본 척, 들어도 못 들은 척하랬잖아, 니가 지금 오기 부릴 때야, 내 목소리가 커지자 우리 주댕이는 말하다가 나를 한번 힐끔 보면서 애매하게 웃습니다 그리곤

–에이~ 엄마 별 일아니예요~ 나도 진짜 싸울 맘은 없었어요 그 XX들 운 좋았어요 에이~ 내가 보호감찰중만 아니었어도 기냥 ㅎㅎㅎ ... 율목아파트 뒤로 가서 1:1로 간단하게 한판 했어요 나중에 뒷소리하기 없기로 약속하고요 그 XX 몇 대 맞더니 오히려 미안했다고 하고 갔으니까 진짜 별 일 없을 거예요 그리고 그 XX들 내 이름도 몰라요 엄마, 주물러 드릴까요~ 했다

언제나 무사 태평한 우리 주댕. 도대체 언제나 우리 주댕이가 고등학교를 무사히 졸업할 날이 올까, 지난 주 저녁에는 오랜만에 식구들이 다 모여 식구들이 티브이를 보고 있었는데 벽에 비스듬히 기대않은 채, 우리 주댕이, 한 달에 한 번씩 수원 검찰에 가서 보호감찰교육 받고 온 이야기를 남의 이야기 하듯 합니다.

–우리가 보호감찰 교육을 딱, 받고 나오는데 검찰 앞마당에서 이~따만하게 굵은 금목걸이를 하고 하얀 쫄 바지에 빽 구두, 신은 그 아저씨가 말이야 우릴 보더니

–어~ 너는 교복을 보니까 ○○ 공고구나, 음~ 어디 보자, 너는 △▲공고? 맞지? 그런데 너는 어느 학교냐? 하믄서 사복 입은 날 보고 묻는 거야, 우리는 첨에 그 아저씨가 보호감찰소 선생님 인줄 알았어 그래서 내가

–양명고 인데요 했거든

그랬더니 그 아저씨 느릿느릿한 조폭 박수를 치면서

–부~라보~ 부~라보~

하더니 천천히 나한테 걸어와서는 나를 꽉 껴안고

—야, 임마! 내가 니네학교 선배다 너는 내 후배구나

하믄서 감격스러워 하는거야

—으흐~ 참나, 뭐 좋은 장소에서 만난 후배라고..

거기다가 학용이는 한술 더 떠서는

—저 아저씨 우리아빠 친구 닮았어 하면서

그 아저씨한테 엄청 친한척 오바~하고 그리고 그 아저씨는 우리들한테 열심히 훈계를 했거든, 니네들 여기 왜 왔냐, 이런데는 올 데가 못 된다 어쩌고 하시는데 갑자기 분위기가 숙연해지더라구 그래서 우리는 모두 고개 푹 숙이고 듣고 있는데 항용이는 그 아저씨 이야기 듣다가 감동해서 눈물도 찔끔거리고 막 그랬거든, 그런데 갑자기 어디서 우리 보호 감찰소 교육하는 선생님들이 나오더니 그 아저씨 보고 그러는거야,

—얌마, 너 왜 아직 안 갔어? 왜 안가고 여기서 어슬렁거려 임마, 얼른 안가, 애들 데리고 무슨 수작이야,

하고 소리치니까 그때까지도 우리한테 당당하게 훈계를 하던 그 아저씨 갑자기 머리를 긁적이면서 고개를 숙이곤

—아~ 예, 지. 지금 갈려고요 어, 애..애들아 나중에 또 보자

하믄서 우리한테 막 손 흔들면서 급히 나가는 거야, 대박, 진짜 황당하더라, 그때 나는 생각했어, 정말 저런 어른이 되어서는 안되겠다고 너무 웃기잖아 우리주댕이는 아무렇지도 않게 웃으면서 그 날 있었던 일을 말하지만, 그래도 그런 곳에 가서 한 달에 한 번씩 그런 저런 것을 보고 교육을 받으면서 알게 모르게 우리 주댕이가 달라지고 있다는 걸 나는 느낍니다

요즘은 우리주댕이 학교 보충도 안 빼먹고 늦게까지 하고 오거든

요 얼마 안 있음 중간 고사라고 시험범위도 챙기는 것 같아요

-엄마, 나는 요즘 학교에서 가끔 엄마가 보고 싶어져 이상하지? 엄마도 내가 보고싶어질 때가 있어?

아침에 등교를 하던 우리 주댕, 신발을 신다가 불쑥 말합니다

-그럼~ 엄마는 언제나 우리 아들이 보고 싶지~ 점심은 먹었나, 공부는 잘 하고 있나 싶어서

-히히~ 알았어요 엄마, 그럼 나 후딱 다녀올께요 ~

크게 대답하곤 우리 주댕이, 흡족한 듯이 히히 웃으며 한 손까지 흔들곤' 쿵'쿵' 거리며 계단을 내려갑니다 늦었지만, 그렇다고 늦은 만큼 빨리 달려가는 것도 아니지만, 그래도 우리주댕이 조금씩 달라지고 있다는 것에 하느님께 감사드립니다.

사순절기간도 끝나가고 벌써 4월도 중순이 넘어가고 있네요 곧 5월이 올 것이고, 잠깐 여름 방학이 되겠지요 그렇게 잠깐 잠깐, 올 한 해가 무사히 지나 가기를 기도하는 마음으로 바랍니다. 오늘도 하루도 무사히 우리 주댕이, 학교 생활 잘 하고 행복한 하루하루 되라고 파이팅, 파이팅을 해봅니다

사랑하는 내아들 파이팅!

2005. 4. 20.

38. 3학년 1학기 중간고사

우리 주댕이가 3학년 중간 고사를 앞두고 태어 나서 처음 공부를 하느라고 한밤을 꼬박 세웠습니다. 우리 주댕이는 우리 예빵이에게 온갖 구박을 참아가며 한밤을 꼬박 세워 수학 중간 고사 범위인 수열과 확률에 대해서 문제를 풀고 또 풀고...

-그러게 진작, 진작 공부좀 해 두지, 수학이 뭐 하룻밤 만에 되는 건줄 아니, 엄마, 나 얘 정말 못 가르키겠어

그렇게 못 가르치겠다고 소리도 지르고, 짜증스럽게 훈계도 하면서도 우리 예빵이, 그래도 누나 라고 우리 주댕이와 같이 한밤을 세워가며 실갱이를 했습니다. 물론 저도 한잠도 잘 수가 없었지요 그리고 밤을 꼬박 세운 우리 주댕, 자고 있는 누나에게 식탁에 메모를 써 놓고 학교로 갔습니다

김예원'
머리 나쁜 동생 가르치느라 고생했다
시험 잘 보면 맛있는 거 사 주마!
ㅋㅋㅋ 붕신 소리지르면 누가 벼슬 주냐,
*P. S = 영어도 부탁한다.

오늘 강의가 없는 우리 예빵이, 늦은 잠에서 깨어 나더니 그 메모를 읽더니 푹, 하고 웃으며 말합니다.

-엄마 그래도 주혀니 머리 하나는 타고 난 것 같아 기초도 별로 없는데 수열하고 확률 제대로 이해 하더라구 대단하긴 해

그랬는데 우리 주혀니 목소리까지 꽉 쉰 채 전화가 와서

-엄마 죄송해요 수학 다섯문제 풀다가 잠이 들었어요 깨어보니 시험 5분전 이었어 선생님한테 말씀 드려서 쉬는 시간까지 풀었는데도... 엄마 정말 죄송해요 근데 푼 건 다 맞았데요 그래도 누나한테도 너무 미안해 다음 시험은 정말 잘 볼께요 합니다

나는 난생 처음 셤 공부한다고 밤까지 꼬박 세운 우리 주혀니의 심정을 생각하니 가슴이 울컥하고 눈물이 나오려 했지만 참고 말했죠

-그래 괜찮아 그래도 다섯 문제나 풀었다니 대단하네 우리아들 멋있어 우리아들 파이팅이야

그리고 어젯밤도 공부방에 가서 공부 한다고 공고 다니는 시골친구들까지 공부방에 불러 들여서 같이 공부하자고하고 의리있는 시골 친구들은 자기네들은 공부를 하는지마는지 몰라도 주혀니가 물먹고 싶다고 한다고 슈퍼에서 물사다 나르고, 배 고프다면 햄버거 사오고 누가 보면 우리 주혀니 고시 공부 라도 하는데 친구들이 합심해서 도와 주는것 같습니다 어쨋든 그렇게 친구들의 도움으로 그렇게 공부방에서 공부하다 와서 또 새벽까지 집에서 셤공부 하다가 우리 주혀니 3시쯤 잠이 들었지요 그랬는데 어제는 제가 그저께 한잠도 못 자고 낮에 다른 일로 좀 바빠서 분주 했더니 그만 몸살이 나서 비몽사몽을 헤매다가 오늘아침, 늦잠에 빠져 있다가 전화벨이 울려서야 모두 잠이 깨었답니다

우리주댕이, 학교에서 걸려온 전화였어요 잠결에 전화를 받은 우리 예빵이가, 잠이 번쩍 깨는 목소리로 말 했지요

-엄마, 주혀니 학교 얼른 보내래, 시험시간 다 됐다고, 어머나 근데 나, 어떻게 해? 어떻게 해, 나도 나도 학교 못 갔어,

그때 시간이 아침 8시 40분

우리 예빵이 "어떻게, 어떻게," 하면서 팔딱팔딱 뛰더니, 전화로 친

구에게 첫시간 강의 대출' 부탁하고, 그 사이 우리 주댕이, 번개 같이 세수하고 택시 타고 학교로 가고, 그 아침에 난리가 아닌 난리가 났습니다. 나는 일어나 보려고 했지만, 온몸이 천근이나 되는듯 방바닥에 붙어서 꼼짝도 하지 않았어요 그리고 또 잠 속으로 빠져들었는데 몇 시간이나 지났는지 우리 주댕이가 전화가 왔습니다

–엄마, 첫 시간은 시험 시간이 좀 늦어서 좀 못 풀긴 했는데 그래도 50점은 넘는 것 같아요 선생님이 잘했데, 그래도 둘째 시간은 잘봤어, 걱정하지 마요 내일부터 더 잘 볼께요 그 대신 오늘 늦은 사유서 써 주셔야 되요 하네요

–그래 알았어 미안해 그리고 우리 아들 사랑해

–응 ~ 엄마 나도~

씩씩한 우리 주댕이의 목소리가 전화기 속으로 퍼집니다 하나님 눈물이 나올만큼 감사드립니다. 고등학교 들어 와서는 시험때 라고 공부 해본 적 없고, 시험시간은 시험지 5분만에 대충 답안지 찍고 잠자기 바빴던 우리 주혀니입니다 그랬던 우리 주혀니가 3학년 중간고사 시험에 최선을 다하고 있습니다. 우리 주혀니가 이렇게 변화되고 있습니다.

수능 전까지 약속이다 김 주현!

[열공모드 7일째]

하루에 컴퓨터는 싸이에 일기 쓰는 시간만 한다 휴일에는 1시간으로 정해 놓고 볼 일을 본다[MP노래 교체 등등] TV는 월요일 화요일 드라마 주몽만 보고 안 본다 수능전까지는 절대 친구들과 약속을 잡지 않는다 외박은 절대하지 않는다

[중요한 일이 있으면 새마을로 잠깐 와라 애들아]

수업시간에 절대 졸지 않는다

아침에 학교에서 영어 단어 20개씩 외운다

과외 받을 때 누나와 절대 싸우지 않겠다 공부 하루 분량을 다 했으면 뻘짓하지 않고 바로 잠에 들어야한다 내 인생에 이익되는 사람이 아니라면 만남을 자제한다.

-얼마 안 남았다 김 주현,

창창할 내 앞날을 위해서라면 이 정도 고통은 껌이다 앞으로도 약속 어기지말고 잘하자. -------------------☆

우리 주댕이 싸이에 써 있는 것을 옮겨왔습니다

하나님, 우리 주혀니에게 이제라도 깨닫는 은혜를 주심을 감사드립니다. 마음의 경영은 사람에게 있지만, 그 일을 이루시는 이는 하느님 이심을 믿습니다. 우리 주혀니로 하여금, 한 번 먹은 그 마음 변치 않게 붙들어 주십시오 자신과의 약속을 지키는 일이 얼마나 위대한 일인지 알게 해 주시옵소서 믿지 않는 자들에게 축복의 통로가 되게 하여 주십시요 부디, 우리 주혀니를 붙드신 그손 놓지 말아주십시요 우리 주혀니가 이제는 세상 짱에서 믿음의 짱이되게 하여 주옵소서 부디 간구하는 우매한 종 어미의 기도를 들으시고 이 모든 기도를 열납해 주소서 늦었다고 생각하지 않겠습니다. 늦었다고 생각할 때가 가장 빠른 때라고 믿습니다 오늘도 우매한 종 어미는, 사랑하는 내 아들 주댕이에게 파이팅!

파이팅을 외칩니다

2006. 05. 3.

39. 노방전도

저녁에 보충을 하고 늦게 집에 들어와 막 샤워를 하고 나오는 우리 주댕이에게 내가 뽀뽀한번 쪽' 해 주고 물었어요.

–아들, 이 세상에서 누가 제일 좋아~?

수건으로 머리를 틀다가 그런 나를 보더니 피식' 웃으며 말합니다.

–엄마, 내 머리가 이렇게 컸는데 이젠 그런 질문 고만할 때도 되지 않았어요 19년을 한결같이 물어보네 참나, 우리 예빵이도 어이가 없다는 듯이 '풀석' 웃고 나도 웃습니다. 하기사 어느새 불쑥 커 버린 우리 주댕, 덩치로 보나 나이로 보나 이젠 그런 말에 대답할 군번이 아니란 걸 알지요 그래도 가끔씩은 습관처럼 물어보고 싶은걸 어쩝니까요. 그래서인지 왠지 조금은 서운함을 느끼며 씁쓸하게 웃는 내게 우리 주댕이는 씩씩하게

–엄마, 밥 줘요

하면서 그 밤에 밥 한 그릇을 뚝딱' 해치웁니다. 어릴 때는

–주혀나 이 세상에서 누가 제일좋아? 하고 물으면 언제나 지체없이

–당근 엄마지, 나는 엄마가 세상에서 제일 좋아하면서 내 허리 끌어안고 엄마 사랑해 하고 속삭여 주곤 했는데, 이젠 그런 날은 없나 싶습니다. 아무리 키가 자라고 덩치가 커졌어도 내게는 아직도 눈안에 넣어도 아프지않을 것같은 아들인데 말 입니다 밥을 먹다가 문득 생각난듯 우리 주댕이가 묻습니다

–엄마, 오늘은 어디 어디로 다니시면서 전도지 돌렸어요?

–응? 과학대학교있는데 상점부근에서 박달동까지~ 근데 왜?

-엄마, 전도지 돌리고 다니면 창피하지 않으세요
-창피하긴 하나님일인데 오히려 행복하지
내가 활짝 웃으며 말하자 우리 주혀니, 멋쩍은 듯 웃으면서
-엄마 죄송해요 이제 다시는 토요일 일요일 PC방에서 날 세우고 그러지 않을께요 조금씩만 할께요 그리고 엄마 나 내일은 독서실 갈려고요 모래가 영어쪽지시험이예요 셤 잘 볼께요

지난 주부터 일주일에 한번 날을 정하고 우리 교회 권사님과 함께 길거리에 나가서 전도지를 돌립니다. 우리 주댕이는 날도 더운데 엄마 안 그래도 자기가 열심히 할 거라고 하지 말라고 말렸습니다. 그러나 하루하루가 바늘방석 같은 나는 그럴 수가 없었습니다. 어서어서 날짜가 지나서 우리 주댕, 고등학교라도 무사히 졸업하고, 하나님이 도와주셔서 어디 미달이 되는 학교라도 대학을 들어가 주기만을 간절한 심정으로 기도하고 또 기도하고 있었거든요 그래서 성경도 일독을 하기 위해서 열심히 읽고, 일주일에 한 번씩 길거리에서 전도지를 돌리기로 결심하고 지난주부터 전도지를 돌리기 시작했어요 우리 예빵이 고 3때는 새벽기도 40일 작정하고 평생 처음 새벽기도에 도전해 보았지만, 그 새벽기도 너무 힘들었거든요 그래서 그것보다는 성경을 우리 주댕, 1학기때 일독, 2학기때 일독, 1년에 총 2독을 하고 일주일에 하루씩 전도지 돌리는 걸로 하나님께 우리 주혀니 대학 가게 해달라고 조르고 있는 중이었어요

제가 이 더운 7,8월에 길거리에서 전도지를 돌리고 성경을 1년에 총 2독을 하면 하나님께서 제 정성을 봐서라도 우리 주혀니 대학에 들어가게 해 주실 것 같아서입니다
-하나님 믿으세요 [하나님 우리 아들 붙잡아 주세요]
-교회 다니세요 [하나님 우리 아들 학교생활 잘 하고 대학도 가게

해주세요]

아침에 일어나서 핸드폰을 열어보니

-엄마 사랑해요 라고 쓴 글이 한 눈에 들어왔습니다

아마도 정 많고 눈물도 많은 우리 주댕이가 어제 저녁에 내 질문에 답을 이렇게 해 놓았나 봅니다. 나는, 괜히 기분이 좋아져서 그 사진에 한번 뽀뽀해 주고 우리 주댕이에게 문자를 보냅니다.

-권 상우보다 훠~얼, 멋있는 우리 아들 파이팅, 이라고요

긴 긴 여름 방학을 보충도 제대로 안 하고 대충 놀기만하던 우리 주댕이, 그래도 개학을 하고 나니 새로운 기분이 된 듯

-누나, 영어 수학은 어차피 힘드니까 암기과목 위주로 공부하면 어떨까? 하면서 묻기도 하고, 수능, 앞으로 100일도 못 남았는데 지금부터라도 열심히 하면 전문대라도 갈 수 있지 않을까? 아니면 그냥 포기해야 하나 하며 고민하는 모습도 보입니다

-아들, 엄마는 한 번도 너를 포기한 적이 없는데 너는 이제 겨우 19살인데 벌써 포기하긴 너무 억울하잖니 내가 진지하게 말하자 우리주댕, 참으로 어색했는지 농담처럼 낄낄 거리며 말합니다.

-워~ 우리 엄마, 너무 오버하신다~ ㅋㅋㅋ 알았어요 엄마, 나 포기 안해요 걱정 마요 이제부터라도 해 볼게요 일요일 날 보충도 안 빠지고 토욜 날도 열심히 해볼게요 우리 엄마, 인상 펴시고~ 걱정 끝, 알았지? 합니다.

그렇게 오늘 아침도 우리 집에서 제일 일찍 일어난, 고 3인 우리 주댕이는 학교로 갔습니다. 내 핸드폰에 "엄마 사랑해요"를 찍어놓고 말입니다. 지금쯤 제 나름대로 학교에서 열심히 공부를 하고 있겠죠

그런 주댕이에게 오늘도 파이팅, 파이팅을 보냅니다

사랑하는 내 아들 파이팅!

2006. 08. 20

40. 수시 면접

우리 주댕이가,

오늘 아침 일찍 ☆☆대학 수시 면접을 보러 가는데 사복 남방 앞가슴 단추를 반쯤 오픈하고 바지 주머니가 도대체 몇 개인지 셀 수도 없는 요상한? 청바지를 떠억, 입고 나섰어요

–어이~ 아들, 왠만함 그 남방 단추 좀 대강 채우지? 그래도 대학교 면접 날인데

내가 말 하자 우리 주댕, 씩 웃으며 윙크까지 하곤

–염려 마숑~ 울 엄니~ 이런 거 가지고 뭐라고 하믄 그 학교 내가 거부할껴 ㅋㅋ 아들 갔다올께~

그리고 오전 11시쯤 전화가 왔어여~*

–엄마, 나 면접 끝났어

–그래~ 어땠어?

–ㅋㅋㅋ 어땠긴 면접하시는 교수님들 내가 엄청 웃겨드리고 나오는 중이야 우리 주댕이 낄낄대며 말 하는데 나는 이거이 또 먼 소리냐 싶어 긴장이 되더라고요

–면접실에 척, 들어서니까 교수님 한 분이 나 보고 첫 마디가

–자네, 옷은 왜 그렇게 풀어헤쳤나? 하더라고요

–그래서? 그.. 그러게 단추 좀 채우라니까

–ㅋㅋㅋ 그래서 내가 면접실 떠나가게 큰 소리로 말했어

–이건, 제 개성입니다!

그랬더니 교수님이 깜짝 놀라시더니

–자네 학교 성적은 별론데 목소리는 크구만, 하시데

그래서 내가 더 큰소리로 말씀 드렸어,

-넵! 저는 공부는 진짜 못합니다, 저는 공부는 취미가 없습니다 그 대신 공부말고는 다 잘 할 수 있습니다

그랬더니 교수님이 껄껄 웃으시면서 나 보고 뭘 잘 할 수 있냐고 물으시데 그래서 나는 또 면접실이 떠나가게 소리쳤지,

-저는 노래도 잘 하고, 춤도 잘 추고, 운동도 못하는 거없이 잘 합니다 그리고 잘 생기고 인간성도 좋아서 친구가 많습니다

그랬더니 교수님이 웃으시면서

-자네, 이번이 면접 몇 번째 보는건가? 하시데 그래서

-처음입니다! 했지.

그랬더니 옆에 계시던 여자 교수님이 쿡'쿡쿡' 하며 웃으시는거야

-처음이라, 그런데 자네 우리 학교를 왜 택했나, 우리 학교에 대해서 아는 것이 있나?

하시는거야. 그래서 사실대로 말했어,

-모릅니다 저는 안양에서 태어나 안양에서만 18년 살았습니다 초등학교부터 고등학교까지 걸어서 학교를 다녔는데 대학만큼은 전철이나 버스를 타고 다니고 싶었습니다 했더니 그 교수님

-그것뿐인가? 하셔서

-그것뿐입니다 했지

-자네, 기독교인이구만, 그럼 기독교와 천주교의 다른 점은 무엇이라고 생각하는가? 하시는 거야, 그래서 목을 쭉 빼고 우렁찬 목소리로

-저는 천주교에 대해선 잘 모릅니다, 그렇다고 기독교에 대해서도 잘 아는 것은 없습니다 했지 그랬더니 어떤 교수님이 책상을 치면서 웃으시데

-자넨 면접이 빨리 끝났으면 좋겠나? 하고 또 물으시더라구 그래

서

-아닙니다, 저는 사람이 좋고, 말하는 것을 좋아합니다 그러니까, 저는 배만 고프지 않으면 밤 새워라도 면접을 보면서 저에 대한 장점을 모두 다 알려 드리고 싶습니다! 했더니 ㅋㅋㅋ 그 방안에 계시던 교수님들이 다 웃었어

-엄마, 오늘 면접도 끝났으니까, 멋진 아들, 좀 놀다가 들어갈께~ 합니다

☆☆ 대학 면접관 교수님들이 왠 희안한 물건 하나 왔다가 갔나 하겠죠 저녁에 학교 갔다 온 이화여대 '패션리더' 인 우리 예빵이에게 주댕이 면접이야기를 했죠.

그랬더니 우리 예빵이 왈,

-ㅋㅋㅋ~ 엄마 ~주혀니 잘 하믄 수시면접 합격하겠는뎅~ 원래~ 면접보러 갔다가 교수님 웃기면 합격이란 말이 있어, ㅋㅋㅋ 우리 주혀니 좌우지간 대략 난감이야 저녁에 들어온 우리 주댕,, 자기 방으로 올라가려다가 나를 보고는 희죽~ 웃으며 말합니다.

-엄마, 나 오늘 누가 시비 거는데 안 싸웠다

나는 또 갑자기 가슴이 '철렁' 합니다. 학용이랑 규철이랑 나랑 기분 좋아서 뛰어가고 있는데 어떤 넘이 내 발을 살짝 거는거야 그래서 내가 고꾸라졌거든, 그래서 보니까 그 어떤 넘이, 지 여자 친구앞이라고 똥폼 잡는 거였어, 그 넘 여자 친구가 나 넘어진 거 보더니 ㅋㅋㅋ 하믄서 웃잖아 그래서 내가 일어나서 물었어

-지금 나한테 발 걸으신 거 맞아요? 그랬더니 그 넘이 피식 웃으면서

-걸었다면 어쩔래~

하더라고요~ 아, 이 천하의 김 주현이 발을 걸어놓고, 그 넘이 겁도 없이 말이야, 아~ 열 받더라고, 그래도 나는 싸우면 안 되는 몸이잖아, 그래서 내가 웃으면서

−근데 몇 살이세요 하고 공손하게 물었지 그랬더니

−22살이다 왜? 하는 거야, 그래서 내가

−22살이나 드셔 가지고 애들 좋아서 뛰어다니는데 왜 발을 걸고 그러세요 나이 더 드시면 후회할 걸요 세상 바르게 살아야지 하면서 점 잖게 한 마디 했지 그때 먼저 뛰어간, 규철이랑 학용이가 내가 안 오니까 다시온 거야, 규철이 한 성깔 하잖아, 규철이가 상황 파악하고는 학용이 보고 말했어, 나랑 학용이는 보호 감찰중이라 싸우면 안되니까

−학용아, 너 주혀니 데리고 니네 집가 있어 이 XX는 요즘 고 3무서운 거 맛만 좀 보여주고 갈께 했거든, 그랬더니 그 22살이 바짝 쫄더라구, 그리고 규철이가 그 여자 친구 보고

−누님도 일찍, 일찍 집에 들어가셔야죠 이런 쪼다 xx랑 어울리지 마시고요" 하데, 아무래도 한 판 벌일 것 같은 분위기 더라구 그래서 내가 오히려 규철이를 말렸어 잘했지, ㅋㅋㅋ 오늘 진짜 그 22살 운 좋았어, 그 22살 암말 못하고 막 가는 거있지 아무렇지도 않게 어제 본 연속극 이야기하듯이 목소리까지 흉내내가면서 이야기하는 우리 주댕이를 올려다 보면서 나는 가슴이 두 방망이질을 하고 있었지요. 우리 주댕, 그런 나를 보더니 씨익, 웃으면서 다시 말 했어요

−히~ 물론, 나 혼자 있었으면 좀 팔려도 기냥 툭'툭' 털고 일어나서 모른척 하고

−좋은 시간 되십시오~ 하면서 속도 더 내서 가던 길 다시 뛰어갔을꼬야 ㅋㅋㅋ 난 절대로 안 싸워, 우리 엄마 걱정하지마숑 ~

그걸 위로라고 하고 손을 흔들며 자기 방으로 올라갑니다. 오늘 하

루도 살얼음 위를 걷듯 이렇게 보냅니다. 우리 주댕이한테는 6년이 왜 이렇게 긴 걸까요 그래도 세월은 쉬지않고 흐르고 있고, 이제 고등학교 졸업할 날도 몇 달 남지 않았습니다

이제 수능도 한 달하고 20일쯤 남았습니다. 하나님, 어제도 오늘도 내일도 한결같이 눈동자처럼 지켜주시는 내 아버지여, 언제 어디서나 어느때에라도 우리 주댕이에게 한 시도 눈을 떼지 말아 주십시요 오늘도 정도 많고, 심성도 착한 우리 주댕이에게 파이팅!
파이팅을 보냅니다

2006. 09, 27.

41. 수능시험

오늘은 우리 주댕이가 수능시험을 보러 갔습니다 언제나 그랬지만, 수능때만 되면 참 많이도 춥네요

−수능때만 되면 왜 이리도 추운거니? 내가 걱정스레 말 하자,

−그건 엄마~ 한이 많아서 그렇데, 수능때 애들 자살하고 막 그러잖아, 수능 첫째고시 끝나면 막 우는 애들도 있고, 심하면 밖으로 뛰쳐나가는 애들도 있고, 별 애들 다~ 있데 나는 수능을 안 봐서 모르겠지만, 작년에 수시 장학생으로 수능도 안 보고 원하는 학교에 입학한 우리 예빵이가 아무렇지도 않은 듯이 하는 말을 들으면서 나는 우리 주댕이가 생각나서 나도 모르게 눈물이 나왔습니다. 그리고, 12년 동안 오직 그날 하루만을 위해서 살아온 애들. 우리나라 교육정책이 그 애들을 새장안의 새처럼 가둬놓고 12년 동안 목을 조이고 있다는 현실이 마음 아팠습니다

−아들, 엄마가 따라갈까?

−에이~ 엄마는 내가 뭐 어린앤가, 신경 끄시고 잠이나 푹 주무셔요

날씨도 영하를 기록하고 있는 오늘 이른 새벽, 우리 주댕이는 목도리까지 두르고 수능시험을 보기 위해 집을 나섰습니다. 졸업만, 부디 고등학교라도 졸업만이라도 하게 해달라고 기도하던 제가 이제 욕심을 더 부려서 기도합니다

−정말 염치없고 죄송하지만요 하나님...

제발 우리 주혀니 아는 문제 틀리지 않게 해 주시고, 모르는 문제 찍더라도 그 오른손 붙들어 주셔서 정답만 찍게 해주세요. 하나님이

이 땅에 있을 때 제게 잘 키우리고 주신 아들이지만, 우리 주혀니 제 아들이기보다 먼저 하나님의 아들입니다

–그러니까... 그러니까 하나님이 책임져 주세요

정말 염치없는 엄마의 기도인줄 알지만 그래도 했습니다. 그래도 무사히 고등학교 생활을 거의 마치고 수능시험을 보게 해 주신 하나님께 그것만으로도 감사 또 감사를 드려한다는거 잘 알지만, 그래도, 그래도 염치없이 기도하고 또 기도합니다.

우리 주댕이, 초등학교 5 학년때 봄 소풍 갔다가 근처 학교에서 소풍 온 아이들과 패싸움했다는 이야기듣던 그 날 이후, 다리 후들거리며 교무실로 달려갔던 그 많은 날들, 우리 주혀니한테 맞았다는 아이 병문안가서 그 부모에게 죄인되어 용서를 빌던 일, 경찰서 앞마당에서 밤을 세우며 덜, 떨면서 우리 주혀니를 기다렸던 일들, 가슴을 쥐며 울음을 삼키던 그 몇 년 간의 세월 속의 내 모습이 그림처럼 지나갑니다. 그래도 눈물 많고 정도 많은 우리 주혀니, 단 한 순간도 포기할 수 없었던 내게는 언제나 눈에 넣어도 아플 것 같지 않은 사랑스런 아들이었습니다. 이제는 티브이에서 초등학생 집단 폭행이니 교내 폭력서클이니 하고 방송을 해도 그 전처럼 가슴이 뛰지는 않습니다. 이제 우리 주댕이도 어엿하게 다른 고등학생들과 함께 수능시험을 보러갔습니다. 그것만으로도 감사, 눈물이 날만큼 또 감사할 일입니다 요즘 우리 주댕이, 티브이를 보다가도 나를 돌아보며 뜬금없이 큰 소리로

–엄마, 사랑해

설거지를 하고 있는 내 뒤에 와서 슬며시 나를 껴 않으며

–엄마, 엄마, 우리 엄마 사랑해

하고 씨익 웃는 내 아들, 사랑하는 내 아들, 내 눈 속에 보석처럼 박힌 내 아들. 내 심장 한 가운데 집을 짓고 살고있는 내 아들 ... 나는

지금 이 글을 눈물이 앞을 가려서 더 이상 쓸 수가 없습니다 내 아들, 내 아들이 다른 보통 아이들처럼 수능을 보러갔습니다 이런 벅찬 제 마음을 누가 이해 할 수 있을까요 하나님만은 아시겠지요

오늘도... 우리 주댕이에게 파이팅, 수능시험 잘보고 오라고 파이팅, 떨리는 가슴으로 파이팅, 파이팅을 보냅니다 사랑한다 내 아들, 정말, 정말, 사랑한다 내 아들아,

2006. 11. 16.

42. 수시합격자 우리 주댕이

하나님, 감사, 감사, 또 감사드립니다 그래도 이 세상에 아름다운 말을 구사한다는 시인이라는 제가 감사라는 단어 아니고 다른 말을 더 이상 찾을 수가 없다는 것이 안타깝지만, 그래도 하나님, 아시지요, 아시지요 하나님, 제가 얼마나 가슴 깊이 하나님께 감사의 눈물을 흘리고 있는지... 우리 주댕이가, 우리 주혀니가, 오산대학 산업경제학과에 수시로 합격을 했습니다. 이제 우리 주혀니도 어엿한 대학생이 되었습니다 누가 뭐래도 우리 주혀니가 이제 대한민국의 당당한 대학생이 되었습니다

우리 주댕이가 대학생이 되었습니다
우리 주댕이가 대학생이 되었습니다
우리 주댕이가 ...
대학생이 되었습니다

작년에 우리 예빵이가 대학을 갈 때만 해도 나는, 서울대, 연대, 고대 이대, 서강대 ... 나름대로 참 많이도 교만했던 것 같습니다 그러나 지금 제게는 학교가 중요하지 않습니다 어느 학교면 어떻습니까, 우리 주댕이 때문에 이 나이 되도록 한 번도 들어보지 못한 대학도 얼마나 많다는 걸 알았습니다 그런 곳도 우리 주댕이에게는 얼마나 높은 벽이란 것도 알았습니다 나는 요즘 우리 주댕이를 부를 때 이렇게 부릅니다.

–어이, 우리집 대학생, 밥 먹어야지

—우리집 멋진 대학생 뭐 하시나

우리 주댕이, 좀 멋적어 하면서 씨익, 웃습니다 그리고 말합니다

—엄마, 미안해요 좋은 대학 못 가서 ..

—괜찮아 아들, 그게 무슨 소리야 절대 그렇지 않아, 대학교 이름 그게 뭐 그렇게 중요하니?

엄마 때는 서강대, 쳐 주지도 않았어, 근데 박 근혜님이랑 서강대 나온 사람들이 잘 나가니깐 서강대도 같이 뜨는거야, 그니깐, 네가 그 학교 나와서 훌륭하게 되면 너네 학교 너 때문에 명문대 되는거야 안 그래?

내가 말이 좀 되든지 안 되든지 떠벌리자 우리 주댕, 우리 엄마 최고, 라고 엄지 손가락 높여보입니다. 그리고. 우리 주댕이,

—엄마, 예비대학생 아르바이트 갑니다 하면서

지금 아르바이트 한다고 나가고, 텅 빈집에 나 혼자 이렇게 남아서 이 글을 쓰고 있습니다

—엄마, 아르바이트해서 월급 타면 엄마 뭐 사줄까? 잘 생각해놔요 내가 다 사줄께 1시간에 3천원씩 하는 아르바이트로 월급을 얼마나 탈는지 몰라도 우리 주댕이, 나에게 이 세상의 어떤 것도 다 사줄듯이 큰소리치면서 윙크까지하고 나갔습니다

나는 이제 이 세상에서 부러울 것없는 엄마입니다 우리 주댕이가 이 세상의 어떤 것도 다 사준다고 했으니까요 나는 이제 정말 너무 행복한 엄마입니다 우리 주댕이가 보석같이 빛나는 스무살을 이 땅의 평범한 아이들과 함께 대학생활을 하게 될 것이기 때문입니다 우리 예빵이가 고려대학을 합격하고 이화여대에 수석으로 합격할 때도 이렇게 기쁘지는 않았습니다. 내가 딸과 아들을 차별해서는 절대로 아닙니다. 우리 예빵이가 고려대와 이대를 동시에 붙어서 어느

대학을 갈까 고민할 때도 어쩌면 우리 예빵이는 그럴 자격이 있다고 그것이 당연하다고 까지 생각했습니다 그것이 얼마나 다른 엄마들에게 부러움이 될까도 생각해본 적 없었습니다 그리고 그때는 이 세상에서 가장 행복한 엄마라는 생각 해 본적 없었습니다.

하나님 ...
내 힘이 되시는 여호와여
나의 방패 되시며 ...
나의 피할 바위 되시는 내 하나님 여호와여,
이 세상의 모든 감사와
찬양과 존귀를 당신에게 드립니다.

그리고 ...
사랑합니다

나는,
이제야 비로소 이 세상에서 가장 행복한 엄마가 되었습니다.
예빵이와 주댕이, 이야기를 마칩니다.

2006. 12. 09

3부

하늘 울리는 그리움에 대하여

1. 하늘이 무너지면 이와 같을까
2. 땅이 꺼진들 이와 같을까
3. 꽃을 주고간 사람들
4. 엄마, 아빠 축구 안 보셔
5 이식편대 숙주반응(GVHD)
6 골수기증
7. 2009. 2. 17 [골수이식]
8. 백혈구 수치와 단백질
9 장로피택
10. 당신은 사랑받기 위해 태어난 하나님의 사람

하늘 울리는 그리움에 대하여

나는 내가 쓴 소설, '동행' 이나 '남편은 나를 식충이라 부른다' 를 읽을 때면 아직도 눈물이 난다 그러나, '하늘 울리는 그리움' 을 읽으면서는 지금도 어떠한 아픔도 슬픔도 느낄 수가 없다. 하늘 울리는 그리움에는 내 아픔이나, 슬픔까지는 담아낼 수는 없었던 것 같다 사람이 정말로 슬프면, 정말로 억장이 무너지면 그 감정을 글로 담아낼 수 없다는 것을 알았다

진정한 아픔은 글을 쓴다는 거, 그것조차 사치라는 걸 알게 해 주었다 무엇보다도 기억이 나지 않는다. 어쩌면 그때의 악몽들은 기억하고 싶지 않아서 나의 뇌 속에 저장되어지지 않았는지도 모른다. 그런 상황에서 그것을 들쳐내어 글로 남겨놓기에는 내기에는 견딜 수 없을 만큼 힘들었을 것이고, 일상이 내 정신이 아니였다고 생각한다. 그때의 나는, 삶과 죽음의 어느 끝 부분의 자락을 잡고 있었다. 그래서 5년이 다 되어 가는 지금에도 그때의 일들은 거의 기억나는 것이 없다. 다만, 일기 쓰듯이 몇 자, 적어놓은 것들을 짜집기 하듯 이어놓은 '하늘 울리는 그리움, 그 곳에는 내 감정이 들어가지 않은 것은 당연한 일이라고 생각한다. 그저 어떠한 아픔을, 유리창 너머로 보고 기록하듯 쓴 글이라고 생각한다. 그러나, 그 후로는 나는, 5년이 다 되어가는 지금에도 어떠한 글도 쓸 수 없었다.

여호와께서 욥의 말년에 욥에게 처음보다 더 복을 주시니 그가 양 만 사천과 낙타 육천과 소 천 겨리와 암나귀 천을 두었고 또 아들 일곱과 딸 셋을 두었으며... -욥기 42:12절 말씀

1. 하늘이 무너지면 이와 같을까

-급성 백혈병입니다 이 환자는 수술을 안 할 경우 3개월 정도 살 수 있습니다. 수술을 한다 해도 이 경우 환자가 살아날 확률은 50/50 입니다

젊은 남자 의사는 감기입니다 하듯이 대수롭지 않은 듯 그렇게 말했다, 그러나 나는 갑자기 무슨 전기에 감전이 된 듯이 아니, 머리에 어떤 쇠망치에라도 맞은 듯이 갑자기 귓속이 윙윙거리고 3개월 어쩌구 하는 소리와 함께 도대체 저 하얀 가운을 입은 젊은 남자가 무어라고 하는지 형체가 보이지 않고, 그 남자의 흰 가운과 무어라고 말하는 입만 희미하게 보였다 그래서...

-뭐... 라고 ... 하셨나요? 그게 뭔..가요

내가 간신히 물었고 그 젊은 의사는 너무도 냉담하게 말했다

-이 서류에다 사인을 하시고 ...

그리고 의사는 뭐라고 또 퉁명스럽게 말을 했는데 나는, 더 이상은 어떠한 말도 들리지는 않았다. 그래서 나는 그 의사선생님이 내민 종이를 받아들고 그냥 서 있었다

-엄마 괜찮아, 엄마 여기다 엄마 이름만 적으면 돼 했다

나는 서류를 보았다. 희미해서 아무런 글씨도 보이지 않았지만, 아마도 남편이 잘못되어도 병원측에 아무것도 묻지 않는다는 사인이었을까 싶다. 나는 딸 아이 얼굴을 올려다보면서 무조건 아니라고 고개를 흔들었다. 내가 이곳에 사인을 하면 큰일이 날 것만 같은 두

려움 때문이었다. 그리고 내가, 내가 어떻게 남편이 잘못되어도 괜찮다는 사인을 할 수가 있단 말인가, 나는 처음 보는 젊은 의사 앞에 무작정 무릎을 꿇었던 것 같다 그런 내 모습에 딸아이는 놀라면서 나를 부축을 했고, 나는 머릿속이 하얀 백지 상태가 되었다, 무슨 연속극 같은데서 보면 주인공이 죽을 병에 걸렸다고 의사한테 선고받는 그런 장면 같았다. 이건 도저히 현실에서는 일어날 수 있는 일이 아니었다. 모든 것이 납득이 안 되고 아무것도 생각이 나질 않았다 의사 선생님 입술이 또 뭐라고 움직였고, 그 말 한 마디, 한 마디가 벼락을 치는 것같았다. 세상에 이렇게 무서운 말도 있었구나 생각했다 그렇게 나는 온몸을 사시나무 떨듯이 떨면서 급한 마음에 그 의사한테 무릎으로 기어가 매달리며 말했다.

–살려 주세요 선생님, 살려 주세요 선생님, 제 남편 살려 주세요

마른하늘에 벼락을 맞으면 이와 같을까,

하늘이 갑자기 두 쪽이 난들 이와 같을까,

나는 그때 이미 자존심, 이런 건 아무것도 아니었다

남편을 살릴 수만 있다면 내 목숨이라도 내 놓을 수 있을 것 같았다. 의사 선생님들은 이런 일들이 하루에도 몇 번씩 일어나는 일이라서 그런지 누가 손톱을 깎다가 손톱에 조금 상처를 냈을 때보다 더 담담했다 그렇게 그 의사는 자신은 할 일을 다 했다는 듯이 돌아섰다. 그러자 갑자기 조용했던 응급실 안에 사람들이 웅성거리는 것 같았고, 지구가 잠시 멈추었다가 다시 돌기 시작하는 것처럼 사람들도 그제서야 걸어 다니고 있었다. 나는 그런 사람들을 넋이 나간 듯이 바라보았다.

아마 그건.. 꿈이었을거예요 내 팔과 다리가 잘려나가고, 내 몸통이가 맘대로 돌아다니며 아프다고 아프다고 소리 없는 비명을 지르고,

내 머리칼은 사방으로 흩어져 사람들이 잡아당기고 발로 밟고, 내 옷은 찢겨져 나가고 내 허벅지는 다 드러나고 꿈이었을거예요 사방이 벽으로 막혀있었어요 깜깜한 벽이었어요 손가락에 터져서 피멍이 들도록 미친듯이 출구를 찾아 헤메였지만 목이 터져라 악을 쓰고 울었지만 출구는 없었어요 바퀴벌래가 내 몸을 기어다니고 더러운 시궁창물이 내 무릎 위로 내 허리 위로 차 올랐어요

살려주세요 살려주세요 주님 어디에 계세요 제가 잘못했어요 정말, 정말, 제가 잘못했어요 용서해주세요 한번만, 한번만, 용서해주세요 내 작은 숨소리에도 응답하시고, 생각만 해도 들어주시는 우리 주님 당신이, 언제나처럼 내게 손 내미시고 그런 나를 보듬어 주시지 않으셨습니까 정녕 나를 버리십니까, 아아, 모두가 지나간 악몽, 그건 아마 지독한 꿈. 꿈이라고 말해주세요 나는 눈도 어둡고 몸통은 커다랗고 머리는 미련하고 발은 짧아서 어디든 혼자서는 갈수가 없어요 보소서 주여, 당신의 어린 양입니다 갈 길을 인도하여 주소서

2008.10월

여호와의 주의 분노로 나를 책망하지 마시오며 주의 진노로 나를 징계하지 마옵소서 여호와여 내가 수척하였사오니 내게 은혜를 베푸소서 여호와여 나의 뼈가 떨리오니 나를 고치소서, 나의 영혼도 매우 떨리나이다. 여호와여 어느 때까지니이까 여호와여 돌아와 나의 영혼을 건지시며 주의 사랑으로 나를 구원하소서[시6:1~4]

2. 땅이 꺼진들 이와 같을까

남편을 살려달라고... 살려달라고, 무조건 살려달라고 내가, 내가, 어떻게 하면 되는 거냐고 하나님께 악을 쓰듯이 울부짖었다 어떻게 이런 일들이 나한테 일어날 수 있는 것이냐고... 그렇게 울부짖으면서도 나는 도대체 나한테 무슨 일이 지금 일어나고 있는 것인지 갈피가 잡히지 않았다. 하루 종일 그렇게 미친 여자처럼 넋이 다 나가서 병원 이곳 저 곳을 다니며 병원에서 하라는 대로 수속 밟고 이리 가라면 이리가고 저리가라면 저리가고 하면서 하루를 보냈지만,

이... 모든 것이 꿈만 같고, 오늘밤 자고 나면 다시 아무 일도 없던 어제로 돌아와 있을 것만 같았다. 이건 말도 안 된다고, 이건 사실이 아닐거라고, 이건 아니라고, 얼마나 미친 듯이 소리를 지르면 울었는지 목에서 피 비린내가 났다. 나는, 울고, 울고, 또 울고 또 울었다. 길을 가면서도 울고 앉아서도 울고 서서도 울고, 밥을 먹다가도 울고, 전철 안에서 울고, 엉엉, 울었다. 그렇게 울다가 내 남편이 너무 보고 싶어서 더 크게 울었다. 나는 거의 실성한 여자처럼 얼굴은 울어서 퉁퉁, 부은채로 그렇게 엉엉 울고 다녔다 한번 소리내어 울기 시작하니까 울음을 멈출 수가 없었다. 그리고 이 천지간에 아무도 없고 남편과 오직 나만 버려진 느낌이었다. 사람들이 힐끔 거리면서 나를 쳐다보았지만, 나는 아랑곳하지 않고 소리 내서 울었다 그렇게라도 하지 않으면 가슴이 터져서 숨이 멋을 것 같았기 때문에 아니 미칠 것 같았기 때문이었다.

병실에서 만난 남편은 어느새 머리를 삭발을 한 채 나를 보며 여느 때처럼 웃었다. 그리고 말했다

–집에 갔다 오는 거야?

나는 병실에 들어서기 전에는 남편을 보면 밝게 웃으려고 했는데 어느새 머리를 삭발한 남편을 보자, 또다시 눈물이 쏟아지려고 해서 나는, 남편에게 억지로 웃으며 "잠깐만' 하고는 다시 병실을 나왔다. 가슴이 터져 나갈 듯이 아파서 숨을 쉴 수가 없었다. 그래서 가슴을 움켜지고 계단으로 나가서 소리 없이 끄억, 대며 울음을 삼켜야했다 울음소리를 내지 않으려고 얼마나 입술을 깨물면서 속 울음을 삼켰는지 나중에는 입술이 터져서 부어올랐었다.

나는 한참을 그렇게 울고는 눈을 감고 한동안 벽에 기대여 서서 안정을 찾고 그리고 거울을 보고 화장을 고쳤다. 남편한테 이런 내 모습을 보이고 싶지 않았다 그러나 아무리 화장을 고쳐도 얼굴은 엉망이었지만, 그래도 다시 웃으면서 남편에게 갔다. 그리고 말했다.

–우리 여보야는 워낙에 기본이 멋있어서 머리를 삭발해도 너무 멋있다~

했더니 남편이 내 손을 잡으면 씨익 웃었다 그리고는 오히려 나를 위로해 주었다

–나는 괜찮을 거야, 염려하지 마, 하나님이 계시잖아 그러니까 당신, 밥 굶지 말고 다녀, 아침은 먹었어? 한다.

이 세상에서 제일 멋있는 우리 남편의 모습, 성우같은 남편의 목소리 , 함께 있어도 항상 그립고, 보고 있어도 또 보고 싶은 내 남편. 여기 그대로인데 몸도 만지면 이렇게 따뜻한데 이 멀쩡한 사람이 이 세상에 나만 덩그러니 남겨놓고 갑자기 없어질 수도 있다니, 아주 못 보게 될 수도 있다니, 그러면 나는 이 사람 웃는 모습이 보고 싶어서 하루도 살 수가 없을텐데...

그럴 수는 없는거다. 그러니까 그런 일은 있어서도 안 되고 안되는 거다. 그런데도 의사라는 사람들이 책임감도 없이 말도 안 되는 소리들을 하고 있었다. 세상이 갑자기 거꾸로 돌기 시작했나? 사람들이 남편과 나만 빼고 우리를 평범한 세상에서 왕따 시키자고 자기네들끼리 한 편을 먹었나, 아니면 내가 아직도 지독한 악몽에서 헤어나지 못하고 있는 것은 아닐까,

나는 남편을 꼬옥 꼬옥 힘주어 안았다. 절대로 어떠한 일이 있어도 내가 이렇게 내 남편을 꼭 껴안고 있는한, 그 누구도, 그 무엇도 내게서 남편을 뺏어가지 못한다는 생각이 들었다. 그래서 나는 더욱 힘있게 말했다.

—여보, 사랑해, 너무너무 사랑해, 내가 당신, 얼마나 사랑하는지 당신 알지? 그러니까 당신은, 내 허락 없이는 아무데도 못가, 알았지

그냥 이렇게 살다갈 뻔했는데 그저 그냥 그렇게 살다갈 거였는데 대충 적당히 주님 믿는다면서 내 하고 싶은 대로 하면서 그렇게 살아갈 거였는데 내 속내 안 보여주면 우리 주님이 모르실 줄 알고 나 그렇게 별로 아쉬운 거 없는 것처럼 그렇게 그렇게 살아갈 뻔 했는데 어쩌면 우리 주님 나를 그처럼 사랑하시어서 그 모양 더 이상 보실 수 없어서 나 같은 죄인도 주님 발아래 엎드려지게 하셨는지 주님이 나를 얼마나 사랑하시는가를 알게 하시려고 그렇게 그렇게라도 주님 기뻐하는 자 가운데 있게 하시려고 채찍질하여 주시고 불러주셔서 주님사랑 알게 하여 주시니 너무나 감사, 또 감사 합니다
그래서 더욱더 사랑 합니다
사랑 합니다 주님

2008. 10

그래도 당신은 멋있어.

머리가 거의 다 빠졌네

병실에 걸려있는 조그만 거울을 보며 남편이 표정없이 담담하게 말했다 남편은 항암제 치료를 하기전 머리를 밀었는데도 다시 자라기 시작한 머리가 듬성듬성 빠지기 시작하더니 이제는 거의 몇가닥 남지 않았다 나는 남편의 무심한듯한 슬픈 표정을 보면서

−저 거울이 왜 병실에 있는거야 싶었다.

−머리좀 빠지면 어때, 당신은 그래도 멋있어

내가 활짝 웃으며 말했다 남편이 그런 나를 무표정하게 한 번 보았다 내가 너무 과장되게 웃었나? 싶어서 이번에 나는, 고개까지 끄떡이며 말했다

−당신은 얼굴이 멋 있어서 머리 없는데도 진짜 멋있어

남편은 아무말없이 침상으로 가서 힘없이 누웠고, 나는 또 남편에게 다가가서 진심으로 정말 진심으로 말했다

−여보, 사랑해 너무너무 사랑해, 당신도 나 사랑하지 그치? 남편은 눈을 감은 채 고개만 두어 번 끄덕여 주었다. 아마... 슬픔으로 심장이 터지는 거였으면 나는, 복받치는 슬픔에 울음을 참느라고 하루에도 몇번씩 심장이 터졌을 것이다

그래도 이젠 울지 않는다 남편은 하나님이 함께하시고 성령님께서 동행하시며 지켜주고 계심을 믿는다 남편의 혈압이 190/100까지 올라가고 체온이 39도를 넘나들때도 나는 어쩔줄을 모르고 기도했고 그때에 하나님께서 말씀을 주셨다.

두려워 하지 말라 내가 너와 함께함이라
놀라지 말라 나는 네 하나님이 됨이라
내가 너를 굳세게 하리라
참으로 너를 도와주리라
참으로 나의 의로운 손으로 너를 붙들리라 [이사야 41:10]

시간마다 순간마다 하나님이 함께 하심을 느끼고 있는 요즘 남편이 조금씩 회복되는 것을 보면서 우리 하나님께서는 절대로 하나님의 사랑하는 자를 그냥 모른체하지 않으신다는 것을 우리는 아브라함의 복을 받은 자라는것을 응답처럼 일깨워주고 계신다

오오 주님... 모든 것 주님께 맡겼습니다 주님 뜻대로 하여 주세요 새 생명 주시면 주님 위해서 살겠습니다 저보다 하나님을 더 사랑한다고 질투도 부리지 않겠습니다 중국 자주 간다고 투정 부리지도 않겠습니다 건강하게만 주님의 보혈의 피로 깨끗하게만 하여 주시면 이젠 제 남편이라고 더 이상 욕심내지 않겠습니다 이전보다 더욱 건강하게 살려만 주시면 그저 함께 있는것만으로 만족하면서 살겠습니다 진심입니다 주님.
2008. 11. 09

거울보기 싫어

화장실 한쪽에서 스물남짓 되어보이는 여자 아이가 머리를 면도기로 밀리고 있었다 아마도 그 여자 아이도 항암치료가 시작되는 모양이었다 항암치료가 시작되면 어차피 머리가 다 빠지니까 미리 삭발을 하는데 여자아이는 두 눈을 감은채 소리없이 울고 있었다

머리가 밀리는 것을 두 눈을 뜨고 볼 수가 없었을 것이다 급성 백혈병 골수암이라는 진단의 충격에서 채 벗어나기도 전에 꽃 같은 이쁜 나이에 머리까지 밀어야 하니 그 마음의 상처를 이 세상에 있는 말로 위로할 수 있을까, 면도기 한 번 밀 때마다 투두둑. 투두둑, 땅으로 힘없이 떨어지는 까만 머리칼이 창으로 들어오는 햇빛에 반사되어 눈이 부시도록 시리다.

−자, 다 밀었다 거울 한 번 봐라 어차피 머리는 금방 다시 자라니까 힘내고

이발을 한 아저씨가 다정하게 여자 아이에게 말했고 여자 아이는 두 눈을 감은 채 기어히 울음을 터트리며 말했다

−거울 보기 싫어, 거울 보기 싫어,

여자 아이의 엄마인 듯한 사람이 입술을 깨물며 다가가서 가만히 여자 아이의 머리에 모자를 씌우고 그 여자 아이를 꼬옥 안고 병실로 들어가고 있었다 그 여자 애는 눈을 감은 채 병실로 가면서 울고 그 여자 애의 엄마도 꿀꺽꿀꺽 울음을 삼키고 그것을 무심코 지나치지 못한 나도 울었다.

BMT [관계자외 출입금지]

오늘은 ...
병실의 창문 셧트가 3번 내려졌다
한번 셧트가 내려갈 때마다
BMT[관계자외 출입금지]실에서는
뼈를 깍는 듯한 울음소리가 난다

보내 수 없는 사람이 떠나고
보내고 싶지 않은 사람, 가슴이 쥐어터진 소리

그 누군가의 가슴에 너무도 소중한 사람들이
그렇게 병실 창문의 셧트가 내려갈 때마다
하나님께로 가고 있다.

3. 꽃을 주고간 사람들

워낙에 사람을 좋아하고 성격도 호방한 남편은, 병실에서도 몸이 좀 좋을 때는 병실 사람들에게 농담도하며 친하게 지냈다. 그리고 남편은 병실에 있는 환자나 보호자들중에 하나님을 믿지 않는 사람들에게 하나님의 말씀을 전했다. 그들중에는 불교도 있었고 무교도 있었지만, 바람 앞에 등불 같은 생명을 두고 내일을 기약할 수없는 상황이어서 그런지 어느 누구도 하나님의 말씀을 거부하지 않았다 그렇게 병실안의 환자나 보호자나 모두 다 하나님앞에서 순순한 어린양이 되어 있었다.

남편과 나는 인터넷으로 성경책을 방 식구 숫자대로 샀다 그리고 한 병실안의 식구들에게 각각 선물했다. 그 중에는 한 젊은 청년은 밥도 못 먹고 영양 주사로 근근이 그 힘든 항암치료와 싸우고 있었는데도 몸이 좀 괜찮은 날은 TV연속극도 같이 보고 한방 식구들에게 농담도 하고 했었다. 그리고 내가 아침 7시면 날마다 집으로 전화를 해서 딸 아이 학교 가라고 깨우는 걸 보고는 어느 날은 아침에 무슨 일로 바빠서 내가 딸아이한테 전화를 못한 날이었던 것같은데 그 청년이 뜬금없이 농담처럼

–예원이 깨워야지요

하면서 웃었다 나는 아차, 싶어서 딸아이한테 전화를 했고, 나중에 딸아이한테 그 말을 하니까, 딸아이가 깔깔 웃으면서

–엄마, 그 오빠도 얼릉 다 나았으면 좋겐네 했다

그렇게 꾸밈없이 밝고 명랑했던 그 청년은 내가 준 성경책을 받아서 가슴에 꼭 안고는 성경책이 참 이쁘다고 웃었다. 그리고 아이스크

림과 음료수를 너무 먹고 싶어 했는데 절대로 먹을 수가 없는 입장이었다. 그래서 얼른 다 낳으면 아이스크림 100개 음료수 100개 사주겠다고 얼른 낳기만 하라고 그랬었는데...
그 청년은 웃는 모습이 너무 아름답던 청년은,
그 아이스크림, 음료수 못 먹어보고 하늘나라로 갔다.

그 당시 우리 같은 방 식구끼리는 세상과 고립된 듯한 느낌으로 남같지 않은 정을 나누며 서로가 위로하고 서로에게 힘을 주며 간신히 버티고 있을 때였으므로 우리 모두가 형제이고 엄마고 아빠였다 그러니 한 방 식구의 죽음은 남의 일이 될 수가 없어 가슴을 쥐어짜며 울어야 했다. 정말 피눈물을 흘린다는 것이 무엇인지 겪어보지 않고는 함부로 말해선 안 될 것 같다. 남편에게는 중환자실로 간 그 청년이 며칠 뒤에 하늘나라로 갔다는 소식을 전할 수 없었다.

어제는 누구에게
그처럼 간절하던 생명이
오늘, 그 간절하던 것 놓아버리고 나면

남은 자들에게
슬픔이라는 꽃 대 하나,
그리움이라는 추억 하나 남기고
훌훌, 미련 없이 떠난다.

그들의 내일은
어제, 오늘. 힘든 모든 것 다 버리고
꽃대에서 떨어진 꽃잎처럼
아름다운 하늘나라에서
자유롭고 자유로우리라.

4. 엄마, 아빠 축구 안 보셔

2008년 11월 며칠이었던가, 그 날은 보호자들이 한국과 사우디 원정 월드컵 최종 예선이 있는 날이라고 말했다. 나는 워낙에 남편이 축구를 좋아하니까 잠시라도 남편이 행복할 수있겠구나 싶어서 기쁜 맘으로 남편에게 달려가서

–여보 좀 있다가 사우디하고 우리나라 축구 경기 있데 볼 거지?" 했더니 남편은 그저 눈만 꿈벅였다. 그리고 축구경기가 시작되고 병실에 있는 사람들과 보호자들이 함께 축구경기를 보았는데 누워 있던 남편도 내가 일으켜 놓으니까 축구를 보는 듯했다. 그래서 나는 잠시 볼 일을 볼려고 함께 있던 딸아이와 병실을 나왔다 그랬는데 딸 아이가 뒤 늦게 병실 문을 닫고 나오다가 슬픈 듯이 말했다 .

–엄마, 아빠 축구 안 보셔...

딸아이의 말에 놀란 나는 창문으로 병실 안쪽의 남편을 보았다. 남편은 축구경기를 안 보고 어느새 등을 돌리고 벽을 향해서 누워있었다. 티브이에서는 남편이 그렇게 좋아하던 축구가 그것도 한국과 사우디 원정 월드컵을 경기를 하고 있는데... 돌아누운 남편의 등은 참 조그맣고 외소해 보였다. 나는 그런 남편을 멍하니 보다가 눈물이 주루룩, 흘렀다. 평소에 남편은 축구를 너무 좋아해서 무슨 조그만 경기만 있어도 그것이 새벽이라 해도 시계를 맞춰놓고 혼자 일어나서 컴컴한 거실에서 혼자라도 축구를 보던 사람이었다. 대학 때도 공부보다 축구를 더 좋아했고, 군대있을 때도 축구선수로 활약하면

서 포상휴가도 무지하게 나오던 사람이었다. 그리고 동네 조기축구회에도 20년을 열성 회원으로 있으면서 50살이 다 되어 가면서도 주전선수로 온 동네 시합이라는 시합은 다 다닐 만큼 축구라면 아내보다도 더 매력을 느끼고 열정을 쏟았었다 교회 다니고 싶어도 주일날 축구 때문에 못 다닌다고 했던 그 사람, 그 모습을 보기 싫어서 내가

-50살이 다 된 남자가 벌건 츄리닝 입고 온 동네 그러고 쏘 다니고 싶냐, 하고 바가지를 긁어도 마누라야 그러든지 말든지 오직 축구를 향한 일편단심이던 그런사람이 평범한 시합도 아니고 한국과 사우디 원정 월드컵 경기를 안 보고 돌아누워 있다니... 어느 날은 재미있는 연속극 할 시간에 축구 본다고 리모콘 꼭 쥐고 안 주는 남편이 얄미워서

-그래, 아주 축구하고 살아라. 살아 하기도 했었는데

축구에 관한 남편과의 기억은 너무 많다. 나는 새삼 그때가 너무 그립고, 가슴이 미어지는 듯해서 한 참을 그렇게 서서 등을 지고 돌아누운 남편을 바라보면서 나는 또 울고 있었다. 그리고 결심했다 이제 다시 남편이 예전처럼 건강해지기만 한다면, 내가 아무리 좋아하는 연속극 시간에 남편이 축구를 본다 해도 나는 두 말 없이 리모콘을 통채로 남편에게 주겠다 다짐했다.

그날, 학교를 휴학하고 회계사 시험 준비를 하던 딸 아이를 학원에 보내고 백화점으로 갔다. 생각해보니까 나는 이제까지 그렇게도 축구를 좋아하고 거의 집에서는 츄리닝만 입고 사는 남편에게 그 흔한 메이커 츄리닝, 메이커 운동화, 한번 사 준 적이 없었던 것 같았다 나는 남편이 츄리닝 입고 다니는 걸 별로 좋아하지 않았던 것 같다. 그랬지만, 이제 곧 1차 항암치료가 끝나면 일시적으로 퇴원을 해서 집에 있어야 하는 남편을 위해 처음으로 메이커 츄리닝과 메이커 운동화를

사주고 싶었다. 그래서 좀 비싸다 싶어도 큰 맘 먹고 츄리닝과 신발을 샀다. 그리고 새로산 츄리닝을 안고 기도를 하기 위해 교회로 갔었다. 나중에 목사님께서 남편에게 그런 말씀을 하셨다고 한다.

−김 혜숙 권사가 교회를 왔는데 남편 퇴원하면 준다고 츄리닝과 운동화를 사서 안고 왔더라고, 하지만, 목사님 생각에는 김창수 집사가 저 츄리닝과 운동화를 다시 신을 수 있을까 싶어 마음이 너무 아팠었다고 ...

그땐 그랬다.

어느 누구도 내일 일을 기약 할 수 없었으니까. 어제까지 같은 병실에서 웃으면서 이야기 하던 환자가 저녁에 갑자기 열이 올라서 중환자실로 옮겨지고 몇일 후 하나님한테로 갔다는 소식을 듣는 것은 예사로운 일 이었다 그 병동에서는 사람이 살고 죽는 일이 정말 아무것도 아니었다. 그러나 내 생각은 달랐다. 남편은 분명히 살아날 것이다. 내가 보내지 않는 한, 남편은 절대로 나를 두고는 아무데도 못 간다는 확신이 있었기 때문이다.

−여보, 오늘이 우리 결혼기념일이야 벌써 23주년인가? 우리 내년 결혼기념일엔 어디로 여행갈까.

−글쎄... 어디갈까 남해안으로 갈까?

−아니, 우리 제주도로 가자 신혼여행때 갔던 곳 다시 가서 보자

−그래... 그러지

−아니야 여보, 제주도 안가도 좋아 그 대신 앞으로 30년 간은 결혼기념일 날 나하고 함께 있어줘야 돼 알았지?

−그래... 알았어. 정말 미안해 여보 오늘 결혼기념일인데 ...

−괜찮아 괜찮아 여보, 앞으로 30년은 우리둘이서 더 결혼기념일 더 있을건데 이런 결혼기념일 한 번쯤 있는 것도 나중에 늙어서 이

야기할 거 생겨서 좋잖아

하나님. 하나님 들으셨지요? 앞으로 30년이예요 앞으로 30년 동안은 결혼기념일 우리 김창수 집사님과 제가 함께 보내야되요 하나님이 건강의 축복 주시는대로, 모든 영광 하나님께 영광 돌리면서요 얼굴에 주름이 지면 서로 거울이 되어 주고 가려우면 서로 등 긁어 주고, 약수터에 갈 때 다리에 힘풀리면 서로 손잡아 주고 저녁에 잠이 안오면 서로 성경책 읽어주면서 손자 손녀들 재롱 보면서 그렇게... 그렇게 내 남편하고 둘이 살 거예요 그렇게 둘이 늙어갈 거예요 아무런 욕심없이... 하나님께만 사랑받으며 하나님께 받은 사랑 베풀며 그렇게... 그렇게 아름답게 우리 둘이 함께 늙어 갈거예요

2008. 11. 8일
여의도 성모병원 조혈모세포이식 무균실 병동에서 ...

너무 늦은 후회가 아니기를...

아무것도 없었는데 내겐 그 사람 밖에 없는데 그 사람이 언제나 나를 지켜줄 거라고 믿었는데 그 사람이 나를 떠날 지도 모른다고 사람은 사람을 이렇게 어느 날 갑자기 떠날 수도 있다는 거 아무리 사랑해도 어느 날 훌쩍 가버릴 수 있다는 거 너무 늦게 알게된 것은 아니길 바랬습니다 너무 늦은 후회가 아니길 바랬습니다

주님
이제는 그 사람보다 당신을 더 사랑하겠습니다
그러니까 그 사람 살려만 주세요
살려만 주신다면 그 사람은 당신이 가지세요
저도 당신 것 되겠습니다

저도 이제 조금만 사랑하겠습니다
사람을 사랑한다는 것이 얼마나 부질없는 일 인가를 알았습니다
주님 당신만을 더욱더 사랑합니다.

제 남편 살려주세요
살려만 주세요
살려만 주세요

5. 이식편대 숙주반응(GVHD)

어느 날 밤인가 기억은 잘 안 나지만, 남편이 앉아서 성경책을 보다가 갑자기 곁에 있는 나를 쳐다보는 듯하다가 괴로운듯한 표정을 지었다. 나는, 너무 놀라서 벌떡 일어나며 남편에게

−여보, 왜 그래 어디 아파, 했고, 남편은 그냥 맥없이 눈을 하얗게 뜨더니 뒤로 쓰러졌었다 나는 너무나 놀라서 '여기요, 여기 여기 좀 보세요' 하고 남편을 붙들고 미친 사람처럼 울부짖으며 간호원을 불렀다 저녁 식사 후, 병실에서 연속극을 보고있던 보호자나 환자들도 다들 놀라며 일어나고 간호원이 달려오고, 느닷없는 상황에 아무것도 할 수 없는 나는, 그 자리에 주저앉아 정신없이 울면서 소리쳤다

−하나님, 하나님 어디계세요, 빨리요 빨리, 지금 우리 남편 이상해요 하나님 살려 주세요"

−여보. 내 목숨보다 소중한 여보야. 목숨같은 당신이 병실에서 고통스러워하며 잠못들 때 그 옆에서 지켜보는 나는 당신 눈치 챌까봐 피 울음 삼키면서 당신 팔엔 주사 바늘 꽂을 데가 없을 정도로 멍이 들었지만,

−내 가슴은 내 가슴은 여보, 다 타버려서... 시커멓게 다 타버려서 ... 맘대로 울지도, 울지도, 못했어. 그러니까, 그러니까 여보, 이러면 안돼, 안 되는거야, 여보, 정신차려, 제발 정신차려 그렇게 어느날 갑자기 쓰러져서 중환자실로 옮겨서 며칠을 못 넘기고 하나님한테 가는 환자들을 수없이 봐온 나는, 무서워서 너무나 무서워서 미친 듯이 남편을 붙들고 울었다.

다행히 남편은 그 다음날 의식이 돌아왔고 의사선생님이 숙주반응의 일종이라고 괜찮다고 하시면서 환자곁을 떠나지말고 지켜보라고 하셨다. 환자곁을 떠나다니요, 나는 죽어도 떠나지 않습니다. 나는 죽어도 같이 죽고, 살아도 같이 살 거예요 하나님 아시지요, 이 사람, 데려가시려면 저도 데려가셔야 되요

남편은 의식이 돌아와서 나를 보고 웃었다. 남편은 몸은 말라서 뼈만 앙상한데 얼굴은 전에보다 두 배는 커져서 그 멋있던 모습이 온데간데 없다 그래도, 그래도 여보 나는 괜찮아, 당신 살아나기만 하면되. 당신이 어떤 모습이건 나는 상관없어 당신이면 나는 되는거야, 그리고 여보 힘들어도 조금만, 조금만 참아, 주님이 함께 하시잖아, 당신때문이 아니야, 나때문이라고 생각해, 나는 당신없으면 못살아 그러니까 나때문이라도 당신은 살아야되는거야, 알았지 여보, 나는 남편이 듣든지 못 듣던지 상관없이 남편 귀에다 말했다. 그렇게 나는 그 한밤을 안절부절 못하며 한숨 못자고 의식이 없는 남편 옆에서 살려만 주시면 우리하나님이 우리남편 살려만 주시면 그 어떤 약속이라도 하겠다고 다짐했었다. 지금 생각해보면 하루에도 몇 번씩 천국과 지옥사이를 오가던 병실 생활이었다 그래도 그 안에서 하나님과 동행하는 기쁨이 없었다면 아마 오늘이 있을 수 없다고 생각한다.

그런 일이 있은 후, 다음 날인가 남편을 위해 기도를 하는데 환상처럼 남편이 병실 침대에 앉아서 성경책을 읽고 있는 바로 옆에 예수님께서 한 팔로 남편의 어깨를 두르시고 고개를 조금 숙이신 채 남편을 감싸 앉는 듯한 모습으로 계셨다. 그 모습이 선명하게 느껴졌다. 그 순간 나는 이것이 환상인가, 꿈인가 싶었지만, 마음이 너무나 편해지면서 하나님께 감사 또 감사의 기도를 드렸다. 그 이후에도 내가 기도할 때마다 주님께서는 남편이 누워있는 곳에 서 계셨

고, 늘 인자하신 모습으로 한 손은 남편이 누워있는 침상을 잡으시고 또 한 손은 남편의 가슴을 쓰다듬으시는 그런 모습을 보여주셨다 신기한 일이 아닐 수 없었다. 아마도 내가 너무 두려워하니까 하나님이 내게 염려 말라고 그런 모습을 보여주신 것 같았다

다른 사람들은
나의 건강함을, 아름다움만을 사랑해주지만,
당신은, 내가 늙고 병들어
볼품없어져도 변함없이 사랑해 줄 거지요?

다른 사람들은
나의 웃음만을, 나의 자랑만을 사랑 하지만은
당신은,
나의 눈물도 부끄러움까지도 감싸주며 사랑해 줄 거지요?

세월이 더 많이 흘러서
지난 날 내가 얼마나 아름다웠었는지
아무도 기억하지 못해도

당신은,
당신만은 언제까지나
젊은 날 그 아름답던 날의 나를 기억해 줄 거지요?

다른 사람들
하나 둘 내곁을 떠나도
당신은, 언제까지나 내 손 꼭 잡고 함께 가 줄 거지요?

–김혜숙(수인)의 시 <당신은,> 전문

6. 골수기증

백혈병환자나 보호자들이 병원에서 항암치료를 받으면서 무엇보다도 중요한 것은 환자와 골수가 100% 맞는 골수 기증자를 찾아내는 일이었다. 한국에서 골수가 맞는 기증자를 찾다가 없으면 찾아낼 때 까지 미국이든 중국이든 필리핀이든 전 세계에 다 알아 보아야 했다. 한국이 아닌 외국에서 기증자를 찾아냈을 경우에는 모든 절차비용이 한국 돈으로 5천만 원 정도가 든다. 이렇듯 어마어마한 비용도 문제이지만 기간도 문제였다 그것을 기다리면서 계속해서 항암치료를 1차, 2차 3차, 하다보면 환자가 지쳐서 견뎌낼 수가 없었다. 그리고 1차 항암이 끝나고도 관해가 되어야 2차를 할 수 있고 2차가 끝나고 골수이식 제공자가 있다 해도 환자가 관해가 되지 않으면 수술을 할 수가 없는 것이었다

[※관해 :혈소판과 혈색소가 정상으로 회복되고, 골수검사 세포 충실도 정상 소견과 백혈병세포 비율이 5%미만 일 때 세 가지 조건을 충족하는 경우를 관해라고 한다]

남편의 바로 위의 형, 작은 아주버님이 남편과 골수가 맞는지 검사를 했었다. 부모 자식은 100%확률은 전혀 없고 50%라고 하는데 형제간의 조직적합성항원[HLA]이 100% 맞을 경우는 25%정도 된다고 한다. 그렇게 골수검사를 하고 기다리는 2주간은 거의 살얼음 위를 걷는 나날이었는데 아주버님의 골수는 남편과 맞지 않았다. 그런데 이상하게 나는 처음부터 작은 아주버님이 남편과 골수가 맞지 않

을 것 같다는 생각을 하고 있었지만, 그 생각이 틀리기를 간절히 바라고 있었다. 그래서 그런지 나는 아주버님과 남편이 골수가 맞지 않는다고 해서 그렇게 놀라거나 절망하지는 않았다. 그래서 또다시 나는 골수기증자 신청을 하고 간절히 기도하면서 기다렸고, 그러던 중에 27살이라는 골수 기증자 청년이 O형인데 골수가 어느 정도 맞을 것 같다고 해서 또다시 조직적합성항원[HLA]이 맞는지 검사를 하려고 기다리는데 청년이 아무리 기다려도 연락이 되질 않았다. 그렇게 또 몇일을 피가 마르는 심정으로 그 청년을 기다렸지만, 그 청년은 골수기증하기로 했다가 마음이 변했는지 끝까지 연락이 안 되었다. 나는 하나님께 또다시 미친 듯이 기도했다.

-제발, 제발 골수가 100%맞는 기증자를 찾게 해 달라고 ...

만약에 내가 대통령이라면, 군대에 있는 모든 건강한 젊은 청년들에게 골수를 의무적으로 기증하라고 해서 골수 맞는 기증자가 없어서 기증자를 기다리다가 죽어가는 사람들은 없게 할 것 같았다. 그리고 이 세상에 한번 태어나서 사람을 살리는 골수를 기증하는 일이 얼마나 위대한 일이라는 것을 홍보하고 또 홍보한 다면 이토록 간절히 골수 맞는 기증자를 원하는 이처럼 많은 환자나 보호자에게 절실한 희망이 될 텐데 하는 생각을 해보았다. 어떤 상황이든 자기가 그 상황에 처해보지 않으면 절대로 이해할 수 없는 그런 일들, 그 만큼 나는 절실하고 절실했던 것이었다. 그래서 나도 아들이 군대 제대하고 나면 골수기증을 하라고 할 생각이다. 받았으니 돌려줘야한다는 생각 보다는 건강한 몸 한번 태어나서 한 생명을 살리는 위대한 일에 조금이라도 보탬이 된다면 한번 왔다가는 이 세상 하나님을 믿는 자녀로서 해볼만한 가치있는 일이라고 생각했다.

그렇게 기도하고 또 기도하는 중에 하나님께서 23살 된 청년, 혈액

형도 남편과 같은 A형인 청년을 보내주셨다 청년은 조직적합성항원[HLA]검사결과 100% 맞는 골수를 가졌다고 했다, 만약에 맞지 않는다면 2명이고 3명이고 외국인이고 할 것없이 기증자를 대상으로 검사를 해야 할 것이고 한 사람 검사만 하는데도 1천만 원정도가 든다. 그런데 하나님은 우리의 형편과 처지를 아시고 딱 2명 째 검사했는데 조직적합성항원[HLA]이 100% 맞게 해주셨다. 모든 것을 이미 아시는 하나님께서 그런 청년을 선별하셔서 보내 주셨기 때문이라고 생각했다. 그 청년과 조직적합성항원[HLA]가 100%맞는다는 통보를 받고 나는 이제 남편은 살았다고 생각하고, 기쁨의 눈물로 하나님께 기도했다 그리고 그 청년 마음 골수 이식 날까지 변하지 않게 하나님이 붙들어 주시라고 간절히, 간절히 기도했다. 골수를 기증하는 날까지 한 달여 동안이 남아있기 때문에 그 동안에 그 청년이 마음이 변한다든지 그 청년에게 무슨 일이라도 일어나기라도 한다면 우리는 그 청년에 대해서는 아는 것이 아무것도 없기 때문에 그냥 기도 하면서 기다릴 수 밖에는 없는 실정이었기 때문이다. 그러나 청년은 고맙게도 마음 변하지 않고 약속 날짜에 나타나 주었고 더구나 첫날에 넣은 수혈이 부족하다 했더니 2일에 걸쳐서 골수를 우리 남편에게 나눠주는 수혈을 해 주었다. 첫날 넣은 수혈이 부족하다고 둘째 날까지 와서 수혈을 해준 예는 정말 드물다고 의사선생님이 말했다. 이 모든 기적 같은 것들은 하나님이 하시는 일이기 때문에 가능하다고 믿는다. 지금까지도 나는 기도할 때 그 청년을 빠트리지 않고 기도하고 있다 그 청년 얼굴도 모르고 이름도 모르지만, 우리 하나님은 아시니까 하나님께서 그 청년의 앞길을 열어 주시고 무엇보다도 주님 안에서 건강하게 축복받는 삶을 살게 해 달라고 ...

남편이 치료를 받는 모든 과정 하나, 하나를 통해서 정말 하나님께서 남편과 나를 얼마나 사랑하시는가를 보여주셨고 그것을 확정하시기 위해 이런 시련을 주셨다는 것을 더욱 더 뼈저리게 깨닫게 되었다.

[아내]
가끔은
남편이 나 때문에 이 세상에서 가장 행복한 남자라고
느끼게 하고 싶다.

가끔은
남편이 나를 위해 꽃집을 서성거리며
내가 좋아하는 꽃이 무엇이었던가 고민하게 하고 싶다.

가끔은...
아주 가끔씩은
아직도 남편이 나 때문에 가슴 설레어 주었으면 좋겠다.

나는, 남편에게
지혜의 여신인 아테나이며,
미의 여신인 아프로디테 이고 싶다.

여호와여, 내 구원의 하나님이여 내가 주야로 부르짖었사오니 나의 기도가 주 앞에 이르게 하시며 나의 부르짖음에 주의 귀를 기울여 주소서 [시 88:1~2]

7. 2009. 2. 17 [골수이식]

2009, 2월 17일 이식을 하고, 그 후 한 달 뒤인 3월 중순경에 남편은 가슴에 길 다란 호수 줄을 단 채로 퇴원을 했다. 그 당시 남편은 퇴원을 했다 해도 일주일에 한 번씩 병원에 가서 피검사를 해야하기 때문 이었다. 그리고 만약에 수혈을 해야 할 일이 있는 그런 상황이 발생할 수도 있는 그런 때여서 만약을 대비하기 위해 보통은 퇴원 후 1년까지는 가슴에 호수를 단채 생활을 해야 한다고 했다. 그러나 남편은 퇴원 후 몇 개월은 정말 거짓말처럼 모든 몸의 상태가 정상인 듯 했다 그래서 나는 오히려 불안했다 만성 골수성 백혈병이 이식 후 완치가 되는 과정에서 이식편대숙주반응(GVHD) 없이도 얼마든지 완치가 되기도 하나 그런 경우 재발되는 사례도 종종 있을 수 있다고 해서이다 전반적으로 GVHD가 있으면 GVHD가 없는 사람보다는 재발의 확률이 낮은 것이라고 알고 있었기 때문 이었다. 그러나 약 3개월쯤 지나자, 남편은 온 몸이 두드러기처럼 일어나는 숙주가 시작되었다. 온몸이 가렵고 긁지 않아도 벌겋게 달아오르고 얼굴만 빼고는 팔, 다리 배, 등, 어느 곳 할 것 없이 두드러기처럼 툭툭, 불거져 남편은 가렵기도 하고 아프기도 하고 해서 거의 잠을 이루지 못하는 날이 많아졌다. 나는, 남편은 괴로워하는데 오히려 하나님께 감사를 했다.

-하나님 남편에게도 숙주 반응이 나타나게 해주셔서 감사합니다 모든 것을 이미 아시는 우리주님께서 견딜 수 있을 만큼만 숙주가 나타나게 하여 주십시요 라고...

그러나 그 숙주라는 것이, 당하는 당사자에게는 당할 수 있을 만큼이라는 고통은 없었다. 그렇게 몇 달이 더 지나자 벌겋게 부었던 살갗이 이제는 벗겨지기 시작하면서 벗겨진 부분은 까맣게 변해갔다. 남편은 부었던 살이 벗겨지면서 말 할 수 없는 고통을 겪었다 그리고 하루가 다르게 온몸이 얼룩얼룩하게 번져가고 얼굴까지 눈 밑에서부터 검게 변해서 목으로 볼로 그렇게 온 몸이 거뭇거뭇 해 지고 있었다. 그러다가 몸이 부어오르고 벗겨지는 증상은 다소 가라 앉는 듯 하더니 그 대신에 입안이 온통 헐어서 남편은 음식을 제대로 먹을 수가 없게 되었다 뜨겁거나 차가운 것 매운 것, 그 어떤 것도 입안에 넣기가 고통스러웠다. 남편은 식사 때마다 고통스러워했고,그런데다가 입안에 오감이라는 것이 있는데 그 어느 것 하나 기능을 발휘하지 못해서 아무런 음식의 맛을 느끼지 못하는 거였다 나는 남편이 그렇게 고통스러워하는 것을 옆에서 지켜보면서 차라리 내가 아픈 것이 낫겠다는 심정으로 남편과 같이 울고 같이 아파했다.

숙주반응은 한 가지가 끝나는가 싶으면 다른 것이 찾아왔다. 입안이 헐어서 음식 삼키기도 곤란한데 이제는 억지로 음식을 조금 삼키기만 해도 토해내기 시작했다. 간신히 죽 한술 입에 넣고 토해내고, 어쩌다 조금 음식을 맛있게 먹나 싶으면 그 밤에 남편은 화장실에서 그 모든 것을 고통스럽게 토해 내어야 했다.

-여보, 조금만, 조금만 더 참자, 제발 여보 힘내, 지금까지도 잘 해왔잖아 우리한테는 하나님이 계시잖아

그런 남편을 껴않고 울면서 기도하고 위로했다. 그리고 일주일에 한 번씩 병원에 가서 피검사를 할 때마다 마치 죄수가 판결을 기다리는 심정으로 절실히 기도했다.

-하나님, 오늘도 온 몸의 모든 수치와 백혈구 수치가 정상적이라

는 소리를 듣게 해 주세요

그렇게 남편은 일주일에 한 번씩 가던 병원을 2주일에 한번 씩 가게 되고, 그리고 점차적으로 한 달에 한번 씩 가게 되었다. 그러나 남편은 숙주 때문에 눈 밑도 펜더처럼 검고 얼굴 여기저기가 거뭇거뭇한데다가 얼굴이 심하게 부어서 엄청 커졌다 거기다가 머리는 다 빠져서 하나도 없어서 모자를 항상 쓰고 있어야 했다. 그러다보니 남편과 길을 걸어가거나 식당을 들어가거나 하면 사람들이 남편을 한번 힐끔 보고, 나를 힐끔, 보며 어떤 사람은 우리를 무슨 전염병 환자라도 되는 줄 아는지 슬금슬금 피하기도 했다. 그리곤 자기네들끼리 뭐라고 수군거렸다.

–저 남자, 얼굴이 왜 저러냐고? 이상하다고? 어디 병이 있는 거 아니냐고 ? ...

나는 그런 사람들에게 보란 듯이 남편을 향해 활짝 웃으며 말했다.

–여보 사랑해~ 정말 사랑해, 내가 자기 얼마나 사랑하는지 알지? 하나님 다음으로 이따~~만큼 사랑해 "내가 두 손까지 크게 벌리면서 큰소리로 말하니까, 남편은 부어서 큰 얼굴을 끄덕이면서 조금 웃어 보인다.

그러나 나는 안다. 지금은 남편이 저렇게 사람들이 힐끔거리면서 수근 거릴 정도로 모습이 이상해도 이제 이 모든 시련과정이 지나고 나면 하나님께서 남편을 전보다 더 멋있는 모습으로 바꿔주실 것이라는 것을. 그러나 나는 사실 그런 건 별로 상관없었다. 남이 뭐 라고 하든 잘 생겼어도 내 남편이고, 머리카락이 없어서 모자를 쓰고 얼굴이 하마 같아도 내 남편이니까. 내가 내 남편을 사랑하는데 외모가 무슨 상관인가, 사람이 그 속이 중요한 것이지 사람의 겉모습이나 외형은 살면서 얼마든지 변할 수도 있을테니까, 아파도 내 남편,

건강해도 내 남편, 하나님이 일생에 한번 정해주신 이 세상에서의 영원한 내 반쪽이니까. 남편이 부족한 것이 있으면 내 것 나눠주고, 내가 부족한 것이 있으면 남편이 나눠줄테니까 그렇게 살면 되는 거니까 우리는 어차피 한 몸이니까, 나는 남편이 건강하기만 하면 된다고 생각했다 그래서 마음속으로 이렇게 외쳤다 너희 세상 사람들아, 다 봐라 내 남편은 하나님이 함께 하시는 사람이고 그 사람을 내가, 내가 내 목숨보다 더 사랑한다 라고 ...

당신에게 나는
사철 푸른 나무이고 싶습니다.
봄에는 푸른잎을 피워 향기로운 나무
여름엔 그늘이 되어 휴식을 주는 나무
가을이 되면
당신을 향해 노래하는
새들의 집을 품는 나무가 되겠습니다.
겨울이 되어
가지 앙상하게 남아 하나둘 떠나 갈 때
나는 푸른잎 보다 더 풍성하고 깊은 뿌리를
당신에게 내리겠습니다.
그리고 당신,
내 안에 숨고, 나 당신에게 숨은
깊은 뿌리만으로도 더욱 향기로운
사철 푸른
한 그루 나무이고 싶습니다.

8. 백혈구 수치와 단백질

백혈구 수치가 정상인은 5,000~10,000사이라고 한다. 보통 이식 환자들은 백혈구 수치가 25,00~ 3,000사이라고 백혈구 수치가 안 올라가서 면역역이 떨어져서 걱정들을 하고 있었다. 그런데 우리남편은 항상 피 검사를 할 때마다 오히려 백혈구 수치가 10,000을 넘게 13,000 12,000 이렇게 나오는 것이었다.

나는 늘 그것이 불안해서 담당 교수님에게 왜 백혈구 수치가 높은 것이냐고 물었다. 그랬더니 교수님이 정상인도 열이 놓거나 하면 백혈구 수치가 일시적으로 5만까지도 올라 갈 수는 있다고 했다. 아마 몸 어딘가에 염증이 있으면 그럴 수 있다고. 그래도 나는 차라리 백혈구 수치가 낮은 이식환자들이 부러웠다 그래도 이 모든 것이 하나님이 하시는 일이라고 생각하니 기도 외에는 다른 방법이 없었다. 그렇게 하나님께서의 치밀한 계획 속에 남편을 한 치의 오차도 없이 치료해 주실 것을 믿었다.

남편은 단백질이 항상 부족했다. 그래서 1년 이상을 아침마다 밤새 불린 검은콩을 삼아서 검은깨와 함께 우유에 붓고 믹서에 갈아서 식전에 먹게 하고, 식사 때마다 단백질이 많다는 닭 가슴살을 각종야채와 다져서 주었었다. 그리고 인터넷을 뒤져서 이식후 환자 회복기 환자에게 좋다는 음식은 다 복사해놓고 없는 솜씨지만 최선을 다해서 요리 해왔다. 그래서인지 남편은 입맛이 좀 좋아져서 몸도 살찌는 것을 염려할 정도가 되었지만, 그래도 단백질은 어디로 다 소모가 되는지 병원에서 검사를 하면 여전히 단백질이 부족하다고 했다. 그래서인지 남편은 다리가 퉁퉁 부어 있었고, 손으로 부은데를 누르면 쑥 들어가고 쉽게 나오지 않았다. 백혈병 환자에게 단백질이 부족하다는 이야기는 들었기에 언제나 나는, 남편에게는 말 못하는 걱정이 되었다. 단백질을 아무리 섭취해도 부족한 것도 숙주 때문인가 싶었기 때문이다.

그러나 그렇게 또 6개월쯤 지나자 하나님께서 도와주셔서 다리 부은것이 어느새 가라 앉는것 같더니 병원에서 다행히도 단백질 부족하다는 소리를 하지 않았다. 그러나 그 대신 남편은 봄부터 조금씩 심해지던 안구건조증이 여름이 지나면서 더욱 심해져서 몹시 힘들어했다. 안구건조증 이라는 것이 당사자가 아니면 그 고통을 모른다고 했다 남편은 그렇게 안구 건조증으로 시달리고 있다. 그리고 이식 후 6개월에 한 번씩 남편은 골수검사를 했다. 그러나 골수검사를 할 때마다 백만원 가까이 드는 비용도 비용이지만, 그것보다도 혹시라도 골수검사결과가 안 좋으면 어쩌나싶은 마음 졸임은 하나님만 아신다. 그러나 그 마음 졸임도 기도하라는 뜻으로 알고 하나님께 기도하면 하나님께서 어느새 평안한 마음으로 바꿔주시고 언제나 좋은 결과를 말씀해 주셨다.

그렇게 또 1년이 지날 즈음 병원에서는 남편의 가슴에 꽂은 호스를 제거했다 그것만으로도 나는 너무 기뻤다. 남편은 괜찮다고 어떠냐고 했지만, 로봇처럼 가슴에 호스를 꽂고 일상생활을 하면서 남편도 불편 했을 테고, 일주일에 한 번씩 그것을 소독해주면서 내 마음도 그 동안 참 아프고 힘들었던 것 같다.

내가 몸이 아플 때면 가장 염려되는 것은
바로 당신입니다
표현은 하지 않아도 당신이 내가 없는 세상을
살아 갈 수 없을 것 같아서
당신 곁에 좀 더 오래 머물길 원 합니다

당신은 어린 아이와 같아서
내가 곁에 없으면 끼니를 거르는 건 예사이고
와이셔츠 남방도 바지 밖으로 늘 비쭉이 나옵니다

남들 보기에는 빈틈없는 당신은
한꺼번에 두어 가지 일을 할 때는 언제나 정신없어 하고
복잡한 일은 내게 미리 이야기를 해 놓아야
마음을 놓는 것 같습니다.

남들 보기엔 언젠 건강해 보이는 당신은
내 작은 어깨가 있어야 피곤하다고 투정하며
쉴 수 있습니다

당신은 외출할 때 나를 데리고 다니길 좋아합니다
그리고 다른 이들이 당신에게 나로 인해
"당신은 수지맞은 사람" 이라고 해주면 당신은
내가 좋아하는 멋진 웃음을 크게 웃으며 좋아합니다

그래서 나는 당신 곁에 좀더 머물러
이 세상에서 오직 당신이 얼마나 행복한 사람인가를
느끼게 해주고 싶습니다

당신을 내가 얼마나 사랑하고 있는지 앵무새처럼

오늘도 내일도 당신 귀에 속삭이며
당신만이 내게 얼마나 소중한 사람인지
농부가 씨앗을 뿌리는 심정으로
오늘도 내일도 당신 가슴에 심어 주겠습니다

내가 이 세상사는 동안 당신 곁에만 있다가
당신이 나를 필요로 하면 언제든지 다가가서
당신의 힘든 어깨를 안아 주고 주름져가는
당신의 이마에 백만 번의 키스를 해 주고 싶습니다

그리고 말 하겠습니다
당신, 나보다 더 소중한 사람,
당신이 먼저 나를 사랑했지만
나는 나중까지 당신을 사랑 합니다
오직 당신 때문에 나 항상 행복 합니다
-김혜숙(수인) 시 <당신에게 보내는 연서>전문

□찬양하게 하소서

천개의 혀가 있다 해도 그 입 다 모아 주님을 찬양하게 하소서
하나밖에 없는 입술로도 주님을 찬양하게 하소서
하나님의 숨결이 머무는 찬양, 하나님의 생기가 흐르는 찬양

오오 내 주님
오오 내 주님 찬양, 찬양하게 하소서
오늘도 찬양, 내일도 찬양
곤고할 때나 평안 할 때도

이 한 몸살아 숨 쉬는 동안 주님을 찬양하게 하소서

잠시잠깐 다녀가는 이 세상 하나님과 동행하는 영원한 기쁨 누리며
오직 내 주님
오직 내 주님 찬양, 찬양하게 하소서
하늘 울리는 찬양으로 천국 가는 비밀의문 열게 하여 주소서

9. 장로 피택

안수집사였던 남편은 재작년 2008년 12월에 2차 항암치료를 받고 다음해 2월 17일 골수이식 날짜를 받아논 상태에서 장로님이 되었고, 나는 권사가 되었다. 그 당시는 의사 말로는 50/50 이라고 남편이 살아난다는 보장도 없는 그런 시기였고, 무사히 이식을 성공한다 해도 이식 후 3개월 간이 고비라고 했던 그 시기에 모든 성도님들이 믿음으로 기도 해 주시고 당연히 남편이 다시 건강하게 살아나서 하나님 일을 할 것이라고 믿고 한 표, 한 표 기도하는 마음으로 찍어주신 것 이었다.

나는, 그것이 너무나 감사하고 눈물이 났다. 사실 남편이 아프기 전에는 당연히 남편이 장로가 될 것이라고 믿었었다. 그 만큼 그 당시 남편은 교회 안에서는 인터넷이나 교회 방송, 기타 사소한 교회 문짝 하나 못질 하는 것 까지 교회에서 일어나는 모든 일에 관심을 가지고 열정을 보일 때였고, 성도님들도 그런 남편을 많이 사랑해 주고 있었기 때문 이었다. 그러나 지금에 남편은 아니였다. 살아있다고는 하지만 그 목숨도 언제 어떻게 될지 모르는 상황이었고, 그리고 살아난다 해도 예전처럼 하나님의 일을 할 수 있을지는 하나님만 아시는 그런 상태였기 때문에 장로를 뽑는 일에 있어서는 교회의 일꾼을 뽑는 일이기에 냉정하게 생각하면 남편은 아닐 수도 있었기 때문이었다 그래서 혹시라도 장로가 안 되면 남편이 상처를 받지나 않을까 해서 그것이 더 걱정이 되었었다. 그래서 나는 남편의 손을 꼭 잡고 말 했었다.

-여보, 장로가되고 안되고 그건 아무것도 아니야, 절대로 중요한 일이 아니야, 그것보다 더 중요한 것은 하나님을 얼마나 사랑하느냐, 얼마만큼 하나님이 귀히 쓰시는 일꾼이 되는냐, 그게 중요한 거지, 교회에서는 사람들이 말하는 직함 같은 건 절대로 중요한 게 아니야 그치 여보

내가 말하자 남편도 말없이 웃으며 그렇다고 고개를 끄덕였다. 우리는 그때 그렇게 마음을 모두 비운 상태로 손님처럼 교회 뒷 쪽에서 있었다. 그 다음날 병원에 입원을 해서 다시 골수 이식을 위한 항암치료를 시작해야 했고, 항암치료라는 것이 삶과 죽음을 넘나드는 그런 사투였기 때문에 나에게는 그것이 더 중요했다. 그러나, 성도님들은 거의 만장일치로 남편을 장로로 뽑아 주었고, 2명의 장로를 뽑는 자리에서 남편만 장로로 피택이 되었다. 나는 또 한 번 남몰래 울음을 삼키며 남편의 손을 잡고 남편이 살아날 것이라고 믿어주시고 그렇게 기도해주시고 남편을 장로로 뽑아주신 성도님들께 감사했다.

내가 주일날 성가대에 서서 찬양을 하는 것만 봐도 마음이 아파서 눈물이 나온다고 하시던 권사님. 그리고 새벽마다 울면서 우리 남편을 위해서 살려달라고 통성기도를 하루도 쉬지 않고 하시는 안양제이교회 모든 성도님들과 권사님들 집사님들, 우리 목사님, 그리고 전도사님께 이 글을 통해서 또다시 한번 감사하고 또 감사한다.

믿음안에서 가족보다도 더 깊은 사랑을 주신 그 은혜 나는 일일이 갚아 드릴 길이 없지만, 우리 하나님께서는 다 아시니 우리 하나님

께서 그 분들 한분, 한분 평생을 통해서 건강축복, 물질축복 주시고 주시라고 평생을 통해서 기도하고 또 기도할 생각이다. 그리고 믿지 않는 자들 가운데서도 남편을 위해 염려하고 마음써주신 많은 분들에게 하나님을 영접할 수 있는 축복을 주시고 건강 축복, 물질 축복 주시라고 기도한다.

두려워하지 말라 내가 너와 함께 함이라
놀라지 말라 나는 네 하나님이 됨이라
내가 너를 굳세게 하리라
참으로 너를 도와주리라
참으로 나의 의로운 오른손으로 너를 붙들리라 [사 41:10]

그렇게 남편은 2008년 12월에 장로 피택이 되고, 건강하게 약 2년 만인 2010. 10월 3일에 장로 임직식을 했다. 각 교회에서 20명 가깝게 목사님들이 축하를 해 주시기 위해 오셨고 또한 너무나 많은 고마우신 분들이 남편을 축하 해주기 위해 우리 교회로 몰려오셨다. 남편과 나는 그 고마운 분들을 한 분, 한 분, 진실한 마음 다해 환영했다. 또 여기저기서 축하난이나 축하화분과, 그리고 많은 축하 화한을 보내 주셔서 좁은 교회 마당이 남편의 장로 임직식을 축하한다는 글이 담긴 축하 화한으로 그득했다. 날씨도 일기예보에는 비가 온다고 해서 다소 걱정했었는데 다행히도 하객들이 오실 때는 날씨도 전형적인 가을 날씨로 맑고 쾌청했다

예배 중에 비가 좀 오기는 했지만, 그래도 행사에 지장은 조금도 없이 성대하게 임직식이 이뤄졌다. 그렇게 성대하게 진행되어지는 남편의 장로 임직식을 지켜보면서 나는 또 한 번 하나님께 감사의 기도를 올렸다 그리고 담임 목사님께서 남편에게 장로 임직식 가운을 입히실때 너무나 당당하고 건강한 모습으로 밝게 웃으면서 가운을 입는 남편을 보면서 너무나 가슴이 벅차고 기뻐서 자꾸만 눈물이

나왔다. 그러나 아무리 기쁨의 눈물이라지만 이렇게 좋은날 울고 싶지 않아서 참고 또 참았다

하나님께서 남편과 내게 새 생명을 주셨고, 이렇게 부족하기 이를데 없는 우리 부부에게 장로라는 직함까지 주셨으니 그날만큼은 하나님과 남편을 위해 내가 결혼식을 하던날 보다 더 아름답고 더 행복 하고 싶었다. 우리부부는 그날 새롭게 하나님 안에서 다시 태어났다. 다시 살려주신 주님의 은혜에 감사하며 언제나 그렇게 행복하고 건강한 모습으로 남편 곁에서 남편이 앞으로 세계 곳곳에 하나님 이름으로 가서 선교하는 일에 최선을 다 할 수 있도록 도울 생각이다. 권사님이나 집사님들이 그런 내 모습을 보고 축하 해주시며

–권사님이 주인공 같애 ~ 라고 한마디씩 했다.

그렇게 말 안 했어도 사진을 보니까 나는 시종일관 행복하게 웃고 있었다. 너무 너무 행복한 순간순간 이었던 것 같다 20년지기 장 창호 집사님은 우리 예쁜 공주님보고

–예워니 니가 암만 이뻐도 니 엄마 미모 따라 갈 라면 앞으로도 10년 이데이 하셔서 황당한 우리 딸, 집에 와서도

–헐, 말도 안 돼, 말 도안돼, 10년뒤면 엄마가 60 살이 넘고 내가 30대 중반인데... 하며 비 맞은 장 닭처럼 중얼 중얼~ 그래서 기분 별로 나쁘지 않은 내가 웃으면서 그런 딸에게 말했다

–걱정마~ 니가 엄마보다 100 배는 더 이뻐~ 그래도 장 집사님 눈에 네가 엄마보다 더 이뻐 보이면 그건 장 집사님이 문제가 있는 거야, 그리고 사실, 말이 나왔으니까 말이지 명품유효기간 있다는 말 들어봤니 명품은 세월이 흐를수록 그 진가가 더해지는 거거든, 명품이 가격 떨어지는거 봤니~. 하면서 오랜만에 내가 크게 웃으며 농담을 하자, 우리딸, 헐~ 하면서 나를 그 큰 눈으로 흘겨보았지만, 딸아이도 남편도 나도, 우리 아들도 정말 오랜만에 느껴보는 행복한 시

간 이었다. 그렇게 남편의 장로 임직식은 하나님의 은혜가운데 잘 치루어졌다.

하나님 감사합니다
하루하루 주님께서 주신 선물로 생각하고 주님께서 기뻐하시는 삶 살겠습니다

한 밤에 문득 깨어
언제나처럼 내 옆에서 잠을 자고 있는 당신을 보았어
오랜만에 정말 오랜만에 편안하게 잠든 당신의 얼굴을 보았어
옅게 코까지 골며 자는 당신,
아마 당신, 많이 피곤했나봐 오늘...

근데 당신, 언제 이렇게 흰머리가 많이 생겼니,
당신은 자면서도 웃는 얼굴이네
당신 차암 잘생긴 얼굴이야 그치,
근데 당신 얼굴 바라보는데 나 왜 자꾸 눈물이 나오니
아마...
고마워서 그런가봐.

공연히 다른 데서 속상해도 당신한테 화풀이 하고
가끔은 억지 소리도 해대고 정말 미안 했었어
그래도 언제나 껄껄 웃어주는 당신 때문에
한 세상 살면서 나, 참 많이 위로받았는데
당신은 내가 있어서 행복했었니?
앞으로 나, 당신한테 더 잘 할께
더 많이 사랑할게,

당신 그거 알아?
당신이 내게는 내 목숨보다 더 목숨 같은 사람이라는 거.
이 세상에 내가 쓸 수있는 시간이 남아있는 한
그 시간 당신을 위해서 쓸게,
당신만 사랑할게

이렇게 내 곁에 있어줘서 고마워
살아줘서, 살아줘서 고마워 여보
너무 너무너무 고마워 여보.
-김혜숙(수인)의 시 <나보다 더 나를 사랑하는 당신에게>전문

10. 당신은 사랑받기 위해 태어난 하나님의 사람

남편이 이식 후 건강이 어느 정도 회복되어 다시 중국을 방문할 것이라는 소문을 들은 주영선교회 학생들은 몹시 기뻐했다고 한다. 그리고 평소에는 다른 일을 하다가 우리가 주영선교회에 갈 때는 그곳에 와서 주영선교회의 일을 도아 주고 계시던 장 을림이라는 분이 편지를 보내왔다. 그 분은 북한에서 탈북한 탈북자인데 글 쓰는걸 좋아해서 인지 나를 몹시 따랐다 일 년에 한두 번쯤 내가 그곳을 방문하면 어김없이 그 분은 그곳에서 나를 기다려 주었고, 내가 커피 좋아한다고 항상 커피를 준비해 놓곤 했었다. 그 분이 형제 같은 정을 담은 편지를 보내왔다

모대김[괴로움]속에서(1)

집사님 지금 막 저 문가에 들어서시는 것 같아서 그래서 하던 일 멈추고 자주 돌아 봅니다 너무도 아프고 야린 추억만 남기시고 가셨잖아요 설마 그날의 잔인한[감기]가 그렇게도 분하고 억울한 병마일줄을 과연 누가 알았을가요

그래도 다행히 수술이 성공하여 다시 오실 그날이 가까워 온다니 집사님, 정말 고맙습니다 정말 정말 고맙습니다 집사님 병마와 싸워

이기시고 이 중국 땅을 다시 밟으시는 그것이 우리 모두에겐 가장 큰 선물입니다 여짓껏 이기셨잖아요 오해도, 핍박도, 피곤도, 아픔도, 그리고 너무도 모질고 아프던 선교의 길에서 못이기신 것 뭐예요 왜 이런말 있잖아요

/큰 일하는 사람은 고통도 크게 받는다/

비록 일방적으로는 육체적 아픔이지만 이건 하나님의 뜻일 거예요 아무런 뜻도 의미도 모르고 우리는 얼마나 모질게 매달려 투정하고 요구하고 모진 것이 었을 까요?_집사님! 하나님 보셨을 거예요 너무도 아프신 집사님을, 너무도 힘들고 지치셨던 자기의 종을 보셨기에 잠시 우리 곁에서 떼어내시면 집사님 계시지 않은 빈자리, 너무도 허망한 그 공간, 오직 하나님의 견결한 종만이 메울 수 있는 그 빈자리의 크나큰 의미를 우리에게 보여주셨던 것 아니겠어요 집사님 어서 빨리 돌아오세요 너무도 많은 자리들이, 너무도 많은 하나님의 어린 양들이 굶주리고 허기져 푸짐하고 후더운 목자의 품을 그리고 있습니다 하루빨리 오셔서 허기지고 지친양들의 입에 영의 양식을 가득 채워 주시어 만족하고 배부른 그들이 하늘문 향하여 [예수인도하셨네] 목청껏 노래하게 해주세요

집사님 돌아오실 때 저 문앞에 척 나서실 때 그때 정말 남자다운 그 시원한 호방의 웃음 날릴 때 사모님 그 뒤에 서시여 조용히 행복의 미소 머금게 해주세요 정말 그날이 하루 빨리 왔으면 저도 정말 행복하고... 아름다운 오 나의 선배, 내 스승같은 사모님과 눈물의 상봉을 선물 받을건데요 상봉만있는 이별이란 그 두 글자를 우린 기억하지 말기를 약속합시다 상봉의 저문, 나의 하나님 활짝 열어주실

저 상봉의 문을 이 시각부터 함께 씩씩하게 걸어가 같은 순간, 같은 모양으로 문을 활짝 열자요 다시 닫기지 않게 ....

2009년 5월 19일. [밤 9시 10분] 복리원에서 장을님 드립니다

모대김[괴로움]속에서(2)

사모님 그간 어떻게 지내셨어요? 만나고 헤어진지도 인젠 퍼그나 오래됐습니다 몹시 축 가셨을거야, 끝까지 견디고 일어서 주셨으면 하고 날마다 기도하고 기도합니다 목사님들 오실 때마다 여기 복리원에 온다 마는 집도, 의자도, 식탁도 크고 작은 모든 것이 다 그대로인데 집사님 모습 만은 찾을 수가 없네요 고열속에 너무도 힘드시게 누워계시던 그 방에서 우리 날마다 밤을 보내고 아침을 맞으며 이제 몇 달이면 다시 오실가 하고 잠잠이 외우군 합니다

사모님
분명 그때 다음달 사모님 꼭 오신다고 집사님이 말씀하셨어요 나는 새달이 시작 될 때마다 이번에 오실가 하는 미련을 가지고 문어귀에 들어서는 사람들마다 허둥지둥 눈길 모아 낮익은 모습을 찾습니다 물론 그럴수 없다는 걸 뻔히 알면서도 ... 다행이도 오실날 가까와 온다니 정말 저도 운은 좋은 사람인가 봐요 지금은 산나물이 한창이예요 가끔 집에서 나물케러 가면 가늘고 야린 나물을 캘 때마다 사모님 모습이 떠올라요 나물 하나 꺽으면 그 꺾이운 마디에 맑은 진이 내배일 때, 그때면 감정이 어떤줄 아세요 마치 사모님을 보는 것같

애요 항상 뵈야 수심에 찬것 같은 모습 무순 애달픈 사연 안고 있어 너그리 서글프냐 묻고 싶은 언제나 그런 모습이었어요 그래서 작품도 그랬잖아요 야리고 시린 여인의 생활 그대로... 단 한 마디 간절히 바라고 아뢰고 싶은 마음, 어떻게 하나 굳세고 억척같이 버티여 이 고비를 넘기시고 승리자의 희열을 안고 돌아오세요 언젠가 제가 타드린 커피잔을 드시고 하시던 말씀,

–중국 커피는 맛이 좀 다른것 같아~
하시며 웃으시던 그 모습 커피마실 때마다 커피를 퍽이나 좋아 하시던 사모님모습 생각나 커피잔 잡아 쥐기도 싫어요

사모님
집사님 저 문어귀에 들어 서 실 때
그 뒤로 언제가와 같은 그 입가 미소로 저를 불러 주시길 바랍니다
그땐 다시 말씀해 주세요
–커피맛 참 좋아 하고요
상봉의 그날, 사모님과 저, 그리고 집사님. 우리 세 사람
제대로 된 한국 커피를 함께 마시며 앞날을 여담하자요

2009년 5월 20일 밤 10시 [복리원에서] 장을님 드립니다

2013년 8월 푸켓에서 딸아이와

◆에필로그

2013년 7월 예빵이와의 5박 6일 푸켓 여행

"주댕아, 푸켓가서 쓸 돈이 좀 모자라, 추가로 100만...원, 정도 더 환전해야 하는데 돈이 없어 어카지 ㅠㅠ" [남들 다 부러워하는 대기업 삼성 인사과에 들어가서 쥐꼬리[?]만한 월급, 받아가며 새벽별 보고 출근해서 새벽별 보고 퇴근하는 우리 예빵이]

"계좌"
[요즘 사업이 잘 돼서 돈 밖에 없는 주댕이, 통도 커서 몇 백만 원씩 보내는 건 일도 아니고 지난 달에는 엄마, 계좌, 하더니 천만 원 턱, 붙여주고, 우리 예빵이, 그 덕 좀 볼려고 주댕아, 주댕아, 하믄서 아부하고]

"엄머, 주댕, 고마워 새마을금고 xxx-xxx-xxxxx 야 ^0^ "
[예빵이와 주댕이 카톡대화, 아무생각없이 보다가 갑자기 이게 왠 보람찬 대화인가 싶은 이쁜 엄마, 바로 계좌번호 좔좔 찍고]

"붙혔어, 잼 있게 놀다와"
[쿨하게 번호 찍자마자, 1분 만에 바로 핸드폰으로 돈 백 만원 부치는 주댕이, 아, 요즘 세상 너무 좋아, 핸드폰으로 안되는 게 없어]

"우와, 왕 터프한 우리 아들, 고마웡~~^*^"
[예빵이와 주댕이 카톡에 난데없이 뛰어들어 백 만원 건진 순발력 지대로인 이쁜 엄마]

"엄마, 엄마, 그 돈 백 만원 나 줘야지 우리은행 xxx-xxx-xxx"
[갑자기 놀라 정신 없어진 얼빵한 예빵이]

"얼마?"
[통장에 백 만원, 들어오자 급 튕기는 이쁜 엄마]

"내가 푸켓가서 쓸 돈 전부 환전해 놓았으니깐 줘,줘,"
[이미 푸켓가서 쓸 돈 환전 다 해놓고 주댕이한테 엄살 한 번 떨어보다가 생각지도 못한 돈 들어오자 급해진 예빵이] 우리 예빵이 못내 아쉬워하며

"엄마, 엄마, 주댕이가 바로 돈 싸 줄줄 알았으믄 한 2백이나 3백, 불러볼 걸" 합니다.

추석에는 우리 가족 4명이 제주도라도 다녀오자고 했지요.
푸켓은, 예빵이가 쏘았으니 제주도는 주댕이가 쏜다네요 ^-^//

(1)푸켓에서 울 주댕이 발 넓은 이야기 하나,

푸켓 호텔에서 첫날 밤을 보내고 아침 밥을 먹기 위해 호텔 로비에 예빵이와 들어섰는데 어디서

"어머니" 합니다.

푸켓에서 왠, 어머니? 하는데 주댕이의 친구 중 한 명이 여자 친구와 놀러왔다고 오늘 한국에 돌아간다고 하네요. 우리 주댕이의 친구들은 얼마나 많은 지 머나먼 타국 푸켓에서도 "나는 어머니입니다. 그나저나, 이거 아들 친구 겁나서 푸켓까지 와서도 맘 놓고 다니지를 못 하겠네요 ^-^

그 친구와의 사진을 찍어서 주댕이한테 카톡으로 보내니 주댕이 왈,

"ㅋㅋㅋ 잰 뭐야, 푸켓을 지네집 돌아다니듯 하네, "

그 녀석은 뭐 여 자친구만 사귀면 푸켓을 간다나요^^

(2)푸켓에서의 도마뱀이야기 둘,

푸켓은 손가락만한 도마뱀이 여기저기 그냥 한국의 바퀴 벌래처럼 돌아다닙니다

호텔 로비나 복도 어디고 도마뱀은 벽이고 천장이고 할 것없이 돌

아다녀요

그래도 다행인 것은 우리가 잠자는 방안에는 도마뱀이 없다는 거죠 가이드께서 말씀이, 혹시 자다가 얼굴에 도마뱀이 툭, 떨어지거나 하면 복권을 사세요 아주 재수가 좋은 날이라는 거거든요 합니다 그런데 도마뱀은 생각보다 크지도 않고 사람을 보면 도망을 갑니다 그래서 그런지 첫 날에나 징그럽고 겁났지, 이틀 째정도 되니까 너, 도마뱀이니, 하고 귀엽기까지 하더라니까요

그렇다고 도마뱀까지 귀엽다니...

(3)푸켓이야기 셋

푸켓 빠통시장은 거의 한국과 비슷했습니다. 여기저기서 외국인과 한국인의 말소리가 들려서 여기가 한국인지 푸켓인지 모를정도였어요 스타벅스에서 부터 롯데리아, 버거킹 뭐 한국에 있는 것 대다수가 있었고, 물가는 오히려 한국보다 비싼듯 했지만[스벅커피 6,500, 햄버거 8,000원] 택시비 기본[툭툭이=차를 개조해서 만든것] 200바트[8,000원, 톡톡이는 빠통에서는 유명한 교통수단임]

푸켓하면 바다 한가운데 떠 있는 식당에서 밥 먹은 거랑, 제임드 본드 섬이라든지 그 유명한 피피섬을 들 수 있었는데 피피섬은 배멀리로 고생한 기억밖에 없음. 그런 것보다 더 중요한 것은 우리 이쁜 예빵이와 단 둘이 여행을 갔다는 거에 있겠죠 우리는 한가하게 저녁 늦게까지 이야기 하고, 아침엔 커피도 마시고, 빠통 시내도 천천히 구경하고 배 고프면 맛 있는 거 사 먹고 또, 커피 마시고, 백화

점 다니면서 쇼핑하고 발 맛사지 받고, 아참, 발 맛사지 받을 때 그곳에 직원들이 우리 예빵이와 나보고 "씨스터"냐고 내가 , 푸켓나이로 38살정도로 보인다네요 우리 예빵이,

– 헐~ 시스터라니, 말도안돼, 말도안돼하면서도 예빵이도 함께 들었으니까 부인할 수 없는 사실이예요 ^0^
– 엄마, 푸켓가면 우리 싸우지 말자

[엄마하고 딸이 싸운다는 것은 좀 이상하지만, 예빵인 지가 나한테 혼나고 지가 대들고 하는 게 싸우는 걸로 아는 지 그렇게 말하더라구요] 어째든 우린 예빵이 말대로 싸우지도 않고 마지막 오는 날은 '스파' 라고해서 거금 15만원씩을 주고 그런 것도 받아보고, 5박 6일간의 푸켓 여행을 자알 다녀왔습니다.

(4)푸켓다녀온 이후, 우리집 새로운 대장, 장군이 이야기 넷,

지금 이글을 쓰는데 우리 장군이 녀석, 일주일씩 안보이고 어디갔다 와서는 왜, 자기하고 안 놀아주고 뭐하냐고 내발을 핥다가 물다가 난리가 났습니다.

이 녀석은 작년 이맘때쯤 우리 주댕이가
– 엄마 생일선물이야, 잘 키워봐 하믄서

손 바닥만한 강아지 한 마리를 사왔는데 그때는 진짜 너무 작아서 운동화 속에 숨으면 보이지도 않았었거든요 근데 일 년이 지난 지금은 얼마나 커졌는지 내 손바닥 두 뼘 반은 됩니다. 거기다 씩씩하게 자라라고 이름을 "장군이"라고 지었는데 이름을 잘못 지었는지 얼마나 쉬도 때도 없이 극성을 떨고, 사무실에 장판 남아나는 거 없고, 혼을 좀 낼려고 하면 얼마나 약았는지 책상 밑에 쏙들어가서 그 예쁜 눈만 껌벅이면서 안 나오구요 마음이 약해서, 사실 너무 예뻐서 혼을 못내서 그런지 버릇이 아주없어요 그리고 자기가 사람인줄 알아요 내가 커피 좀 마시려고 하면 같이 마시자고 덤비고, 이 녀석 보는데서는 물도 못 마셔요 그래도 너무 이뻐서 내가 안고 코비비면서 "넌 도대체 어느 별에 있다가 나한테 온 거냐고" 내가 물으면, 장군이 이 녀석 그 이쁜배를 다 내 보이면서 코맹맹이 소리로 이렇게 말해요

– 아~~웅,아웅

이 녀석 아웅~이란 별에서 왔다네요 ^–^

한번은 컴퓨터에 씨디 꽂아놓고 정신없이 일하다가 저장하려로 하는데 정상정인 시스템이 아니라고 뜨릴래 보았더니 아니, 장군이 저 녀석이 내가 정신없이 일 하는 동안 어느새 내게 왔다가 몰래 내 씨디를 빼내서 물고 돌아다니더라구요

– 저...저... 개새끼가

그 속에 얼마나 중요한 것들이 많은데 나는 너무 놀라서. 안돼, 안돼, 하면 쫓아갔더니 장군이 녀석, 도망다니다 씨디를 개집 속에 쏙, 집어넣고는 책상밑으로 들어가더라구요

다행히 씨디는 이상이 없어지요 예빵이한테 그 진땀났던 그 이야길 했더니 울 예빵이 깔깔, 거리면서

- 장군아, 안 그래도 여름인데 조심해라~ 합니다

이 모든 것이 오직 하나님의 은혜임을 믿습니다 하나님 감사합니다. 그리고 사랑합니다.

푸켓이야기,,, 그리고 장군이 이야기를 마칩니다.
2013년 7월 22일

그리고

초판1쇄 · 2013년 11월 1일
발행인 및 주간 · 양태철(필명:양하)
편집인 · 최마루
편집 디자인 · 양종현
펴낸곳 · 현대시문학
서울 강남구 역삼동 603-3 타비쉬빌딩 501호
<책 주문 및 제작>
전화: 070-8690-0140 /야간: 010-9892-6115
이메일: gongmo1@naver.com
홈페이지: koreanpoetry.com
등록 · 1999.6.11 제13-619호

저자와의 협의에 의해 인지를 생략합니다
ISBN 9788990520906 (03810)